Wild in der Küche

blv

Das umfassende Wildkochbuch

CHRISTA MUHLE-WITT

Inhalt

Zu diesem Buch

»Wild in der Küche«, 1975 von Erna Horn für engagierte Jäger und Jägersfrauen geschrieben, wurde nach ihrem Tod 1983 von mir übernommen. Im Rahmen der 10. Auflage vollkommen neu gestaltet und geschrieben, erfuhr der Inhalt in den folgenden Auflagen eine ständige Anpassung an die veränderten Verhältnisse in Küche und Küchenpraxis, insbesondere auch hinsichtlich der Wildbrethygiene. Viele meinen, »Wild in der Küche« sei als Klassiker der Wildküche nicht mehr wegzudenken.

In der 18. Auflage wurden alle Texte und Rezepte überarbeitet und modernisiert. Die Kapitel zu den heute bei uns nicht mehr jagdbaren Tierarten wurden herausgenommen. Besonderer Wert wurde auf die Vielfalt des Angebots gelegt, sodass für jeden etwas dabei ist. Die systematische Struktur der früheren Auflagen wurde erhalten. Am Anfang stehen also nach wie vor die Küchenpraxis und die Grundzubereitungen, gefolgt von dem umfangreichen Rezeptteil, der nach den Tierarten gegliedert ist und mit dem Wild-Allerlei endet. Den Abschluss bildet das mir besonders am Herzen liegende Kapitel Beilagen, Saucen und Buttermischungen. Die Empfehlungen, die am Ende fast jedes Rezeptes gegeben werden, sind also hier zu finden.

Das größere Format macht die Neuausgabe am augenfälligsten sichtbar. Zusätzlich wurde der Umfang auf 240 Seiten erweitert, zahlreiche neue Bilder kamen hinzu, und die Rezepte sind durch die Strukturierung nach Arbeitsschritten übersichtlicher gestaltet. Die Rezepte können natürlich genau so zubereitet werden, wie beschrieben, und oft können noch verschiedene Varianten gewählt werden. Aufgrund des systematischen Aufbaus ist es jedoch nicht schwer, ein wenig zu experimentieren und selbst neue Kombinationen zu versuchen. Denn die Jägertugenden – Unternehmungslust, Spürsinn und ein wenig Improvisationstalent – machen auch in der Küche Spaß.

Wie jeder weiß, der gern gut isst, »isst das Auge mit«; das heißt, das Essen schmeckt dann besonders gut, wenn es auch gut aussieht, sobald es auf den Tisch kommt. Das trifft nicht nur auf das angerichtete Wildbret, sondern auch auf die Beilagen zu. Und hier noch ein Tipp: Man kann oft Mühe und Zeit sparen, wenn man die eine oder andere Zutat fertig einkauft. Es bleiben noch genügend Dinge übrig, die frisch und selbst gemacht besser schmecken und aussehen, ohne dass ihre Herstellung viel Zeit verlangt.

Der Kreis der mit diesem Buch angesprochenen Personen nimmt weiterhin zu. Das ist auch dem Umstand zuzuschreiben, dass bei uns fast ganzjährig Wildbret erhältlich ist. Vielfalt und Qualität des heute angebotenen Wildbrets haben einen sehr hohen Standard. Hinzu kommt das wachsende Bewusstsein für naturbelassene Lebensmittel ohne Antibiotika, Hormone und Genveränderungen. Mein Dank gilt nicht zuletzt all denen, die das Buch in seinen früheren Auflagen erfolgreich zu Rate gezogen haben und mich dies auch wissen ließen. Ihre Erfahrungen haben wesentlich zur Verbreitung des Buches beigetragen und zu dieser Neuausgabe ermutigt.

In der vorliegenden Neuausgabe, der 19. Auflage, wurde der Schwerpunkt auf die innere und äußere Umgestaltung gelegt.

Ich wünsche Ihnen eine vergnügte Pirsch durch die bunte Landschaft der Wildspezialitäten!

Christa Muhle-Witt

Zu den Rezepten

- Wild ist nicht so leicht portionierbar wie Schlachtfleisch, deshalb ist bei den Rezepten keine Personenzahl angegeben. Es wird vom Gesamtgewicht des verwendeten Wildbrets ausgegangen (siehe Tabelle Seite 12) und von der Menge, die 1 Person verzehrt. Die anzusetzende Menge pro Person hängt hierbei auch davon ab, welche Beilagen gereicht werden und ob das Gericht Bestandteil eines ganzen Menüs sein soll. Bei einzelnen Wildbretstücken dagegen, wie zum Beispiel Steaks, bemisst sich die Personenzahl nach der Anzahl der Fleischstücke.

- Die Temperaturangaben für den Backofen sind Richtwerte. Bringen Sie Ihre Erfahrungen mit Ihrem Herd ein und passen Sie die angegebenen Garzeiten entsprechend an.

- Manche Zutaten sind in guter Qualität als Fertigprodukt im Handel erhältlich, zum Beispiel Grund- und Kraftbrühen, Wildessenz oder Wildfond (natürlich sind die käuflichen Produkte geschmacklich nicht mit den selbst hergestellten zu vergleichen). Auch pürierte Tomaten und Blätterteig kann man fertig kaufen.

- Kräuter sollten möglichst frisch verwendet werden.

- Pfeffer und Muskatnuss sollten frisch gemahlen beziehungsweise gerieben werden.

- Zitrusschalen werden nur von unbehandelten Früchten verwendet.

Abkürzungen

TL = Teelöffel
EL = Esslöffel
g = Gramm
kg = Kilogramm
ml = Milliliter
l = Liter
(1 l = 1000 Milliliter)

- Alle rohen Wildbretabgänge, die beim Zurichten von Wild anfallen – Knochen, Gerippe, Haut, nicht so wertvolle Fleischteile, auch die Innereien (alles auch von gegartem Wildbret und Wildgeflügel) – sollte man für eine Brühe oder einen Extrakt verwenden, auch auf Vorrat, falls nicht gleich benötigt. Lassen Sie sich deshalb beim Einkauf immer reichlich Knochen mitgeben.

- Um eine ausreichende Menge kräftige Sauce zu erhalten, aber auch zum Schmoren und für Suppen, benötigt man meist noch eine Brühe oder einen Extrakt als Zusatz.

Grundlagen der Wildküche

In den frühen Tagen der Menschheit, die Zeit der Jäger und Sammler, war Wildbret das einzig verfügbare frische Fleisch. Der Jäger – und das konnte jeder sein – brachte das erlegte Beutestück seinen Stammesgenossen und seiner Familie. Es wurde ausgeweidet, aus der Decke geschlagen, über dem offenen Feuer im Freien geröstet und dann in kleineren Stücken an alle verteilt. Das benötigte Instrumentarium für die Bearbeitung des Wildbrets umfasste scharfe Schneidewerkzeuge und Behälter aus Stein und Ton, später aus Bronze und Eisen. Gegessen wurde anfangs mit den Händen. Von Beilagen, Saucen und Gewürzen war damals noch nicht die Rede. Und erst recht nicht von Kochrezepten. Solange es keine Schrift gab, hätte sie auch niemand aufschreiben können.

Im alten Rom war man bereits sehr viel zivilisierter. Man gebrauchte zwar überwiegend immer noch die Hände, aber es gab Küchen und Köche, Saucen zum Wildbret – und man aß im Liegen. Auch Rezepte sind überliefert. Laut Apicius bereitete man zum Beispiel Flamingos, Kraniche und Papageien zu.

Die Koch- und Esskultur der mittelalterlichen Bauern und Ritter war dann wieder etwas derber: In den Wirtshäusern, auf Festen und bei Hofe wurden gewaltige Mengen von Wild verzehrt, die Knochen warf man nach dem Essen in hohem Bogen hinter sich. Dazu wurde natürlich viel Bier und Wein getrunken. Gemälde der alten Meister zeigten gerne die »Strecke« einer Jagd.

Erst um etwa 1900 hielt das Wild Einzug in die großen bürgerlichen Haushalte. Und heute ist heimisches Wild ein wichtiger Bestandteil des Speisezettels geworden. Bevor aber die Haar- und Federwildarten mit den dazugehörigen Rezepten vorgestellt werden, ist es notwendig und sinnvoll, die übergeordneten Informationen zur Küchenpraxis sowie die Grundzubereitungen – beide zusammen präsentieren die Grundlagen der Wildküche – vorauszuschicken.

Angebot und Küchenpraxis

Wild in der Ernährung

Das Fleisch der in unserer Landschaft jagdbaren Haar- und Federwildarten, Wildbret genannt, ist neben dem der Schlachttiere (Rind, Kalb, Schwein, Lamm) ein wichtiger und wertvoller Eiweißlieferant. Es ist reich an den Mineralstoffen Phosphor, Kalium und Magnesium, den Spurenelementen Eisen, Zink und Selen sowie den Vitaminen B_1 und B_2. Im Gegensatz zum Fleisch der meisten Schlachttiere enthält Wildbret weniger Fett und Bindegewebe und ist von festerer Konsistenz. Mit Ausnahme der Innereien, bei denen eine gewisse Vorsicht geboten ist (siehe Kasten), ist Wildbret frei von chemischen Schadstoffen und ihren Abbauprodukten. Die natürliche Vielfalt der Nahrungsbestandteile des Wildes führt zu hoher Verträglichkeit des Wildbrets und zu einem kräftigen Geschmack. Wildbret ist leicht verdaulich, vor allem das von jungen Tieren. Junges, zartes Wildgeflügel ist für Schon- und Diätkost hervorragend geeignet.

- Wildfleisch sollte immer gut durchgegart werden.
- Bei Schalenwild (Schalen = Hufe) sowie Hase, Taube, Ente und Gans ist Mäßigung für Gichtkranke geboten (Harnsäuregehalt).
- Innereien wie Leber und Nieren können Schwermetallverbindungen enthalten (Kadmium, Quecksilber). Allzu häufiger Genuss ist zu vermeiden. Leber und Lunge sind zudem oft von Parasiten befallen.
- Der Reaktorunfall von Tschernobyl hat keine Auswirkung mehr auf gehandeltes Wildbret. Es unterliegt strengen Kontrollen, sodass radioaktiv belastetes Fleisch den Handel gar nicht erreicht.

Einkauf

Beim Einkauf von Wildbret muss zwischen Groß- und Einzelhandel unterschieden werden. Das heute im Wild-Großhandel angebotene Haarwildbret ist in der Regel tierärztlich untersucht beziehungsweise überprüft, vorschriftsmäßig abgehangen, zerwirkt und gelagert. Dies gilt auch für Importe. Für Wild, das aus Gatterhaltung stammt, wird eine veterinärmedizinische Kontrolle verlangt. Im Einzelhandel dagegen ist eine Untersuchung in Deutschland nicht vorgeschrieben. So ist es dem privaten Wildbretlieferanten oder -abnehmer freigestellt, ob er einen Veterinär hinzuzieht oder nicht (wenn aber »bedenkliche Merkmale« vom Jäger oder Revierinhaber festgestellt werden, muss das Stück Wild einer amtlichen Fleischbeschau zugeführt werden). Eine Ausnahme bildet die Fleischbeschau auf Trichinen beim Wildschwein, die immer durchgeführt werden muss.

FRISCHE- UND QUALITÄTSMERKMALE

Frisches Wildbret gibt es nur zu bestimmten Zeiten (Jagdzeiten) zu kaufen. Die Farbe von frischem, jungem Wildbret ist je nach Tierart rotbraun bis schwarzbraun, das Fleisch ist fest und hat eine zarte Faser. Erst im ab-

Nähr- und Energiewerte der wichtigsten Wild- und Wildgeflügelarten

In 100 g essbarem Anteil sind enthalten:		Wasser	Eiweiß	Fett	Kohlenhydrate	Energie	
		g	g	g	g	kJ	kcal
Reh	Rücken	72,2	22,4	3,55	*	518	122
	Keule	75,7	21,4	1,25	*	429	103
Hirsch		74,7	20,6	3,34	*	476	112
Wildschwein		75	22	2,4	0,4	460	110
Hase		73,3	21,6	3,0	*	481	113
Kaninchen		69,6	20,8	7,62	0,6	669	160
Fasan		69	23,9	6,6	*	655	155
Rebhuhn		72	24	1,0	*	461	110
Wachtel		76	22,4	2,3	*	468	110
Wildente		73	23	3,0	0,5	519	124

* gar nicht oder nur in Spuren vorhanden
nach: Souci/Fachmann/Kraut und Documenta Geigy

gehangenen Zustand wird es dunkler. Das Fleisch älterer Tiere ist dunkel und grobfaserig. Nur das Kaninchen hat weißes bis graurötliches Fleisch. Das Fleisch darf keinen unangenehmen, fauligen Geruch haben, da es dann schon in Zersetzung übergegangen und gesundheitsschädlich ist. Es darf keine grünen oder roten Flecken aufweisen. Auch soll es keinen Harn- oder Geschlechtsgeruch verströmen, wie das mitunter während der Brunft- beziehungsweise Rauschzeit der Fall ist.

Junge Hasen und Wildkaninchen im Fell, die also noch nicht abgezogen sind, erkennt man an dem Flaum am Bauch, den noch dicken Gelenken und am leicht einreißbaren Rand der Ohren (»Löffel«).

Haarwildbret von einjährigen Tieren – Schwarzwild bis zweijährig – ist zart und schmackhaft. Federwild sollte man nur im jungen und fleischigen Zustand (im ersten Herbst und frühen Winter) zubereiten, weil es dann am zartesten ist und am besten schmeckt. Älteres Federwild kann man zum Kochen und Schmoren verwenden oder zu Pasteten verarbeiten.

Federwild muss ausgenommen sein (Aushakeln ist unzulässig). Es soll nicht stark zerschossen sein. (Wer doch einmal einen stark zerschossenen Vogel erhält, muss ihn ohne Abhängen sofort zubereiten.) Federwild darf keinen übelriechenden, penetranten, tranigen oder fauligen Geruch ausströmen; es darf nicht abgemagert sein.

Das Alter eines auch jungen Vogels bis zu einem Jahr ist vor allem für den Laien, aber auch für den Fachmann, nicht immer eindeutig erkennbar, einzelne Sorten ausgenommen. Hier muss man seinem Wildhändler vertrauen. Eine gewisse Hilfe bietet die Tatsache, dass bei jungen Vögeln der Brustkorb noch weich ist und sich leicht zusammendrücken lässt.

Einen jungen *Fasan* erkennt man an den noch kurzen und stumpfen Sporen und an den beiden äußeren Flügelfedern, die noch spitz statt rund sind. Das junge *Rebhuhn* erkennt man an den gelben statt später grauen Füßen (»Ständern«), die junge *Wachtel* an den äußeren Federschwingen, die noch spitz sind.

Junge *Tauben* haben einen kleinen Kopf, ein weiches, leicht einzudrückendes Brustbein und kleine Flaumfedern zwischen den großen Federn. Die junge *Ringeltaube* hat noch keinen Halsring.

TIEFGEFRORENES WILD

Tiefgefrorenes Wildbret, wie es in Supermärkten, auch portioniert verpackt, angeboten wird, stammt aus von der EU zugelassenen und einer amtlichen Kontrolle unterliegenden Wildverarbeitungsbetrieben und wird in der Regel tierärztlich kontrolliert. Das Angebot ist groß; bei uns geschontes Wild ist durch Importe fast das ganze Jahr erhältlich. Es ist unbedingt auf das Haltbarkeitsdatum zu achten!

Bei gespicktem Fleisch kann der Speck ranzig sein, dann muss er gegen frischen ausgetauscht werden.

AUFTAUEN

Das eingefrorene Fleisch wird aus der Folie genommen und bei Raumtemperatur oder im abgedeckten Geschirr im Kühlschrank aufgetaut (Auftauen im Kühlschrank dauert fast doppelt so lange). Nach dem Auftauen (den abgelaufenen Fleischsaft wegschütten!) muss das Fleisch sofort verwendet werden. Aufgetautes Wildbret darf erneut für 4–6 Wochen eingefroren werden.

Koteletts, Filetscheiben, Steaks und Geflügelteile können zum Auftauen in eine Ölmarinade gelegt werden. Sie werden noch leicht gefroren gebraten, damit der Saftverlust möglichst gering bleibt.

GEWICHTE UND DURCHSCHNITTSMENGEN

Die Gewichte variieren nach dem Alter der Tiere, die Mengen nach der Verwendung, deren Bestimmung eine Vorspeise, ein Hauptgericht, eine Pastete, ein Salat oder eine spezielle Zubereitung, zum Beispiel eine Pie, sein kann. Die Tabellen oben und unten gehen bei der Mengenzuordnung von der Verwendung als Hauptgericht aus.

Jagdzeiten in Deutschland

Rehwild	
Kitze	1.09.–28.02.
Schmalrehe	1.05.–31.01.
Ricken	1.09.–31.01.
Böcke	1.05.–15.10.
Rotwild	
Kälber	1.08.–28.02.
Schmalspießer	1.06.–28.02.
Schmaltiere	1.06.–31.01.
Hirsche und Alttiere	1.08.–31.01.
Dam- und Sikawild	
Kälber	1.09.–28.02.
Schmalspießer	1.07.–28.02.
Schmaltiere	1.07.–31.01.
Hirsche und Alttiere	1.09.–31.01.
Schwarzwild	
Frischlinge, Überläufer	ganzjährig
Keiler, Bachen	16.06.–31.01.
Gamswild	1.08.–15.12.
Muffelwild	1.08.–31.01.
Hase	1.10.–15.01.
Wildkaninchen	ganzjährig
Fasan	1.10.–15.01.
Rebhuhn	1.09.–15.12.
Waldschnepfe	16.10.–15.01.
Wildtaube	
(Ringel-, Türkentaube)	1.11.–20.02.
Stockente	1.09.–15.01.
Krick-, Reiher-, Tafelente	1.10.–15.01.
Graugans	1.08.–31.08. 1.11.–15.01.
Saat-, Ringel- und Kanadagans	1.11.–5.01.

Anmerkung: In einzelnen Bundesländern können die Regelungen der Jagd- und Schonzeiten von der Bundesverordnung abweichen.

Haarwild vorbereiten

SCHALENWILD

(Schalen = Hufe). Hierzu zählen Reh-, Rot- und Damwild, Sika-, Gams- und Schwarzwild sowie das Muffelwild. Schalenwild wird vom Jäger oder Wildhändler fachmännisch und gebrauchsfertig vorbereitet, das heißt, es wird nach dem Erlegen aufgebrochen, ausgenommen, ausgekühlt, abgetrocknet, abgehangen, aus der Decke geschlagen und zerwirkt (zerlegt).

HASE UND WILDKANINCHEN

Dieses ist Aufgabe des Jägers oder Wildhändlers. Das im Handel erhältliche Wildbret ist bereits gebrauchsfertig abgehangen und zerwirkt. Bei diesem Wild wird nach dem Erlegen sofort die Blase gut ausgedrückt und das Tier ausgenommen. Anschließend wird es 1–2 Tage bei einer Kerntemperatur von 4 °C abgehängt.

Zerwirken von Schalenwild

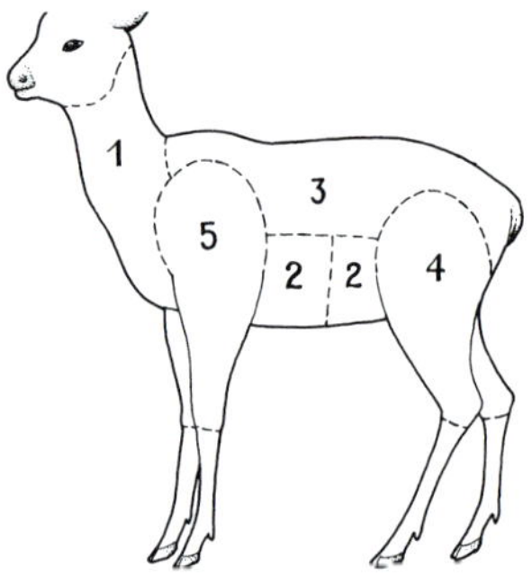

1	Hals (Träger)	Zum Schmoren, für Ragout und große Roulade.
2	Brust und Bauchlappen	Zum Schmoren, Braten, für Ragout, Rollbraten und zum Füllen.
3	Rücken (Ziemer)	Der Rücken wird im Ganzen gebraten oder geschmort oder man schneidet Filets daraus.
4	Keule (Schlegel)	Die Keule wird im Ganzen oder in Stücken gebraten oder geschmort. Es können auch Schnitzel und Rouladen geschnitten werden.
5	Schulter (Blatt)	Zum Braten, Schmoren, für Rollbraten und Ragout.

Zerwirken von Hase und Wildkaninchen

1	Kopf	Für Ragouts, Kleingerichte und Farcen.
2	Hals	
3	Vorderlauf mit Schulter	
4	Bauchlappen	
5	Rücken	Zum Braten und Schmoren. Aus dem Rücken schneidet man die Filets.
6	Keule	

Junge Tiere werden im Ganzen gebraten.

Portionsgrößen von Federwild

Federwild	**Mengen**
Fasan	2–4 Personen
Rebhuhn	1–2 Personen
Wachtel	1 Person
Perlhuhn	2–4 Personen
Waldschnepfe	1 Person
Junge Wildtaube	1 Person
Wildente	2–3 Personen
Wildgans	6–8 Personen

Portionsgrößen von Haarwild

Haarwild	**Gewicht**	**Mengen**
Rehrücken	2–2,5 kg	6–8 Personen
Rehkeule	1,5 kg	4–5 Personen
Hirschrücken	ab 2,0 kg	6 Personen
Hirschkeule	ab 1,5 kg	4–5 Personen
Wildschweinrücken	3,0 kg	9 Personen
Wildschweinkeule	1,5 kg	5 Personen
Gamsrücken	2,5 kg	7–8 Personen
Gamskeule	2,0 kg	6 Personen
Mufflonrücken	2–3,0 kg	10–12 Personen
Mufflonkeule	2–2,5 kg	8–10 Personen
Hase im Ganzen	2–3,0 kg	5–6 Personen
Hasenrücken	0,8 kg	2–3 Personen
2 Hasenkeulen		1–2 Personen
Wildkaninchen im Ganzen	1,2 kg	4 Personen

Häuten: Das Wildbret mit flach geführtem Messer von Häuten und Sehnen befreien.

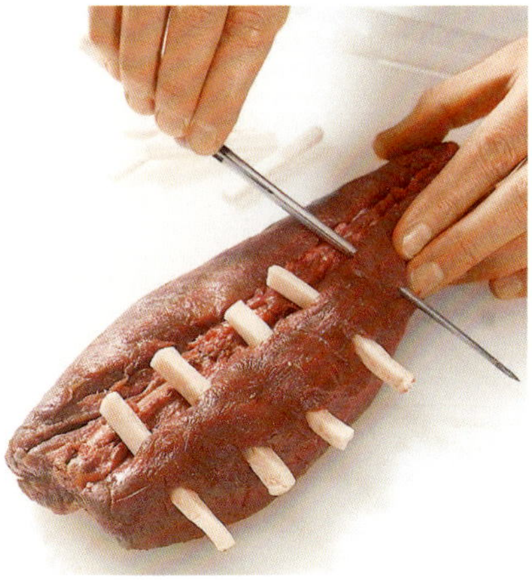

Spicken: Speckstreifen schneiden und mit der Spicknadel durch das Fleisch ziehen (links Keule, rechts Rücken).

HÄUTEN

Das Fleisch von Haarwild muss vor der Verwendung von der sehnigen Außenhaut und von Blutergüssen befreit werden. Hierzu verwendet man ein spitzes, scharfes Messer, führt es zwischen Haut und Wildbret ein, fasst die Haut mit der linken Hand und löst sie Stück für Stück mit dem Messer. Zum Schluss glättet man die angeraute Oberfläche des Fleisches.

HASE UND WILDKANINCHEN IN PORTIONSSTÜCKE TEILEN

Das ausgenommene Tier auf die Seite legen und einen Hinterlauf zusammen mit dem halben Becken abtrennen. Mit dem anderen Hinterlauf genauso verfahren. Nun die Vorderläufe abschneiden, indem man sie etwas vom Körper wegzieht und im Schultergelenk durchschneidet. Die Rippen des Brustkorbs abschneiden. Den Rücken von der Oberseite her quer in zwei oder drei gleich große Teile schneiden.

MARINIEREN, BEIZEN

Wildbret von jungen Tieren wird nicht mariniert. Lediglich kleine Stücke zum Kurzbraten können 1–3 Stunden in einer Ölmarinade liegen. Das Fleisch älterer Tiere dagegen kann mariniert werden, damit es saftiger und aromatischer gelingt. Es kann in eine Weißwein- oder Rotweinmarinade oder auch in Buttermilch gelegt werden. Den Weinbeizen fügt man klein geschnittenes Suppengemüse, Kräuter und Gewürze bei. Zugedeckt im Kühlschrank kann man das Fleisch einige Stunden, aber auch bis zu 4 Tage marinieren. Das Fleisch jüngerer Tiere wird kürzer mariniert, das Fleisch älterer Tiere länger; dabei muss es öfter gewendet werden.
Auch die Buttermilchmarinade kann mit Kräutern gewürzt sein. Das Fleisch soll von der Milch ganz bedeckt sein, die Milch ist nach 2 Tagen auszuwechseln; das Fleisch wird durch die Buttermilch besonders mild im Geschmack.
Vor der Verwendung wird das marinierte Fleisch gut abgetropft und mit Küchenpapier abgetrocknet.

SPICKEN

Zum Spicken verwendet man gekühlten rohen, frischen oder geräucherten Speck, den man vorher in Gewürzen, Kräutern, Wein, Cognac o. Ä. wenden kann. Der Speck wird zunächst in 4–6 mm dicke Scheiben und diese in ebenso breite Streifen mit einer Länge von 3–5 cm geschnitten. Länge und Größe variieren entsprechend der Bratengroße: Für einen Hasenrücken braucht man etwa 0,4 × 3 cm, für eine Frischlingskeule 0,5 × 3,5 cm große Streifen. Im Tiefkühlfach kurz angefroren, können die Speckstreifen leichter verarbeitet werden. Sie werden im Faserverlauf oder schräg dazu, je nach Bratengröße im Abstand von 1 ½–3 cm, eingezogen (sonst würden beim späteren Tranchieren, wo das Fleisch quer zur Faser geschnitten wird, die Streifen herausfallen).
Man steckt einen Speckstreifen in eine passende Spicknadel und zieht ihn nahe unter der Oberfläche ein. Die Speckstreifen sollen auf beiden Seiten 1–1 ½ cm aus dem Fleisch herausschauen. Mit den weiteren Streifen wird ebenso verfahren. Der Abstand der Spickstreifen zueinander sowie der Reihen soll gleichmäßig sein. Ebenso sollen die herausschauenden Speckenden gleich lang geschnitten sein.
Man kann auch den Wildhändler bitten, den Braten zu spicken.

BARDIEREN

Der vorbereitete Braten wird mit 1–2 mm dünnen, möglichst breiten, sich leicht überlappenden Speckscheiben belegt und mehrmals mit Küchengarn umbunden. Im Gegensatz zum Spicken wird bei dieser Methode die Fleischfaser nicht verletzt, es entsteht

Bardieren: Einen Reh- oder Hasenrücken mit Speckscheiben umwickeln und gleichmäßig mit Küchengarn festbinden.

Wildbret in das Schweinsnetz einwickeln.

kein Saftverlust. Die letzten 5–10 Minuten löst man die Speckscheiben ab und lässt den Braten noch bräunen, wenn man dieses wünscht (ob man den Speck mitservieren will oder nicht, ist Geschmackssache).

IN EIN SCHWEINS-NETZ WICKELN

Man erhält ein Schweinsnetz frisch oder gepökelt beim Metzger. Das frische Schweinsnetz wird kurz mit kaltem Wasser abgespült, ein gepökeltes legt man etwa 30 Minuten in kaltes Wasser und spült es dann ab. Danach breitet man es auf der Arbeitsfläche aus, tupft es trocken, legt das Wildbret in die Mitte und schlägt das Schweinsnetz darüber. Diese Methode eignet sich mehr für kleine Braten wie Hasenrücken oder Würstchen, da das Fett rasch geschmolzen ist.

Federwild vorbereiten

Da es gar nicht so selten vorkommt, dass einem frisch geschossenes Federwild »zufliegt«, soll hier der Umgang mit einem solchen Tier beschrieben werden.

AUSNEHMEN UND HERUNTERKÜHLEN

Federwild muss nach dem Erlegen sofort ausgenommen werden. Aus hygienischen Gründen wird heute folgende Methode angewendet: Man bringt quer oberhalb der Kloake einen kleinen Schnitt an, um den Bauch zu öffnen, löst vorsichtig mit Zeige- und Mittelfinger den gesamten Bauchinhalt und zieht ihn, ganz oben am Hals beginnend, gleichmäßig und behutsam durch den Einschnitt heraus. (Das sogenannte Aushakeln, bei dem mit einem Haken das »Gescheide« aus der Kloake gezogen wird, ist heute verboten.)
Die Galle wird sorgfältig von der Leber getrennt und weggeworfen (Tauben haben keine Galle). Der Magen wird auf einer Seite längs aufgeschnitten; Innenhaut und Mageninhalt werden entfernt. Nun schneidet man noch die Talgdrüsen auf der Oberseite des Bürzels fort. Die Darmschlingen der Schnepfe mit Inhalt, »Schnepfendreck« genannt, können zur weiteren Verwendung beiseitegestellt werden.
Anschließend entfernt man den Kropf, weil der Inhalt leicht säuert und den Geschmack des Vogels beeinflusst. Er ist gut ertastbar. Die darüberliegende Haut wird mit einem kleinen Schnitt durchgetrennt und der Kropf entfernt oder entleert. Bei Tauben wird der Kropf noch vor dem Ausnehmen entfernt.
Nun werden die Vögel mit einer Schlinge um den Hals frei hängend in etwa 24 Stunden auf 4 °C Kerntemperatur heruntergekühlt.

RUPFEN UND ABSENGEN

Am leichtesten rupft man frisch erlegtes Federwild im noch warmen Zustand und legt es anschließend in den Kühlschrank. Ist dies nicht geschehen, wird es 2–3 Tage abgehängt, bis sich die Federn wieder leichter herausziehen lassen. Am besten rupft man im Freien. Das Tier wird auf den Rücken gelegt, mit dem Kopf dem Rupfenden zugewandt. Man beginnt mit dem Bauch, fasst mit der einen Hand nur wenige Federn und zieht sie in Wuchsrichtung zügig heraus. Dann rupft man den Rücken, den Schwanz, die Flügel und zum Schluss den Hals. Es müssen alle Federn entfernt sein, ebenso die Federkielreste, bevor man den Kopf abschneidet. Nur Enten können vor dem Rupfen mit heißem Wasser übergossen werden, um das Rupfen zu erleichtern, alle anderen Vögel werden trocken gerupft. (Es gibt auch ein sogenanntes Rupfwachs, doch kann es den Geschmack des Tieres negativ beeinflussen.)
Nach dem Rupfen wird der Vogel über einer Flamme rundherum vorsichtig abgesengt, um noch vorhandene Flaumfedern zu entfernen. Man hält das Tier an den Füßen und Flügelspitzen fest und schwenkt es über der Flamme. Die Haut darf nicht verbrennen.
Nun schneidet man die Füße ab, trennt die Flügelspitzen im letzten Gelenk durch, schneidet mit einem scharfen Messer die Haut des Halses an der Rückseite in Längsrichtung auf, löst den Hals heraus und schneidet ihn am Körper ab. Die Halshaut wird nicht abgeschnitten. Zuletzt wird der Vogel mit einem sauberen Tuch oder Küchenpapier ausgewischt. Man kann ihn auch, wenn er gleich zubereitet wird, unter fließendem kaltem Wasser innen und außen waschen und anschließend gut trockenreiben.

HÄUTEN

In der Regel wird Wildgeflügel nicht gehäutet, doch gibt es Ausnahmen. In manchen Fällen wird Enten aus hygienischen Gründen (wegen der verschmutzten Gewässer) und Gänsen, wenn sie einen tranigen Geruch haben, die Haut entfernt. Dafür wird die Haut über dem Brustkorb leicht hochgezogen und der Bauchhöhlenschnitt bis zum Kropf verlängert. Nun kann man mit den Händen die Haut vom Körper abschieben. Am Rücken und an den Flügeln, wo die Haut sich schwerer ablöst, trennt man sie mit einem Messer vom Fleisch.

IN PORTIONSSTÜCKE TEILEN

Zum Braten, Schmoren oder Dünsten kann man das größere Federwild zerteilen. Rebhuhn und Perlhuhn werden meist nur halbiert. Der Fasan wird wie ein Hähnchen zerteilt: den Vogel auf den Bauch legen, mit einem scharfen Messer oder der Geflügelschere links und rechts entlang der Wirbelsäule durchschneiden und diese entfernen. Anschließend die Bauchseite in der Mitte der Länge nach durchschneiden und die Hälften mit der Innenseite nach unten legen. Das Bein vom Körper wegziehen und, dem Schenkelverlauf folgend, die Fasanenhälfte quer durchschneiden. Nach Belieben kann man die Stücke noch einmal teilen. Bei den Keulen wird das Kniegelenk durchgeschnitten; die Flügelstücke werden quer so geteilt, dass der Oberarm mit dem Brustteil verbunden bleibt.
Das kleine Wildgeflügel, wie zum Beispiel die Schnepfe, Wachtel oder auch die Taube, wird nicht zerteilt. Zum Braten auf dem Rost schneidet man es entlang der Wirbelsäule auf und drückt es flach. Man kann auch die Wirbelsäule ganz herausschneiden und die Brustknochen auslösen.
Ente und Gans werden im Ganzen zubereitet.

ENTBEINEN

Zum Herstellen von Galantinen muss Wildgeflügel entbeint werden. Die Beschreibung finden Sie auf Seite 203.

DRESSIEREN

Vor dem Braten, Dünsten oder Schmoren wird Geflügel meist dressiert, damit es seine Form behält. Dies erfolgt nach Art, Größe und Zubereitungsmethode verschieden.

DRESSIEREN VON GRÖSSEREM GEFLÜGEL

Den Vogel mit dem Rücken auf die Arbeitsfläche legen. Die Flügelspitzen samt den Knorpeln und Gelenken abschneiden. Die Halshaut nach hinten auf den Rücken klappen, die Flügel zur Brust drehen. Einen langen Faden Küchengarn in die Dressiernadel fädeln. Von rechts außen seitlich direkt unter dem Kniegelenk das Bein durchstechen, die Nadel durch den Rumpf und durch das Bein auf der anderen Seite führen. Den Faden bis auf etwa 8 cm durchziehen. Das Tier auf den Bauch drehen. Jetzt nahe dem äußeren Gelenk durch den rechten Flügel ziehen, die Halshaut am Rücken festheften und weiter durch den linken Flügel ziehen. Den Faden ausfädeln und die beiden Enden kräftig zusammenziehen, verknoten und die Enden abschneiden. Wieder auf den Rücken drehen und die Beine nach oben gegen die Brust drücken. Mit einem neuen Küchengarnfaden ein kleines Stück über dem Bürzel von rechts seitlich durch den Vogel stechen. Die Beine wieder herunterdrücken, den Faden um das linke untere Beingelenk legen, unter der Brustspitze durch die Haut zwischen Brustspitze und Rumpf führen und das zweite Bein einfassen. Ausfädeln, stramm ziehen, verknoten und die Enden abschneiden.

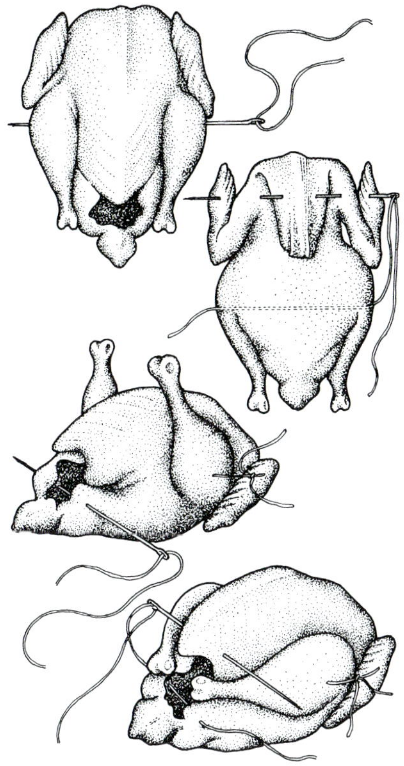

DRESSIEREN VON KLEINEM GEFLÜGEL

Es ist derselbe Vorgang wie bei größerem Geflügel, doch müssen die Beine nicht mehr separat fixiert werden.
Zum Braten auf dem Rost den Vogel entlang dem Rückgrat aufschneiden, mit der Hautseite nach oben hinlegen und mit einem kräftigen Handschlag flach drücken. In die Haut unterhalb des Brustkorbs (an der unteren Spitze der Bauchseite) einen kleinen Schnitt anbringen und die Beine durchstecken. So werden sie beim Braten festgehalten.

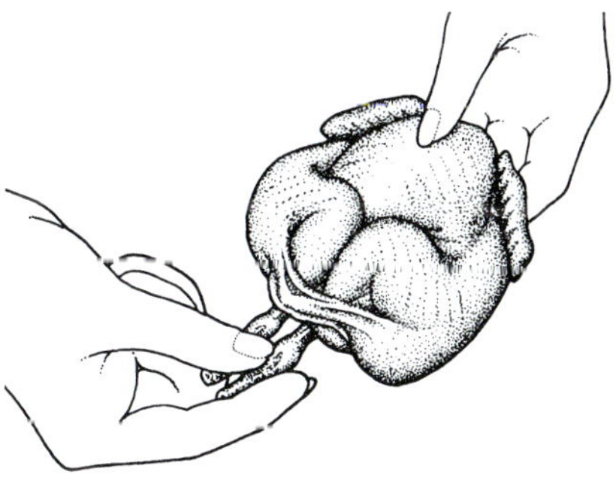

DRESSIEREN DER SCHNEPFE

Die Krallen von den Füßen abschneiden. Die Beine übereinanderschlagen, die Unterschenkel nach oben klappen und durch die Oberschenkel stecken. Den Kopf nach unten zu den Beinen ziehen und den Schnabel zwischen die Schenkel und den Rumpf stecken.

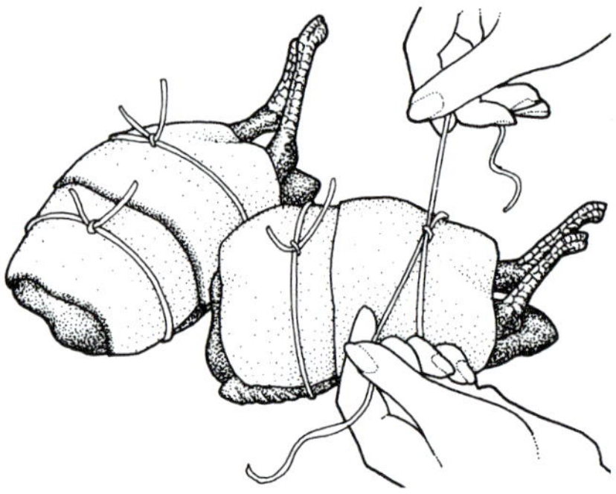

BARDIEREN

Die zarten Teile des Wildgeflügels wie Brust und Keulen oder auch kleines Geflügel werden mit breiten Scheiben von frischem fettem Speck belegt, damit sie beim Braten oder Dünsten nicht austrocknen. Zur Befestigung wird der Speck mit Küchengarn umbunden. Das gebratene Geflügel kann mit dem Speck serviert werden, nach Belieben in Stücke geschnitten. Bei gedünstetem Geflügel entfernt man den Speck vor dem Servieren.

IN EIN SCHWEINSNETZ WICKELN

Diese Methode (Seite 14) wird vor allem angewendet zum Schutz und Zusammenhalt von geschmorten und gebratenen gefüllten Brüstchen.

MARINIEREN

Wildgeflügel wird normalerweise nicht mariniert. Allerdings kann man es, wenn es auf dem Rost gebraten wird, zuvor kurz in eine Ölmarinade legen.

Frisches Wildbret selbst einfrieren

Das Einfrieren von Wildbret ist heute die beste Lagermethode. Es soll frisch – bratfertig zugerichtet und in große Braten- beziehungsweise Portionsstücke zerteilt – eingefroren werden. Man kann es auch bereits spicken oder in ein Speckhemd wickeln. Besser ist es allerdings, den Speck erst bei der Zubereitung hinzuzufügen, weil er eine kürzere Haltbarkeit hat als das Wildbret und leicht ranzig wird.

Die Innereien des Federwilds füllt man in einen kleinen Cellophanbeutel und steckt diesen in die Bauchhöhle. Kleine Vögel friert man im Ganzen ein, größere können zerteilt werden. Auch können sie bereits mit einer Farce gefüllt werden. Der Vogel wird in einen festen Folienbeutel gepackt, fest verschlossen und bei –18 °C eingefroren.

- **Das Fleisch darf vor dem Einfrieren nicht gewaschen werden.**
- **Das Wildbret darf vor dem Einfrieren nicht mariniert werden.**
- **Die verpackten Fleischstücke mit Inhalts-, Gewichtsangabe und Datum versehen und sofort bei –18 °C einfrieren.**
- **Wenn Wild zu lange eingefroren bleibt, wird es trocken und strohig.**

Lagerdauer bei mindestens –18 °C

Rebhuhn, Wildtaube, Ente, Gans	bis zu 8 Monate
Fasan	4–6 Monate
Schnepfe, Wachtel	bis zu 4 Monate
Haarwild	bis zu 12 Monate
Haarwild, gespickt	höchstens 5 Monate
Fertige Wildgerichte	3 Monate

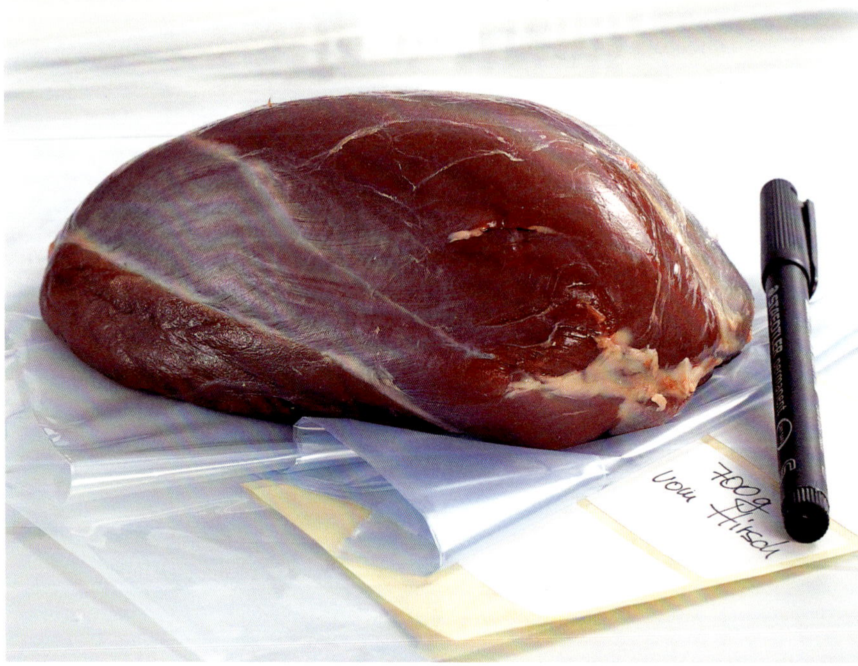

Die Garmethoden

BRATEN IM OFEN

Im Ofen werden vor allem die großen Wildbretstücke wie Rücken und Keule, ganze Hasen, Kaninchen und Wildgeflügel gebraten. Nur junge Tiere eignen sich hierfür.

HAARWILD

In einem passenden Bratgeschirr wird auf dem Herd etwas Butter und/oder Öl erhitzt und das Fleisch darin rundum angebraten. Anschließend wird es in den je nach Rezept vorgeheizten Ofen geschoben und unter öfterem Begießen mit dem Bratfond gebraten. Oder der Ofen wird anfangs auf etwa 220 °C vorgeheizt, das Fleisch 15–20 Minuten im Ofen angebraten und anschließend bei reduzierter Hitze fertig gebraten.
Nach dem Anbraten kann man zu dem Fleisch noch passendes zerkleinertes Gemüse (Zwiebeln, Möhren, Lauch), Kräuter und Gewürze kurz mitbraten und mit etwas Fond oder Wein angießen. Der Bratfond wird nach dem Herausnehmen des Bratens entfettet, passiert und zur Herstellung einer Sauce verwendet. Der Braten muss inzwischen ruhen, damit sich der Fleischsaft im Innern verteilt und beim Aufschneiden nicht herausläuft.
Das Fleisch soll gut durchgegart sein (Kerntemperatur von 80 °C über 10 Minuten), um eventuell vorhandene Viren und Bakterien abzutöten und einen Infekt auszuschließen.
Garprobe (Finger- oder Löffelprobe): Um festzustellen, wie stark das Fleisch bereits durchgebraten ist, drückt man mit dem Finger oder Löffelrücken darauf. Kann man es weit eindrücken, ist es im Kern noch sehr rot, sprich blutig. Gibt das Fleisch weniger stark nach, ist es rosa; gibt es kaum mehr nach, ist es durchgegart. Sicherer ist das Bratenthermometer.

FEDERWILD

Das Federwild wird bratfertig hergerichtet. Es wird bardiert und/oder innen und außen mit Butter eingepinselt. Wenig Butter oder Öl

Bratzeiten

Wildart	Gewicht	Zeit*
Rehrücken	2,0 kg	55–60 Minuten
Rehkeule	2,0 kg	100–115 Minuten
Hirschrücken	etwa 2,5 kg	70–80 Minuten
Hirschkeule (ohne Knochen)	1,5 kg	90–110 Minuten
Frischlingsrücken	2,5 kg	60–70 Minuten
Frischlingskeule (ohne Knochen)	2,0 kg	etwa 150 Minuten
Wildschweinrücken	2,5 kg	60–80 Minuten
Wildschweinkeule (ohne Knochen)	1,0 kg	etwa 150 Minuten
Gamsrücken	etwa 2,5 kg	70–90 Minuten
Gamskeule	etwa 1,5 kg	70–90 Minuten
Mufflonrücken	2,0 kg	65–75 Minuten
Mufflonkeule	3,5 kg	130–150 Minuten
Hase im Ganzen	2,5–3,0 kg	60–70 Minuten
Hasenrücken	0,8–1,2 kg	40–50 Minuten
Hasenkeule		50–60 Minuten
Wildkaninchen im Ganzen		50–60 Minuten
Wildkaninchenrücken		35–40 Minuten
Wildkaninchenkeule		35–40 Minuten
Fasan		50–60 Minuten
Rebhuhn		40–50 Minuten
Wachtel		30–40 Minuten
Perlhuhn		70–80 Minuten
Waldschnepfe		40–50 Minuten
Wildtaube		45–50 Minuten
Wildente		45–60 Minuten
Wildgans		70–80 Minuten

* Bei den Zeiten handelt es sich um Annäherungswerte. In jedem Fall muss der Garzustand sorgfältig geprüft werden, denn Wildbret soll durchgegart sein und eine Kerntemperatur von 80 °C erreicht haben.

Anmerkung: Beim Braten bei Niedrigtemperatur verlängert sich die Bratzeit um ein Vielfaches, dafür muss man sich nicht um den Braten kümmern und er wird besonders zart.

wird in einem Bratgeschirr erhitzt, das Geflügel auf dem Rücken (oder auf der Seite, dann muss es aber zwischendurch gewendet werden) hineingelegt und im vorgeheizten Ofen je nach Rezept gebraten. Bei bardiertem Geflügel löst man in den letzten 10–15 Minuten den Speck ab, damit der Vogel noch braun und knusprig wird. Aus dem Bratfond wird die Sauce zubereitet. Den Speck kann man klein schneiden und mitservieren.
Die Bratzeiten variieren je nach Gewicht und Alter der Tiere. Auch das Federwild soll, wie das zahme Geflügel, aus hygienischen Gründen gut durchgebraten sein (Salmonellengefahr).
Garprobe: Mit einer Nadel am obersten Gelenk in den Oberschenkel stechen. Der ausfließende Saft soll klar und nicht mehr rosa sein.

BRATEN IN DER PFANNE

Nur das Fleisch junger Tiere eignet sich hierfür. Es wird in kleinen Stücken in einer schweren Pfanne oder Kasserolle in wenig Fett bei mittelstarker Hitze von beiden Seiten angebraten. Meist ist es dann schon gar. Wenn nicht, wird es bei reduzierter Hitze noch kurz weitergebraten. Geeignet sind Filetscheiben, Koteletts, Schnitzel, Teile von Hase und Wildkaninchen. Wildgeflügelteile werden etwas flach gedrückt. Nach dem Braten kann man die Stücke nach Belieben flambieren, das heißt mit Cognac, Gin oder einem anderen hochprozentigen Alkohol übergießen und anzünden.
Aus dem Bratsatz wird nach dem Herausnehmen der Fleischstücke unter Zusatz von Fleischextrakt, Wein, Gewürzen, Obst und Sahne eine passende Sauce zubereitet.

Das Fleisch kann vorher 1–2 Stunden in eine Ölmarinade gelegt werden. Dann benötigt man zum Braten kein zusätzliches Öl mehr.

BRATEN AM SPIESS

Junges Wildbret kann am Spieß im Ofen sowie über dem offenen Feuer gebraten werden. Im Ofen ist die Bratzeit etwas kürzer; der Ofen muss vorgeheizt werden. Bei offenem Feuer muss eine starke und ausreichende Glut vorbereitet werden.
Für das Braten am Spieß eignen sich (wie für das Braten im Ofen) die größeren Wildbretteile von jungen Tieren sowie junges Wildgeflügel. Das Fleisch wird bratfertig vorbereitet. Während des Bratens muss es ständig mit Öl oder Ölmarinade eingepinselt werden, damit es nicht austrocknet.

GRILLEN

Für das Grillen eignen sich die gleichen Stücke wie für das Braten in der Pfanne. Die Fleischstücke oder Geflügelteile werden vorher in eine Ölmarinade gelegt. Der Ofengrill wird vorgeheizt, beim Holzkohlengrill muss eine gute, ausreichende Glut vorbereitet sein. Die Stücke werden auf den Rost gelegt und auf beiden Seiten schnell gegrillt. Zwischendurch muss man sie mit Öl oder der Ölmarinade bestreichen. Normalerweise sind die Stücke (wie Koteletts oder Steaks) dann schon fertig. Falls man dickere Stücke grillt, reduziert man die Hitze beziehungsweise hebt beim Holzkohlengrill den Rost ein oder zwei Stufen höher, damit das Fleisch nicht verbrennt oder zu trocken wird, und brät es fertig. Erst nach dem Grillen wird das Fleisch gesalzen. Vor allem größere Stücke müssen nach dem Grillen 5–7 Minuten ruhen, damit sich der Fleischsaft verteilt und beim Aufschneiden nicht herausläuft.

Falls beim Grillen durch das heruntertropfende Fett Flammen hochschlagen, muss man diese sofort mit einem Spritzer Wasser löschen.

SCHMOREN

Diese Garmethode eignet sich besonders gut auch für das Fleisch älterer Tiere. Man kann größere Stücke wie Keulen, aber auch in Würfel geschnittenes Fleisch schmoren. Hasen, Kaninchen und Geflügel können im Ganzen sowie in Stücke zerteilt geschmort werden. Das Fleisch von Haarwild wird vorher 1–2 Tage mariniert.
Beim Schmoren auf dem Herd erhitzt man in einer Kasserolle etwas Fett und/oder auch Speck, brät das Fleisch oder Geflügel schnell von allen Seiten an, gibt das geputzte und klein geschnittene Gemüse hinzu und brät es ebenfalls leicht an. Anschließend gießt man mit Marinade, Wein oder Fleischbrühe auf, sodass das Fleisch ein wenig in der Flüssigkeit liegt, gibt noch Kräuter und Gewürze hinzu, bringt die Flüssigkeit zum Kochen, reduziert die Hitze, legt den Deckel auf und lässt alles leise köcheln, bis das Fleisch gar ist. Zwischendurch wird es mehrmals mit der Sauce beschöpft.
Beim Schmoren im Ofen wird das Fleisch (und Gemüse) mit etwas Fett in dem auf etwa 225 °C vorgeheizten Ofen in der offenen Kasserolle etwa 15 Minuten angebraten. Anschließend gießt man mit der Flüssigkeit auf, schließt den Topf, reduziert die Hitze, sobald die Flüssigkeit kocht, auf etwa 150 °C und schmort das Fleisch gar.
Das Fleisch ist gar, wenn man mit einer Nadel leicht hineinstechen kann und der austretende Saft hell und klar ist. Die Sauce wird passiert oder auch nicht, eingekocht und mit Wein oder anderen Spirituosen, Sahne, Gewürzen, Obstgelee o. Ä. abgeschmeckt.

DÜNSTEN

Dünsten ist eine sehr schonende Garmethode, die vor allem für zartes Fleisch wie Hase und Rehrücken sowie Geflügel eingesetzt wird. Man gibt ein wenig Butter oder Öl und klein geschnittenen Räucherspeck oder Schinken in einen Topf und lässt dies zergehen. Anschließend legt man das vorbereitete und gewürzte Fleisch oder Geflügel hinein, begießt es mit zerlassener Butter, gibt eventuell 2–3 EL Fleischbrühe hinzu, setzt den Deckel auf und dünstet das Fleisch auf dem Herd oder bei etwa 130 °C im vorgeheizten Ofen im eigenen Saft gar. Während des Dünstens begießt man es häufiger mit dem Saft. Es darf am Boden nicht zu stark bräunen oder gar anbrennen. Sehr gut kann auch grob gehacktes oder klein geschnittenes Gemüse mitgedünstet werden. Soll das Fleisch an der Oberfläche bräunen, nimmt man beim Dünsten im Ofen in den letzten 10 Minuten den Deckel ab.
Aus dem Bratsatz und dem Gemüse bereitet man unter Zusatz von Wein, Fleischbrühe usw. eine Sauce zu und passiert sie durch ein Sieb.

GAREN IN ALUFOLIE

Diese Zubereitung eignet sich besonders für die Diätküche. Das Fleisch bleibt saftig und aromareich. Die Alufolie wird auf der Innenseite gebuttert oder geölt, man kann auch noch Speckscheiben darauflegen. Das vorbereitete Fleisch oder Geflügel wird mit den Würzzutaten in die Mitte gelegt und lose in die Folie eingepackt. Die Ränder müssen fest verschlossen sein, damit kein Saft herausfließen kann. Das Paket wird in dem auf 175–200 °C vorgeheizten Ofen auf den Rost gelegt und das Fleisch gegart. Während der letzten 10–15 Minuten kann man die Folie aufschneiden, um das Fleisch noch ein wenig bräunen zu lassen.

Man kann das Fleisch oder Geflügel vorher füllen oder zusammen mit Kräutern, Apfelscheiben, gekochter Zwiebel oder Pilzen und auch 1 Löffel Wein in Alufolie packen und garen.

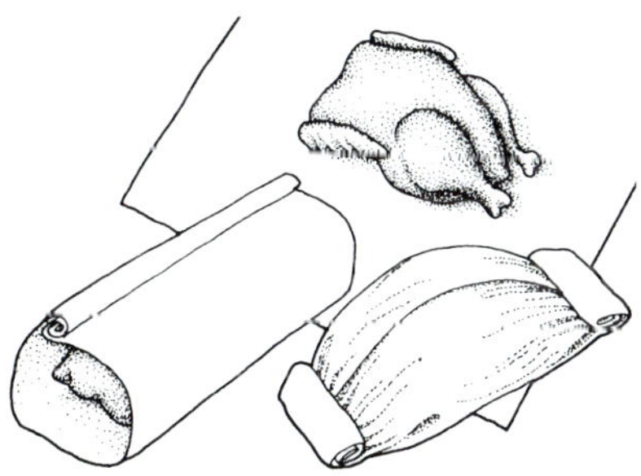

GARZIEHEN IN EINER BRÜHE

Man kann Fleisch und Geflügel auch entbeinen, das heißt die Knochen vorsichtig herauslösen (Seite 203), mit einer schmackhaften Farce füllen und wieder zunähen. Eingebunden in ein Mulltuch, lässt man es in einer kräftigen Brühe gar ziehen und anschließend in der Brühe abkühlen. Nun nimmt man das Stück heraus, legt ein Brett darauf, beschwert es leicht und stellt es für 1–2 Tage in den Kühlschrank. Zuletzt kann man das Stück mit Gelee bestreichen oder mit Sauce überziehen.

BACKEN IN DER TEIGHÜLLE

Geeignet ist das Fleisch von Haarwild und Wildgeflügel. Um dem Fleisch viel Aroma mitzugeben, brät oder schmort man es vor dem Backen drei viertel gar und lässt es abkühlen. Anschließend hüllt man es in den Teig, bringt auf der Oberseite eine kleine Öffnung oder einen Schlitz an, damit der Dampf entweichen kann, und backt es im vorgeheizten Ofen fertig. Der Teig wird wie eine Kruste mitgegessen.

Man kann das Fleisch auch füllen oder mit Gemüse und Kräutern in den Teig einschließen und backen.

FRITTIEREN

Vor allem Geflügelteile werden frittiert. Die Geflügelstücke werden paniert oder durch Ausbackteig gezogen, sie bleiben durch diese schützende Hülle schön saftig. In einer Fritteuse oder einem hohen, rostfreien Stahltopf oder gusseisernen Topf erhitzt man reichlich gutes Öl oder Fett auf 180 °C – es muss zischen, wenn man das Fleisch hineingibt, und die Stücke müssen darin schwimmen können. Man legt nicht zu viele Stücke auf einmal in das heiße Öl, weil es sonst zu sehr abkühlt, die Bratzeit länger wird und zu viel Öl vom Fleisch aufgenommen wird. Nach wenigen Minuten (die Kruste soll goldbraun sein) hebt man das Fleisch mit einem Schaumlöffel heraus und lässt es gut abtropfen. Am besten legt man es auf mehrere Lagen Küchenpapier.

Das Öl muss nach Gebrauch gefiltert werden, um die Bratrückstände zu entfernen. So bleibt es länger haltbar. Es soll aber nicht öfter als zwei- bis dreimal verwendet werden.

PANIEREN

Die Geflügelstücke werden gewurzt, in Mehl gewendet (überschüssiges Mehl abschütteln), durch verquirltes Ei gezogen, abgetropft und in Paniermehl (Semmelbröseln) gewendet.

Auch Kurzbratstücke vom Haarwild können paniert und dann aber in der Pfanne gebraten werden. Hierbei können frisch gehackte Kräuter, Gewürze, Schinken, Pilze und Parmesan mit dem Paniermehl vermischt werden.

Wild tranchieren und servieren

Für das Zerteilen (Tranchieren) des Wildbrets vor dem Servieren benötigt man ein großes, scharfes, spitzes Messer, eine Fleischgabel zum Festhalten und eine Geflügelschere, außerdem ein Tranchierbrett, das rundherum eine Rinne hat, um den auslaufenden Fleischsaft aufzufangen. Den Saft serviert man mit oder rührt ihn unter die Sauce. Das Fleisch soll vor dem Aufschneiden einige Minuten an einem warmen Platz ruhen – ein größeres Stück länger als ein kleines –, damit möglichst wenig Saft verloren geht.

TRANCHIEREN VON FEDERWILD

REBHUHN, TAUBE USW.

Das kleinere Geflügel wird nur der Länge nach durch Brust und Rücken halbiert und mit der Innenseite nach unten serviert.

FASAN UND PERLHUHN

Der Fasan wird auf den Rücken gelegt, die Beine der tranchierenden Person zugewandt. Mit der Fleischgabel hält man den Vogel fest, drückt mit dem Messer das rechte Bein vom Körper ab und schneidet es im Hüftgelenk durch. Anschließend schneidet man den rechten Flügel im Schultergelenk durch, wobei man ein wenig Fleisch von der Brustseite mit abschneidet. Mit der anderen Seite verfährt man ebenso. Nun schneidet man die Brust in ½–1 cm breite Längsstreifen. Mit der Geflügelschere trennt man den Rücken glatt ab und schneidet ihn in zwei oder drei Teile. Die Keulen können je nach Größe des Fasans noch in zwei Teile zerlegt werden.
Falls das Geflügel gefüllt ist, wird jede Portion mit einem Teil der Füllung angerichtet und serviert.

WACHTEL

Sie wird im Ganzen serviert.

WALDSCHNEPFE

Hals und Kopf werden abgeschnitten, der Vogel wird halbiert. Der Schnepfendreck wird separat serviert.

WILDGANS UND WILDENTE

Sie werden wie Fasan tranchiert.

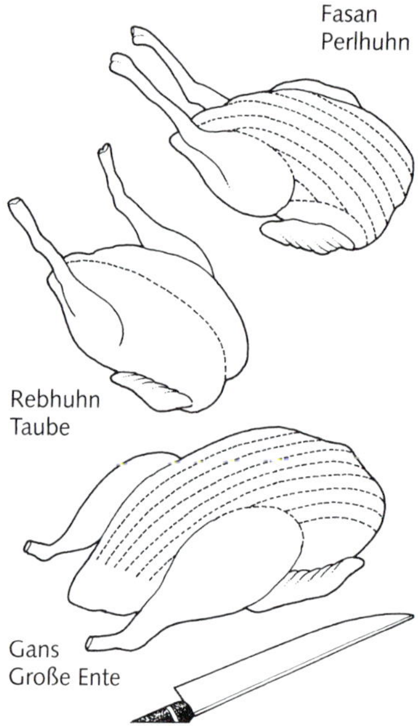

TRANCHIEREN VON HAARWILD

RÜCKEN

Um die Filets abzulösen, setzt man das Messer auf einer Seite des Rückgrats an und schneidet am Knochen entlang so weit nach unten, wie es die Krümmung zulässt. Anschließend setzt man das Messer an den unteren Rippenknochen an und löst das Filet entlang den Rippen vollständig ab. Es wird quer oder schräg in gleichmäßige, 1–4 cm (nach Belieben) dicke Scheiben geschnitten. Ebenso löst man das Filet auf der anderen Seite des Rückgrats ab.
Zum Servieren legt man die aufgeschnittenen Filets wieder zurück auf die Karkasse.

KEULE

Die Keule besteht aus der Nuss und der Schale. Die Nuss ist der Muskel, der an der Innenseite der Keule zwischen dem obersten Gelenk und dem Knie liegt. Die Schale (Ober- und Unterschale) ist der Muskel an der äußeren Seite. Die Keule wird so gehalten, dass sie mit der Nuss nach oben liegt. Sie ist der fleischigste Teil und wird zuerst tranchiert. Anschließend wird die Schale aufgeschnitten. Alternativ kann die Keule auch so tranchiert werden, wie in den Stepfotos gezeigt.
Alle Schnitte, die möglichst senkrecht ausgeführt werden, erfolgen gegen die Fleischfaser. Die Scheiben sollen saubere Schnittflächen aufweisen, so groß wie möglich und von gleicher Stärke sein.
Zum Servieren richtet man die Fleischscheiben auf einer vorgewärmten Platte an, beträufelt sie je nach Rezept mit etwas Sauce und garniert sie.

GANZER HASE UND WILDKANINCHEN

Zunächst werden die Rückenfilets zu beiden Seiten des Rückgrats abgelöst und in dicke Scheiben geschnitten. Anschließend werden die Hinterläufe abgetrennt und nach Belieben einmal oder zweimal quer geteilt, dann die Vorderläufe. Man dreht die Karkasse um und löst nun die kleinen Innenfilets.

Die Hasenteile einschließlich Filet werden auf einer vorgewärmten Servierplatte angerichtet und sofort serviert.

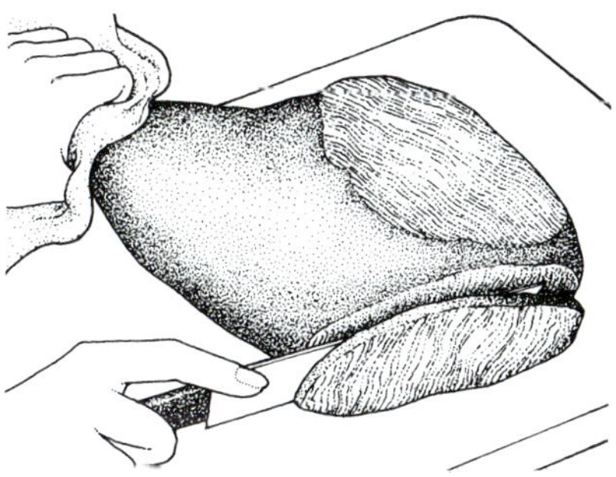

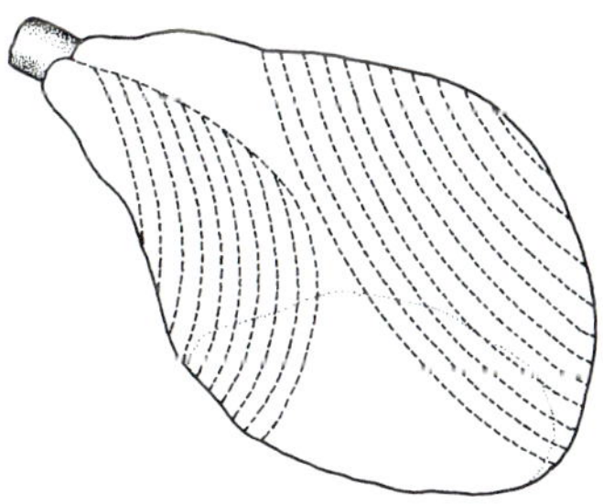

Reh- oder Hirschrücken tranchieren: Die Filets beiderseits des Rückgrats im Ganzen ablösen, dazu ein langes, scharfes Messer verwenden.

Die Filets schräg in Scheiben schneiden und in der ursprünglichen Form wieder auf die Karkasse legen. Zügig arbeiten, damit das Fleisch nicht kalt wird.

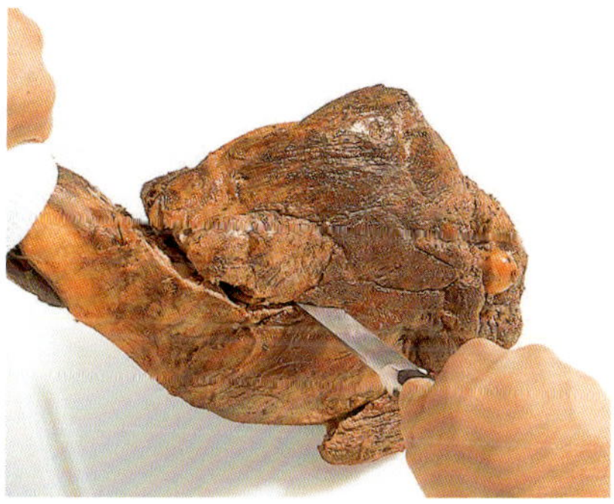

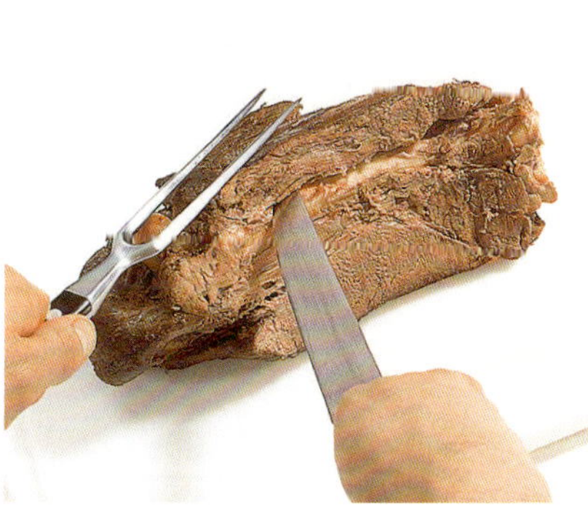

Reh- oder Hirschkeule tranchieren: Am Knochen entlang die Oberschale abschneiden. Den Keulenknochen abtrennen, die Nuss ablösen.

Den Röhrenknochen freilegen und vollständig auslösen. Die Fleischteile mit einem scharfen Messer quer zur Faser in Scheiben schneiden.

Grundzubereitungen

Marinaden

Marinaden dienen dazu, dem Fleisch Aroma mitzugeben und es für kurze Zeit zu konservieren. Je nach der beabsichtigten Wirkung wird die Marinade milder oder stärker (saurer) zubereitet. Die folgenden Marinaden sind milde, können aber nach Geschmack abgeändert werden. Essigzusatz empfiehlt sich für älteres Wildbret. Etwas Öl ist immer vorteilhaft, es macht das Fleisch zarter. Menge und Art des Weins (Weiß- oder Rotwein) richten sich nach der beabsichtigten Geschmacksrichtung. Fehlt Essig ganz, muss der Wein die Säure liefern.
Man verwendet zum Marinieren ein Gefäß aus Porzellan, Glas oder Edelstahl. Es soll in der Größe so bemessen sein, dass das Fleischstück gerade gut hineinpasst und von der Marinade ganz bedeckt wird.

ÖLMARINADE

- Öl
- Pfeffer (weitere Gewürze und Kräuter nach Belieben)
- etwas Balsamico-Essig, Zitronensaft
- wenig Alkoholika (nach Belieben)

1
Das Öl mit dem Pfeffer, nach Belieben mit weiteren Gewürzen und/oder Kräutern, Säure und/oder Alkoholika vermischen und die Fleischstücke darin wenden, sie sollen mit dem Öl überzogen sein. 1–3 Stunden marinieren.

In einer Ölmarinade kann das Fleisch auch einige Tage konserviert werden.

WEISSWEIN- ODER ROTWEINMARINADE

- ½ l trockener Weiß- oder Rotwein
- 250 ml Wasser
- 125 ml Essig
- 60 ml Öl (nach Belieben)
- 1 Möhre, geschält, in Scheiben
- 1 Zwiebel, geschält, in Scheiben
- 1 Knoblauchzehe, geschält, in Scheiben geschnitten (nach Belieben)
- ¼ Sellerieknolle, geschält, in Scheiben
- 5 Stängel Petersilie
- 1 Lorbeerblatt, 1 Zweig Thymian
- 1 Nelke, 8–10 Pfefferkörner
- 6 Wacholderbeeren, zerdrückt
- 2 Zitronenschnitze (nach Belieben)

1
Alle Zutaten in einer ausreichend großen Schüssel gut vermischen. Das Fleisch einlegen, es soll vollständig bedeckt sein. Zugedeckt kalt stellen.

BUTTERMILCH-MARINADE

- Buttermilch (die Menge richtet sich nach der Größe des Fleischstücks)
- Gewürze (zerstoßene Wacholderbeeren, Thymian, Lorbeerblatt oder Pfefferkörner)

1
Das Fleisch in eine ausreichend große Schüssel legen und mit so viel Buttermilch übergießen, dass es vollständig bedeckt ist. Der Milch können nach Belieben bereits Gewürze beigegeben werden. Zugedeckt kalt stellen.

Wird das Wildbret länger als 2 Tage mariniert, muss die Milch einmal gewechselt werden.

Brühen, Essenzen und Gelee

Für die Zubereitung der verschiedenen Wildrezepte werden sehr häufig Brühen, Essenzen, Extrakte und auch Gelee benötigt. Selbstverständlich kann man notfalls auf Fertigprodukte zurückgreifen. Doch empfehle ich unbedingt, sie selbst herzustellen. Ihr einzigartiger Geschmack ist für die Qualität der Speisen entscheidend wichtig.

WILDGRUNDBRÜHE WILDFOND

Für etwa 2 Liter

- 1 kg Fleisch von Haarwild (Brust, Hals oder Bauch, auch Abgänge)
- 1 kg Wildknochen, zerhackt
- 500 g Wildgeflügelknochen oder ein älterer Vogel (die Brüste abtrennen und für Klößchen oder als Einlage aufbewahren)
- 50 g Butter, zerlassen
- 3 Möhren, geschält, in feinen Scheiben
- 1 große Zwiebel, geschält, in Scheiben
- 2 Stangen Lauch, längs halbiert, gewaschen, in Scheiben geschnitten
- 100 g Knollensellerie, geschält, in Scheiben geschnitten
- 1 Knoblauchzehe, geschält, zerdrückt (nach Belieben)
- ½ l trockener Weißwein
- 5 Stängel Petersilie
- 10 Wacholderbeeren, zerdrückt
- 1¼ TL gewürztes Salz (Seite 26)

1

Den Ofen auf 200 °C vorheizen. Fleisch und Knochen in die Fettpfanne des Backofens legen, mit der zerlassenen Butter begießen und kräftig anbraten.

2

Das gesamte Gemüse in einen großen Topf füllen und darauf das angebratene Fleisch samt Knochen legen. ½ Liter Wasser in die Fettpfanne gießen und den Bratsatz losschaben, in den Topf gießen. Den Weißwein ebenfalls zugießen und mit so viel Wasser auffüllen, dass der Topfinhalt etwa 3 cm hoch bedeckt ist. Zum Kochen bringen, dabei immer wieder den aufsteigenden Schaum abschöpfen. Die Hitze reduzieren, Petersilie, Wacholderbeeren und gewürztes Salz dazugeben und mindestens 3 ½ Stunden zugedeckt köcheln lassen.

3

Den Topf vom Herd nehmen und alle großen Stücke herausnehmen. Die Brühe durch ein mit einem Mulltuch ausgelegtes Sieb ungestört in einen kleineren Topf ablaufen und abkühlen lassen (sie kann im Kühlschrank mehrere Tage aufbewahrt werden). Vor der Verwendung die erkaltete Fettschicht abheben.

Tiefgekühlt kann der Wildfond mehrere Monate aufbewahrt werden. Man kann ihn auch in kleinen Portionen einfrieren und gut 3 Monate lagern. Ersatzweise ein im Handel erhältliches Produkt einsetzen.

GEKLÄRTE WILDKRAFTBRÜHE

Für etwa 750 Milliliter

- 1 l kalte Wildgrundbrühe (Seite 22), entfettet
- 250 g mageres Reh-, Hirsch-, Hasen- oder Kaninchenfleisch, von Haut und Sehnen befreit, durchgedreht
- 1 Möhre, geschält, fein gehackt
- 1 Stange Lauch, längs halbiert, gewaschen, grob gehackt
- 3 Stängel Petersilie, grob gehackt
- 100 g Champignonscheiben
- 1 TL frisch gehackter Kerbel
- 10 Wacholderbeeren, zerdrückt
- 1 Eiweiß, die Eierschale zerstoßen
- 1–2 Karkassen von gebratenem Wildgeflügel

1

Alle Zutaten außer den Karkassen in einen Topf füllen und gut vermengen. Die Karkassen einlegen und alles unter Rühren zum Kochen bringen. Die Hitze reduzieren und die Brühe 1 Stunde im offenen Topf ungestört ganz leise köcheln lassen.

2

Die Karkassen herausnehmen. Den Topfinhalt durch ein mit einem Mulltuch ausgelegtes Sieb in einen sauberen Topf ablaufen lassen. Die Brühe muss ganz klar sein. Sie erhält ihren speziellen Geschmack durch das jeweilig verwendete Fleisch und die Karkassen.

Die Kraftbrühe kann heiß und kalt serviert werden. Als Einlage können in Streifen geschnittenes Wildfleisch, Klößchen, in Butter geröstete Weißbrotwürfelchen, fein geschnittene Champignons, feine Erbsen, Eierstich, Kerbelblättchen, Nudeln usw. dazugegeben werden.

WILDESSENZ WILDGLACE

- 750 ml geklärte Wildkraftbrühe (links)
- 1–2 EL Madeira

1

Die Wildkraftbrühe bis auf etwa 150 ml einkochen. Den Madeira einrühren und noch einmal aufkochen. Die Essenz kann nun verwendet werden.

In kleinen Porzellan-, Glas- oder Steinguttöpfchen kann sie im Kühlschrank einige Monate aufbewahrt werden, oder man friert sie ein.

Die Brühe durch ein mit einem Mulltuch ausgelegtes Sieb ablaufen lassen.

GEFLÜGELGRUND-BRÜHE GEFLÜGEL-FOND

Für etwa 2 Liter

- _ 1 Suppenhuhn
- _ 1 1/2 kg Geflügelklein
- _ 150 g Möhren, geschält, in Scheiben geschnitten
- _ 1 große Zwiebel, geschält, in Scheiben geschnitten
- _ 1 Stange Lauch, längs halbiert, in Scheiben geschnitten
- _ 1/2 kleine Sellerieknolle, geschält, in Scheiben geschnitten
- _ 1/2 Bund Petersilie
- _ 1 Knoblauchzehe, geschält, angedrückt
- _ 8 Pfefferkörner, zerdrückt
- _ 3/4 TL gewürztes Salz (Seite 26)
- _ 1/2 l trockener Weißwein

1

Huhn und Geflügelklein in einen Topf legen und mit Wasser bedecken. Aufkochen, dabei immer wieder den aufsteigenden Schaum abschöpfen. Die Temperatur herunterschalten. Sobald kein Schaum mehr aufsteigt, alle anderen Zutaten dazugeben und 3 1/2 Stunden zugedeckt köcheln lassen.

2

Alle großen Stücke herausnehmen. Die Brühe durch ein mit einem Mulltuch ausgelegtes Sieb in einen sauberen Topf ablaufen und abkühlen lassen (sie kann im Kühlschrank etwa 4 Tage aufbewahrt werden). Vor der Verwendung die erkaltete Fettschicht abheben.

Klärfleisch und Eiweiß haben die Trübstoffe der Brühe gebunden.

GEKLÄRTE GEFLÜGEL-KRAFTBRÜHE

Für etwa 750 Milliliter

- _ 1 l Geflügelgrundbrühe (links)
- _ 300 g mageres Rindfleisch, durchgedreht
- _ 500 g Geflügelklein, zerhackt
- _ 1 Möhre, geschält, klein gehackt
- _ 1 Stange Lauch, grob gehackt
- _ 3 Stängel Petersilie, grob gehackt
- _ 1 Eiweiß, die Eierschale zerstoßen
- _ 1–2 Karkassen von gebratenem Geflügel

1

Alle Zutaten außer den Karkassen in einen Topf füllen und gut vermengen. Die Karkassen einlegen und die Brühe zum Kochen bringen. Bei reduzierter Hitze 1 Stunde ungestört im offenen Topf köcheln lassen.

2

Die Karkassen herausnehmen. Den Topfinhalt durch ein mit einem Mulltuch ausgelegtes Sieb ungestört in einen sauberen Topf ablaufen lassen. Die Brühe muss ganz klar sein. Sie erhält ihren speziellen Geschmack durch das Geflügelklein und die Karkassen des jeweils verwendeten Geflügels.

Nach dem Abseihen verbleibt eine ganz klare Brühe.

GEFLÜGELESSENZ GEFLÜGELGLACE

- _ 750 ml geklärte Geflügelkraftbrühe (oben)

1

Die Kraftbrühe bis auf etwa 150 ml einkochen lassen. Sie kann nun verwendet werden.

In ein Porzellan-, Glas- oder Steinguttöpfchen gefüllt, kann sie im Kühlschrank einige Monate aufbewahrt werden, oder man friert sie ein.

WILDEXTRAKT WILDGEFLÜGEL-EXTRAKT

- _ 20 g Öl, 30 g Butter
- _ Karkasse und Knochen, klein gehackt, sowie Abgänge und Herz von Wild und/oder Wildgeflügel
- _ Speckschwarte, in Stücke geschnitten
- _ 1 Zwiebel, geschält, geviertelt
- _ 1 Möhre, geschält, in Scheiben
- _ 1/2 Stange Lauch, längs halbiert, in Scheiben geschnitten
- _ 3 EL gehackte Champignons
- _ 3 Stängel Petersilie
- _ 1 Knoblauchzehe, geschält, zerdrückt
- _ 6 Wacholderbeeren, zerdrückt
- _ 1 Nelke, 1 Lorbeerblatt
- _ 6 Pfefferkörner, 1 gute Prise Salz
- _ 3 EL Madeira
- _ 100 ml trockener Weißwein

1

Öl und Butter in einem Topf erhitzen, Karkasse, Knochen, Abgänge, Herz und Speckschwarte darin braun anbraten. Das Gemüse zugeben und kurz mitbraten. Mit Wasser bedecken, zum Kochen bringen und dabei mehrmals den aufsteigenden Schaum abschöpfen. Die Hitze reduzieren, Kräuter und Gewürze zugeben und im offenen Topf auf die Hälfte einkochen lassen.

2

Die großen Stücke herausnehmen. Die Brühe durch ein mit einem Mulltuch ausgelegtes Sieb in einen kleineren Topf ablaufen lassen. Madeira und Weißwein zugießen und sirupartig auf etwa 100 ml einkochen.

Der Extrakt kann in kleinen Porzellan- oder Glastöpfchen längere Zeit aufbewahrt werden.

GELEE

- 750 ml geklärte Wild- (Seite 23) oder Geflügelkraftbrühe (Seite 24)
- 9 Blatt weiße Gelatine, zerbröckelt

1

Die kalte Kraftbrühe in einen Topf füllen, mit der Gelatine bestreuen und 5 Minuten weichen lassen. Die Brühe unter Rühren zum Kochen bringen. Vom Herd nehmen und in eine kleine Form oder Porzellanschüssel gießen. Das Gelee nach Belieben mit einem Südwein, Portwein, Sherry, Marsala oder Madeira (80–100 ml auf 750 ml Brühe) parfümieren.

2

Sobald es zu gelieren beginnt, kann das Gelee für Sülzen o. Ä. verwendet werden. Für Garnituren und Beilagen lässt man es ganz fest werden, taucht die Form kurz in heißes Wasser, stürzt das Gelee auf eine Platte und schneidet es in Würfel oder andere Formen.

Panaden

Die Panaden benötigt man zum Binden von Farcen.

EIPANADE FÜR FEINE GEFLÜGELFARCEN

- 125 g Mehl, 4 Eigelb
- 85 g Butter, zerlassen
- 1/4 TL Salz, 1 Messerspitze Pfeffer
- 1 Prise geriebene Muskatnuss
- 250 ml kochend heiße Milch
- 1 TL Butter zum Einfetten von Platte und Papier

1

In einer Kasserolle Mehl, Eigelbe, Butter, Salz, Pfeffer und Muskatnuss gut miteinander vermischen. Nach und nach die Milch unterrühren und zum Kochen bringen. Unter kräftigem Rühren so lange kochen, bis sich die Masse glatt von der Topfwand löst.

2

Eine Porzellanplatte einfetten, die Masse darauf verteilen, glatt streichen und mit gebuttertem Pergamentpapier abdecken. Abkühlen lassen.

MEHLPANADE FÜR KLÖSSCHEN UND FARCEN

- 300 ml Wasser
- 150 g Mehl
- 60 g Butter
- 1/4 TL Salz
- 1 Messerspitze Pfeffer
- 1 TL Butter zum Einfetten von Platte und Papier

1

Alle Zutaten in einen Topf füllen und unter Rühren zum Kochen bringen. So lange unter kräftigem Rühren kochen, bis sich die Masse glatt als Kloß von der Topfwand löst.

2

Eine Porzellanplatte einfetten, die Masse darauf verteilen, glatt streichen und mit gebuttertem Pergamentpapier bedecken. Abkühlen lassen.

BROTPANADE FÜR KLÖSSCHEN UND FARCEN

- 400 ml Milch
- 250 g Weißbrotscheibchen
- 1 TL Butter zum Einfetten von Platte und Papier

1

Die Milch in einer Kasserolle zum Kochen bringen. Vom Herd nehmen und das Weißbrot darin durchweichen lassen. Zurück auf den Herd stellen und bei mäßiger Hitze so lange kräftig rühren, bis sich die Brotmasse wie ein Kloß von der Topfwand löst.

2

Eine Porzellanplatte einfetten, die Masse darauf verteilen, glatt streichen und mit gebuttertem Pergamentpapier bedecken. Abkühlen lassen.

Würzen

Für manche Farcen, vor allem aber für die Pasteten werden verschiedene Gewürze und Kräuter benötigt, die man sich als Vorratsmischung herstellen kann. Die Mischungen können variiert werden und lassen Spielraum zum Experimentieren. Die Kräuter sollen möglichst frisch getrocknet sein. Sie werden gemahlen oder im Mörser fein zerstoßen und anschließend fein gesiebt. In einem fest verschließbaren, undurchsichtigen Glas oder Tontopf können sie mehrere Monate aufbewahrt werden. Es gibt im Handel ersatzweise auch fertiges Wild- und Pastetengewürz.

GEWÜRZMISCHUNG

- 50 g Pfeffer
- 15 g Piment
- 5 g geriebene Muskatnuss
- 7 g Ingwerpulver
- 2 g gemahlene Nelken
- 3 g Zimt
- 3 g Lorbeerblatt
- 3 g Salbei
- 4 g Majoran
- 3 g Rosmarin
- 5 g Thymian

1

Alle Zutaten in einen Mörser füllen und gleichmäßig zerreiben.

GEWÜRZTES SALZ

- 100 g Salz
- 50 g Gewürzmischung (oben)

1

Beide Zutaten gründlich vermischen.

Farcen

Man benötigt Farcen für Pasteten, Terrinen, Galantinen, zum Garnieren und Füllen von Wild und Wildgeflügel, aber auch für Klößchen als Beilage oder Suppeneinlage.
Die ersten beiden Farcen können mit Trüffeln, Morcheln, Zunge, Schinken, Gänseleber, Pistazien, Nüssen, Kräutern, Gewürzen, Südweinen, Likören, Cognac, Wein usw. verfeinert werden. Die Feinheit der Klößchenfarce richtet sich nach der jeweiligen Verwendung.

ROHE WILDFARCE

Für etwa 750 Gramm

- 250 g Wildfleisch, von Haut und Sehnen befreit, zweimal durchgedreht
- 250 g mageres Schweinefleisch, zweimal durchgedreht
- 200 g frischer fetter Speck, zweimal durchgedreht
- 10 g gewürztes Salz (links)
- 5 Wacholderbeeren, zerdrückt
- 1 Ei
- abgeriebene Schale und Saft von 1 Zitrone
- 1 EL Butter
- 3 EL fein gehackte Zwiebel
- 1 Knoblauchzehe, geschält, fein gehackt
- 4 EL Cognac
- 50 ml Wildextrakt oder -essenz (wenn vorhanden, Seite 23/24)

1

Fleisch, Speck, gewürztes Salz, Wacholderbeeren, Ei sowie Schale und Saft der Zitrone in eine Schüssel füllen.

2

Die Butter in einer Pfanne zerlassen, Zwiebel und Knoblauch darin anschwitzen, mit dem Cognac ablöschen, auf 20 ml einkochen und zu dem Fleisch geben. Den Wildextrakt zufügen und alles gut vermischen. Mit dem Holzlöffel schlagen, damit die Farce luftig wird. 24 Stunden im Kühlschrank zugedeckt durchziehen lassen.

GEBRATENE LEBERFARCE

Für etwa 400 Gramm

- 100 g frischer fetter Speck, grob gehackt
- 250 g frische Wild- und/oder Geflügelleber, von den Sehnen befreit
- 2 gestrichene EL gehackte Schalotten
- 3 EL gehackte Champignons
- 1 Zweig Thymian
- 1 Lorbeerblatt
- 1/8 TL Pfeffer
- 1 Prise Nelke
- je 1 Messerspitze geriebene Muskatnuss und Majoran
- 1 EL Cognac

1

Den Speck in einer Kasserolle auslassen und die Leber mit den Schalotten, Champignons, Kräutern und Gewürzen darin schnell anbraten. Die Hitze reduzieren und bei milder Hitze fertig braten, die Zutaten sollen durchgegart sein. Thymian und Lorbeerblatt fortwerfen. Den Pfanneninhalt in eine Schüssel füllen und abkühlen lassen.

2

Den Bratsatz mit dem Cognac ablöschen, zu der Leber geben, zweimal fein durchdrehen. Bis zur Verwendung mit gebuttertem Papier zudecken, kalt stellen.

FARCE FÜR EINFACHE KLÖSSCHEN

Für etwa 500 Gramm

- 250 g Wildfleisch, gehäutet, entsehnt, in Stücke geschnitten, zweimal fein durchgedreht (oder im Mixer mit dem Eigelb und Ei püriert)
- 125 g Mehlpanade (Seite 25)
- 90 g weiche Butter
- 1 TL Wildextrakt oder -essenz (wenn vorhanden, Seite 23/24)
- 1/3 TL Salz, 1/8 TL Pfeffer
- 1 Messerspitze geriebene Muskatnuss
- 1 Eigelb, 1 Ei

1

Fleisch, Panade, Butter, Wildextrakt und Gewürze sehr gut miteinander vermischen. Das Eigelb und anschließend das Ei sorgfältig unterrühren. Bis zur Verwendung zugedeckt im Kühlschrank aufbewahren. Zur Prüfung der richtigen Konsistenz sollte stets ein Probeklößchen gegart werden. Bei Bedarf nachwürzen.

Man kann die Klößchen mit zwei Löffeln oder mit angefeuchteten Händen formen oder mit einem Spritzbeutel herstellen und legt sie, ohne dass sie sich berühren, in einen gebutterten flachen Topf. Leicht gesalzenes Wasser wird zum Kochen gebracht und vorsichtig seitlich zu den Klößchen gegossen. Jetzt den Topf auf den Herd stellen und die Klößchen in dem siedenden Wasser garen. Je nach Größe benötigen sie 4–10 Minuten Garzeit.

FARCE FÜR SEHR ZARTE KLÖSSCHEN

Für etwa 500 Gramm

- 250 g Wildfleisch, gekühlt, gehäutet, entsehnt, in Stücke geschnitten, zweimal fein durchgedreht (oder im Mixer mit dem Eiweiß püriert)
- 100 g Mehlpanade (Seite 25)
- 1 Eiweiß, ganz leicht geschlagen
- 1/8 TL Salz, 1/8 TL Pfeffer
- 1 Messerspitze geriebene Muskatnuss
- 200 g Sahne, davon die Hälfte halb steif geschlagen

1

Fleisch, Panade, Eiweiß und Gewürze sehr gut miteinander vermischen, 45–60 Minuten in den Kühlschrank stellen.

2

Zuerst schnell die flüssige Sahne unterrühren, dann die geschlagene Sahne unterziehen.

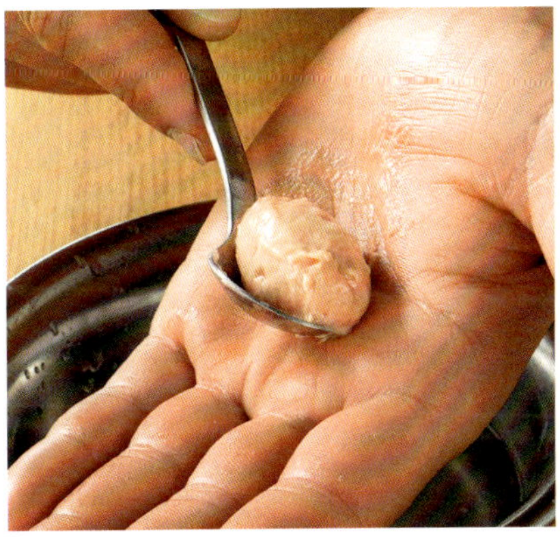

Klößchen formen: Die Masse mit dem Löffel abstechen, in der Hand formen.

Die abgestochene Masse durch Hin- und Herrollen zwischen zwei Löffeln formen.

Die Masse mit dem Spritzbeutel in einen gebutterten Topf spritzen.

Teige

Neben dem Ausbackteig werden für die Rezepte in diesem Buch nur drei Teige benötigt:

- Mürbeteig kann sowohl anstelle von Pastetenauslegeteig genommen werden als auch, um größere vorgebratene Fleischstücke darin einzuschließen, die auf dem Backblech fertig gebacken werden.
- Pastetenauslegeteig, um eine Pastete in der Form herzustellen. Die Form wird mit dem Teig ausgekleidet und die Füllung in diesen eingeschlossen. Auch als Deckel für eine Pie ist dieser Teig geeignet.
- Blätterteig für Pasteten, die auf dem Blech gebacken werden, sowie für Pie-Deckel. Ebenso zum Einpacken von kleinen Wildbretteilen und kleinem Wildgeflügel, die vorgebraten wurden und im Ofen fertig gegart werden.

AUSBACKTEIG

_ 175 g Mehl
_ 1 EL Öl
_ 1 Messerspitze Salz
_ etwas Pfeffer
_ 2 Eigelb
_ 200 ml trockener Weißwein
_ 2 Eiweiß

1

Das Mehl in einer Schüssel mit dem Öl, Salz und Pfeffer, den Eigelben sowie dem Weißwein vermischen und mit dem Schneebesen zu einem glatten, cremigen Teig verrühren.

2

Die Eiweiße zu Schnee schlagen und locker unter den Teig ziehen.

MÜRBETEIG

Für etwa 1 Kilogramm

_ 600 g Mehl
_ 300 g Butterflöckchen
_ 1 Ei, 1 Eigelb
_ 2 TL Salz
_ 100 ml kaltes Wasser

1

Das Mehl auf die Arbeitsfläche häufen oder in eine Schüssel füllen und in die Mitte eine Vertiefung drücken. Die anderen Zutaten mit zunächst nur der Hälfte des Wassers hineingeben und rasch vermischen. Am besten werden sie mit einem Messer zusammengehackt.

2

Sobald sich die Zutaten zusammenballen, auf der Arbeitsfläche zu einem glatten Teig kneten. Ist der Teig zu trocken, weiteres Wasser zugeben; ist er zu klebrig, noch etwas Mehl einarbeiten. Der Teig darf nicht krümeln und nicht kleben.

3

Zu einer Kugel formen, mit etwas Mehl bestauben, in ein Tuch oder Klarsichtfolie wickeln und mindestens 2 Stunden in den Kühlschrank legen (er kann dort bis zu 24 Stunden ruhen).

PASTETENAUSLEGETEIG

Für etwa 750 Gramm

_ 500 g Mehl
_ 170 g Butterflöckchen
_ 1 Ei, 1 Eigelb
_ 1 1/2 TL Salz
_ etwa 100 ml Wasser

1

Mehl, Butter, Ei, Eigelb, Salz und die Hälfte des Wassers gut vermischen und miteinander verkneten. Wenn der Teig zu trocken ist, noch etwas Wasser hinzugeben. Der Teig darf nicht kleben und nicht krümeln.

2

Zu einer Kugel formen, mit etwas Mehl bestauben, in ein Tuch oder Klarsichtfolie wickeln und mindestens 1 Stunde kalt stellen (er darf bis zu 24 Stunden ruhen).

SCHNELLER BLÄTTERTEIG

Echten Blätterteig selbst herzustellen ist heute nicht mehr notwendig, denn es gibt ihn in guter Qualität tiefgekühlt als Platten oder ausgerollt aus der Kühltheke. Hier folgt eine einfachere Version, die ebenfalls zu einem sehr guten Ergebnis führt. Doch auch hier muss das Ausrollen nach einem bestimmten Schema (Tourieren) erfolgen, damit sich der Teig beim Backen in vielen dünnen Schichten aufblättern kann.

Für etwa 1 Kilogramm

_ 400 g Mehl
_ 500 g Butter
_ 1 1/2 TL Salz
_ 250 ml Wasser oder 125 ml Wasser und 125 ml trockener Weißwein

1

Alle Zutaten sollen kalt sein, die Butter kühl, zuvor aber weich geknetet.

2

Alle Zutaten gründlich miteinander verkneten und auf der bemehlten Arbeitsfläche zu einem 1 cm dicken Rechteck ausrollen. Nach folgendem Schema viermal tourieren:

3

Zunächst das linke, dann das rechte Drittel des Teigrechtecks über das mittlere Drittel schlagen, sodass der Teig dreifach übereinanderliegt. Noch anhaftendes Mehl abfegen. 30 Minuten kalt ruhen lassen (einfache Tour).

4

Nun den Teig auf der bemehlten Arbeitsfläche quer erneut zu einem 1 cm dicken Rechteck ausrollen und je ein Viertel der beiden schmalen Seite so zur Mitte einschlagen, dass die Teigkanten aneinanderstoßen. Anschließend die beiden Hälften in der Mitte zusammenklappen, sodass der Teig vierfach übereinanderliegt. Noch anhaftendes Mehl abfegen. Wieder 30 Minuten kalt ruhen lassen (doppelte Tour).

5

Beide Touren noch einmal wiederholen. Nach dem letzten kalten Ruhen (er kann bis zu 24 Stunden im Kühlschrank ruhen) ist der Teig gebrauchsfertig.

Mürbeteig: Die Zutaten auf der Arbeitsfläche mit dem Messer hacken.

Rasch zu einem glatten Teig kneten, die Hände sollten kühl sein.

Den Teig in Klarsichtfolie wickeln und im Kühlschrank kalt stellen.

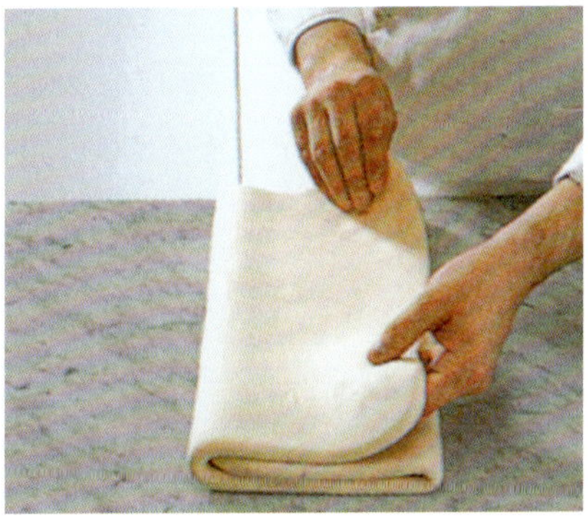

Blätterteig:
Einfache Tour: So zusammenklappen, dass 3 Schichten übereinanderliegen.

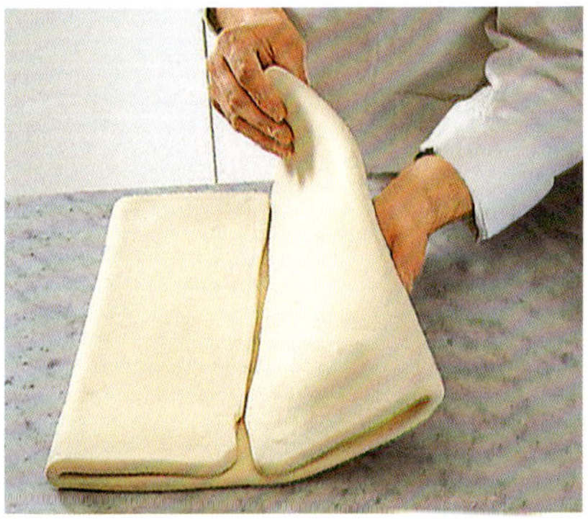

Doppelte Tour: So zusammenklappen, dass 4 Schichten übereinanderliegen.

Tiefgekühlter Blätterteig als Platten oder rund ausgerollt aus der Kühltheke erleichtert und beschleunigt die Arbeit, und das bei guter Qualität.

Die tiefgekühlten Blätterteigplatten werden nach dem Auftauen mit sanftem Druck ausgerollt.

Suppen

Die Grundlage für Wildsuppen ist eine Wild- oder Geflügelkraftbrühe. Sie kann mit Wein, Sherry, Portwein, Madeira, Marsala oder Cognac parfümiert und mit verschiedenen Einlagen angereichert werden, etwa mit Eierstich, Klößchen, Würfelchen oder feinen Streifen von gebratenem oder gekochtem Wildbret, geräuchertem Schinken, blanchiertem Gemüse oder Salat, Pilzen oder Trüffeln, gehackten Kräutern wie etwa Kerbel, Estragon, Koriander, Petersilie oder kleinen, in Butter gebratenen Weißbrotwürfeln.

Die klaren Kraftbrühen sind gesund und appetitanregend. Sie können auch mit Mehl und/oder Sahne, Eigelb, püriertem Fleisch, Gemüse, Hülsenfrüchten oder Kartoffeln gebunden und mit passenden Einlagen serviert werden. Dann sind sie natürlich sättigender als klare Suppen, was bei einer Menüzusammenstellung bedacht werden muss. Im Sommer werden die klaren Suppen sowie die mit Sahne gebundenen Cremesuppen zur Erfrischung gern kalt gereicht.

Abb. links: Wildgeflügelcremesuppe
(Rezept Seite 37)

EIERSTICH

- 1 Ei, 3 Eigelb
- 150 ml kalte Wildgrundbrühe (Seite 22, auch Instantbrühe)
- 1 Prise geriebene Muskatnuss
- Butter für die Form

1

Ei und Eigelbe gründlich mit der Brühe verrühren und würzen.

2

Im Wasserbad im Ofen: Die Masse in gebutterte feuerfeste Förmchen füllen, in einen Topf stellen und diesen mit so viel siedendem Wasser füllen, dass die Förmchen halbhoch bis daumen-breit unter dem Formrand im Wasser stehen. In den auf 150–170 °C vorgeheizten Ofen schieben und in etwa 20 Minuten stocken lassen.

Im Wasserbad auf dem Herd: Die Eimischung in einem Wasserbadtopf bei niedriger Hitze (das Wasser darf nicht kochen) in etwa 15 Minuten stocken lassen.

Garprobe: Mit einer Nadel hineinstechen, es soll nichts daran haften bleiben.

3

Die Förmchen oder den Topf aus dem Wasserbad nehmen und den Eierstich vollständig abkühlen lassen. Mit einem Messer vom Rand lösen, stürzen und in Würfelchen schneiden oder kleine Formen ausstechen.

VARIATIONEN

Der Eierstich kann durch Zusatz von Kräutern oder einem beliebigen Püree variiert werden:

Kerbel-Eierstich: 150 ml Wildgrundbrühe zum Kochen bringen. 5 Stängel Kerbel einlegen, 15 Minuten ziehen lassen, herausfischen, fortwerfen. Die Brühe lauwarm abkühlen lassen. 1 Ei und 2 Eigelbe schlagen und die Brühe nach und nach unterrühren.

Möhren-Eierstich: 1 EL Butter in einer Kasserolle zerlassen und 70 g Möhrenwürfel mit je 1 Messerspitze Salz und Zucker darin zugedeckt bei milder Hitze weich dünsten.
1 EL Béchamelsauce (Seite 230, Hinweis) und 2 EL Sahne unterrühren, vom Herd nehmen und durch ein feines Sieb passieren. 4 Eigelbe unterschlagen.

Linsen-Eierstich: 2 EL Linsen über Nacht in Wasser einweichen, abgießen. Die Linsen in ½ Tasse Wildgrundbrühe zugedeckt weich kochen. In einen anderen Topf passieren, eventuell unter Rühren noch etwas trocknen. 4 EL Béchamelsauce (Seite 230, Hinweis) unterziehen. Mit Pfeffer und Salz würzig abschmecken. 1 Ei und 1 Eigelb unterschlagen.

Sellerie-Eierstich: 1 EL Butter zerlassen und 70 g fein geschnittenen Stangensellerie darin zugedeckt weich dünsten. In einen anderen Topf passieren. 3 EL Kraftbrühe (Seite 23) und 1 EL Béchamelsauce (Seite 230, Hinweis) zufügen und mit 4 Eigelben vermischen.

Maronen-Eierstich: 100 g geschälte, gekochte Maroni zusammen mit 1 EL gehacktem Knollensellerie und 1 Tasse Wildgrundbrühe in einen Topf füllen und weich kochen. In eine kleine Kasserolle passieren und bei milder Hitze unter Rühren trocknen. 1 TL Butter und 2 EL Crème fraîche untermischen. Vom Herd nehmen und 1 Ei sowie 2 Eigelbe unterschlagen.

Wildbret-Eierstich: 60 g fein püriertes Wildfleisch, roh oder gegart, mit ½ EL Madeira, 3 EL Wildkraftbrühe (Seite 23) und 1 EL Wildextrakt (Seite 24) gut vermischen, mit Pfeffer und Salz abschmecken und durch ein feines Sieb passieren. 1 Ei und 2 Eigelbe untermischen.

WILDKRAFTBRÜHE MIT EIERSTICH

- 750 ml geklärte Wildkraftbrühe (Seite 23)
- 1 EL Cognac
- 3 EL eingerollte und in feine Streifen geschnittene Kopfsalatblätter (ohne Rippen), kurz in 1 TL Butter gedünstet
- 3 EL Eierstich, in kleine Würfel geschnitten oder ausgestochen (rechts)

- 4 EL Butter
- 6 kleine Weißbrotscheiben, entrindet
- 150 g gebratene Leberfarce (Seite 27) aus Wildbret statt Leber
- 6 TL geriebener Emmentaler

1

Die Kraftbrühe erhitzen und mit dem Cognac aromatisieren. Salatstreifen und Eierstich hineingeben.

2

Die Butter in einer Pfanne erhitzen und die Brotscheiben von beiden Seiten goldbraun braten. Mit der Farce bestreichen, den Käse darüberstreuen und kurz überbacken. Getrennt zur Suppe servieren.

Zubereitung von Eierstich im siedenden Wasserbad auf dem Herd.

Den gestockten kalten Eierstich mit Ausstechern oder Messer formen.

Wildkraftbrühe mit Eierstich

HAARWILDSUPPE MIT SELLERIE

- 3 EL Butter
- 15 g Mehl
- 1 l Wildfond (Seite 22)
- 75 g geschälter Knollensellerie, fein gewürfelt
- 50 g Sahne
- 1 Prise Zucker
- Salz, Pfeffer
- 3 EL Portwein
- 100 g gebratenes Haarwildfleisch, in feine Streifen oder kleine Würfel geschnitten
- 2 EL fein gehackte Petersilie
- 1 EL Butter
- 2 Scheiben entrindetes Weißbrot, in kleine Würfel geschnitten

1

In einem Suppentopf 1 EL Butter zerlassen, das Mehl einstreuen und unter Rühren eine helle Mehlschwitze zubereiten. 750 ml Wildfond mit dem Schneebesen einrühren, aufkochen und bei milder Hitze 30 Minuten köcheln lassen.

2

Inzwischen die Selleriewürfelchen in der restlichen Butter weich dünsten und mit dem verbliebenen Wildfond fein pürieren. Das Püree und die Sahne in die Suppe rühren, kurz aufkochen, mit Zucker, Salz und Pfeffer abschmecken und mit dem Portwein aromatisieren. Die Fleischwürfel darin durchwärmen und mit Petersilie bestreuen.

3

Die Butter in einer Pfanne zerlassen und die Brotwürfel darin goldbraun braten. Getrennt servieren.

VARIATION

Die Suppe zusätzlich oder anstelle des Selleriepürees mit klein geschnittenen und in Butter gebratenen Pilzen anreichern.

Haarwildsuppe mit Sellerie und Pilzen

WILDPÜREESUPPE MIT KRÄUTERN

- 4 EL Butter
- 1 Zwiebel, geschält, gerieben
- 400 g rohe Wildfleischreste, von Fett, Haut, Sehnen und Knorpeln befreit, mit 100 ml Wildfond püriert
- 3–4 EL Mehl
- 900 ml Wildfond (Seite 22)
- 100 ml herber Rotwein
- je ½ TL fein gehackte Estragon-, Majoran- und Kerbelblätter
- 2 EL fein gehackte Petersilie
- 2 EL Cognac
- 2 EL Zitronensaft
- 1 Prise geriebene Muskatnuss
- Pfeffer und Salz
- 1 Messerspitze edelsüßes Paprikapulver

1

In einem Topf die Butter zerlassen, die Zwiebel darin goldgelb anschwitzen und das Wildpüree zugeben. Unter Rühren etwas anbraten, mit dem Mehl bestauben, unterrühren und anschwitzen. Den Fond und Rotwein zugießen, 30 Minuten köcheln lassen.

2

Die Suppe durch ein feines Sieb passieren, zurück in den sauberen Topf gießen, die Kräuter unterrühren und erhitzen. Mit dem Cognac, Zitronensaft und den Gewürzen abschmecken.

VARIATIONEN

- Zusätzlich mit Sahne abrunden oder mit Tomatenmark würzen.
- Den Rotwein durch Weißwein und die Hälfte des Wildpürees durch gekochte Kartoffeln ersetzen. Mit saurer Sahne abrunden und Wildklößchen (Seite 27) einlegen.

PÜREESUPPE VON REBHUHN ODER FASAN ODER ANDEREM WILDGEFLÜGEL

- 4 EL Butter
- 3 EL Mehl
- 1½ l heißer Geflügelfond (Seite 24)
- 100 ml Rotwein
- 2 Tassen gekochtes oder gebratenes Rebhuhn- oder Fasanenfleisch, von Haut, Sehnen und Knochen sorgfältig befreit, in Stücke geschnitten
- 150 g grüne Erbsen, weich gedünstet
- 2 EL Cognac
- 1 EL Butter

1

In einem Topf die Butter zerlassen, das Mehl einstreuen und braun anschwitzen. Den Geflügelfond (abzüglich 1 Tasse) und den Rotwein unter kräftigem Rühren zugießen und 15 Minuten köcheln lassen.

2

Inzwischen das Geflügelfleisch mit der Tasse Fond im Mixer ganz fein pürieren und in die Suppe schlagen. Die Erbsen zugeben, mit dem Cognac und der Butter verfeinern und noch einmal kurz erhitzen.

WILDSUPPE MIT LINSENPÜREE

- 125 g gegartes Wildbret ohne Haut, in Stücke geschnitten
- 750 ml Wildkraftbrühe (Seite 23)
- 150 g Linsenpüree (Seite 226)
- ½ TL Senf
- 4 TL Zitronensaft
- 8 EL Crème fraîche
- Salz und Pfeffer

- 4 EL Butter
- 8 Scheiben Weißbrot, entrindet, in kleine Würfel geschnitten

1

Das Fleisch mit 50 ml Kraftbrühe pürieren und anschließend durch ein feines Sieb passieren.

2

Die restliche Wildkraftbrühe, das Linsenpüree und das pürierte Fleisch in einem Topf vermischen und unter Rühren kurz aufkochen. Senf und Zitronensaft, anschließend Crème fraîche untermischen und mit Salz und Pfeffer abschmecken.

3

Die Butter in einer Pfanne zerlassen und die Brotwürfel darin goldbraun braten. Getrennt zur Suppe servieren.

VARIATIONEN

- Cocktailwürstchen, Stücke von frisch gebratenen Bratwürsten oder gedünstete Würfel von geräuchertem Schinken einlegen.
- Statt Linsen weiße Bohnen verwenden und zusätzlich mit etwas Tomatenmark, zerstoßenem Kümmel und reichlich gehackten Kräutern würzen.

HASENSUPPE

- _ 150 g gebratenes Hasenfleisch, in Würfel geschnitten
- _ ½ l Wildgrundbrühe (Seite 22)
- _ 2 EL Butter
- _ 125 g Champignons, fein gehackt
- _ 2 EL Mehl
- _ 50 ml herber Rotwein
- _ 150 g Crème fraîche
- _ Salz, Pfeffer und Cayennepfeffer
- _ 6 EL gebratenes Hasenfleisch, in feine Streifen geschnitten
- _ 2 Trüffeln aus der Dose, in kleine Würfel geschnitten

1

Das Fleisch mit etwa 100 ml Grundbrühe im Mixer pürieren.

2

Die Butter in einem Topf zerlassen und die Champignons mit dem Hasenpüree darin andünsten. Das Mehl einstreuen und hellgelb anschwitzen. Die restliche Brühe und den Rotwein zugießen und kurz durchkochen. Durch ein feines Sieb passieren.

3

Zurück in den sauberen Topf füllen und unter Rühren wieder aufkochen. Crème fraîche unterrühren, mit Salz, Pfeffer und Cayennepfeffer abschmecken. Die Hasenfleischstreifen und Trüffelwürfel darin kurz durchwärmen.

HUBERTUSSUPPE

- _ 20 g Butter
- _ 20 g Mehl
- _ 750 ml Wildfond (Seite 22)
- _ 60 g geschälte, gekochte Maronen, fein püriert
- _ 2 EL Johannisbeergelee
- _ 1½ EL Zitronensaft
- _ 2 EL Cognac
- _ 5 EL Sahne
- _ Salz, Pfeffer und Cayennepfeffer

- _ 3 TL Butter
- _ 3 Scheiben Weißbrot, entrindet, in kleine Würfel geschnitten

1

Die Butter in einer Kasserolle zerlassen, das Mehl einstreuen und unter Rühren braun anschwitzen. Den Wildfond unter kräftigem Rühren zugießen und bei milder Hitze 30 Minuten köcheln lassen.

2

Maronenpüree, Johannisbeergelee, Zitronensaft, Cognac und Sahne untermischen und unter Rühren weitere 5 Minuten köcheln lassen. Mit Salz, Pfeffer und Cayennepfeffer würzig abschmecken.

3

Die Butter in einer Pfanne zerlassen und die Brotwürfelchen darin goldbraun braten. Getrennt zur Suppe servieren.

JÄGERSUPPE

- _ 750 ml geklärte Wildkraftbrühe (Seite 23)
- _ 2 EL Portwein
- _ 1 EL klein gezupfte Kerbelblättchen
- _ 3 EL in sehr feine Streifen geschnittene Champignons

1

Die Kraftbrühe erhitzen und mit dem Portwein abschmecken. Die Kerbelblättchen und Champignonstreifen einlegen.

VARIATION

60 g Sellerie-Eierstich (Seite 32) oder 60 g gebratenes Wildfleisch in kleine Würfel schneiden. 1 schwarze Trüffel aus der Dose und 3 EL geputzte Champignons, beides in kleine Würfel geschnitten, kurz in der heißen Kraftbrühe ziehen lassen, mit 2–3 EL Portwein abschmecken. Den Eierstich oder das Wildfleisch zugeben und kurz durchwärmen.

RÖMISCHE WILDSUPPE

- _ 4 EL Butter
- _ je ½ rote und grüne Paprikaschote, Stielansatz, Samen und Scheidewände entfernt, in feine Streifen geschnitten
- _ 8 Tomaten, gehäutet, gehackt
- _ 150 g Wildbratenreste, in kleine Würfel geschnitten
- _ 2 Tassen gekochter Reis
- _ 1 l Wildfond (Seite 22)
- _ ¼ TL edelsüßes Paprikapulver
- _ 1 Messerspitze Zucker
- _ Pfeffer und Salz
- _ 4 EL Marsala
- _ 4 EL fein gehackte Petersilie

- _ 1 EL Butter
- _ 125 g magerer Räucherspeck, klein gewürfelt
- _ 1–1½ Zwiebeln, geschält, fein gehackt

1

Die Butter in einem Topf zerlassen und die Paprikastreifen darin unter Rühren bei mittlerer Hitze leicht anbraten. Die Tomaten zugeben. 5 Minuten dünsten, bis die Paprikastreifen weich sind.

2

Das Fleisch und den Reis kurz mitdünsten, den Fond unter Rühren dazugießen und aufkochen. Mit Paprikapulver, Zucker, Pfeffer und Salz abschmecken. Die Suppe mit Marsala parfümieren und mit der Petersilie bestreuen.

3

Die Butter in einer Pfanne erhitzen und bei mittlerer Hitze den Speck mit den Zwiebeln unter Rühren braten, bis die Zwiebeln weich und leicht gebräunt sind. In die Suppe einrühren.

WILDGEFLÜGEL-CREMESUPPE

- 25 g Butter, 10 g Mehl
- 750 ml Geflügelkraftbrühe von Ente oder anderem Wildgeflügel (Seite 24)
- 125 g Sahne
- Salz und Pfeffer
- 3 EL trockener Sherry

1

Die Butter in einer Kasserolle zerlassen, das Mehl einstreuen und unter Rühren hell anschwitzen. Mit der Kraftbrühe aufgießen und 15 Minuten kochen lassen.

2

Die Hälfte der Sahne einrühren und etwas einkochen lassen. Anschließend die restliche Sahne unterrühren. Die Suppe mit Salz und Pfeffer abschmecken und mit dem Sherry aromatisieren. Falls sie zu dick ist, noch etwas Sahne und Sherry dazugeben. Die Suppe kann auch kühl gegessen werden.

WILDGEFLÜGEL-RAHMSUPPE

- 2 EL Butter
- 2 EL Räucherspeckwürfel
- 1 küchenfertiger alter Fasan oder anderes altes Wildgeflügel mit Leber und Herz
- 1 Möhre, geschält, in Scheiben geschnitten
- 1 mittelgroße Zwiebel, geschält, in Scheiben geschnitten
- 1 Stange Lauch, längs halbiert, in Scheiben geschnitten
- 1 Knoblauchzehe, geschält, zerdrückt
- 1 EL kleine Knollenselleriewürfel
- 1½ l Geflügelfond (Seite 24)
- 2 EL Butter, 1 EL Mehl
- 4 EL Sherry
- 150 g Sahne
- Salz, Pfeffer und Cayennepfeffer
- 2 Trüffeln aus der Dose oder andere gedünstete Pilze, in schmale Streifen geschnitten

1

In einem großen Topf die Butter mit dem Speck erhitzen und den Fasan samt Leber und Herz darin rundum anbraten. Sämtliches Gemüse zugeben und bräunen. Mit dem Fond aufgießen, zum Kochen bringen, abschäumen und 90 Minuten köcheln lassen.

2

Den Vogel herausnehmen, das Brustfleisch ablösen, in feine Streifen schneiden und warm stellen. Die Brühe durchsieben.

3

Die Butter in einer Kasserolle zerlassen, das Mehl einstreuen und unter Rühren anschwitzen. Die Brühe unter kräftigem Rühren dazugießen und 15 Minuten kochen lassen. Den Sherry, dann die Sahne unterrühren, mit Salz, Pfeffer und Cayennepfeffer abschmecken. Die Pilze und das Brustfleisch einlegen und kurz durchwärmen.

Reh

Rehwild *(Capreolus capreolus)* ist das häufigste in Europa vorkommende Wildtier. Sein Lebensraum reicht bis zur Baumgrenze. Es bevorzugt lichte Waldränder mit dichtem Gebüsch und Unterwuchs sowie umliegende Felder und Wiesen. Das Reh ernährt sich von einer Vielfalt von Pflanzen, Baum- und Feldfrüchten sowie Wintersaaten. Das Jungtier wird Kitz genannt, im zweiten Lebensjahr heißt das männliche Reh Jährling, das weibliche Schmalreh. Die weiblichen (Ricken) und die männlichen Tiere (Böcke) sind gleich groß. Das ausgewachsene Reh ist 100–130 cm lang, die Schulterhöhe beträgt 60–70 cm, das Gewicht bis 25 (Ricke)/28 (Rehbock) Kilo.

Das kurzfaserige Fleisch der jungen Tiere ist zart, saftig und von rotbrauner Farbe. Es hat einen feinen Eigengeschmack und wird deshalb selten mariniert. Die Stücke zum Kurzbraten kann man in eine Ölmarinade legen; gelegentlich wird auch das Fleisch von älteren Tieren sowie das Fleisch für Gulasch und Ragout mariniert. Die besten Bratenstücke sind der Rücken, die Keulen und die Schultern (Blatt oder Schäufele). Zum Kurzbraten sind das Filet, Schnitzel aus der Keule und Steaks aus der Nuss am besten geeignet. Ragoutfleisch wird aus dem Hals, den Rippenbögen, Bauchlappen und Vorderläufen gewonnen. Die essbaren Innereien haben wegen der zunehmenden Umweltbelastung an Beliebtheit eingebüßt, die Rehleber gilt aber zu Recht als Delikatesse.

Abb. links: Rehrücken und Rehkeule
(Rezepte Seite 40–45)

GEBRATENER REHRÜCKEN 1

- 1 kg Rehrücken, gehäutet
- Pfeffer
- 1/4 TL Thymianblättchen
- 8 Wacholderbeeren, zerdrückt
- 3–4 dünne Scheiben frischer fetter Speck, 10 x 20 cm
- 2 EL Butter
- 1 große Zwiebel, geschält, fein gehackt
- 1 Bund Suppengrün, geputzt, gehackt
- 1 Lorbeerblatt
- 1 EL gehackte Petersilie
- je 1 dicke Scheibe Zitrone und Orange
- 1 Tomate, geviertelt (oder 1 gehäufter TL Tomatenmark)
- 3 EL Wildextrakt (Seite 24)
- 80 g Crème fraîche

FÜR DIE SAUCE

- 100 ml herber Rotwein
- Salz und Pfeffer
- 2 gehäufte EL Crème fraîche

1

Den Rücken mit dem Pfeffer und den Kräutern einreiben, mit den Speckscheiben belegen, diese festbinden und die Gewürze 5 Stunden einwirken lassen.

2

Den Ofen auf 240 °C vorheizen. In einer großen Bratkasserolle die Butter zerlassen, den Rehrücken in die Mitte legen, Zwiebel, Suppengrün, Lorbeerblatt und Petersilie danebenlegen, in der Butter wenden und im Ofen 30 Minuten braten.

3

Zitronen-, Orangenscheibe, Tomate und Wildextrakt dazugeben und umrühren. Den Speck abnehmen und die Temperatur auf 160 °C reduzieren. Den Rücken weitere 20 Minuten braten, dabei öfter mit dem Bratfond begießen und etwas bräunen lassen.

4

Nun den Rücken mit Crème fraîche bestreichen und noch 15 Minuten garen lassen, zwei- bis viermal mit dem Bratfond begießen. Den Ofen abschalten, den Braten auf eine vorgewärmte Platte legen und im Ofen bei halb geöffneter Tür ruhen lassen.

5

Die Sauce durch ein feines Sieb passieren und zurück in die Kasserolle gießen. Den Rotwein zufügen und dicksämig einkochen. Mit Salz und Pfeffer abschmecken, Crème fraîche unterrühren. Erhitzen und servieren (nach Belieben noch 1–2 EL Johannisbeergelee oder Preiselbeeren zufügen).

BEILAGEN: Rotkohl mit gebratenen Apfelhälften, mit Calvados flambiert, oder mit grünen Bohnen, Rumtopffrüchten, glacierten Maronen; natürlich auch alle anderen Garnituren für Haarwildgerichte.

VARIATIONEN

Rehrücken nach Jägerart: Die Bratkasserolle mit der Butter erhitzen und 75 g in Würfel geschnittenen geräucherten rohen Schinken darin braun anbraten. Dann erst den Rücken einlegen und das Gemüse sowie 100 g gehackte Champignons dazugeben. Die durchpassierte Sauce mit 3 EL Madeira aromatisieren, mit Salz und Pfeffer abschmecken. Mit Rotkohl, Kartoffelpüree oder Kartoffelkroketten und Preiselbeeren servieren.

Rehrücken mit Weichseln: In die durchpassierte Sauce 100 ml herben Rotwein gießen, aufkochen, 1 Tasse Schwarzbrotbrösel zugeben und unter Rühren durchkochen, bis die Sauce gebunden ist. 4 Tassen gedünstete Sauerkirschen (aus dem Glas) unterrühren, aufkochen und mit Salz und Pfeffer abschmecken.

Gut zu erkennen ist das mürbe Fleisch des auf den Punkt gebratenen Rehrückens.

GEBRATENER REHRÜCKEN 2

- 2 kg Rehrücken, gehäutet
- Pfeffer und Salz (oder gewürztes Salz, Seite 26)
- 30 g Butter, 1 EL Öl
- 100 g Butter, zerlassen

FÜR DIE SAUCE

- 200 ml Wildgrundbrühe (Seite 22) oder Fleischbrühe
- 4 EL Wildextrakt oder Wildessenz (Seite 23/24)
- 4 EL gehackte Petersilie

1

Den Ofen auf 240 °C vorheizen. Den Rehrücken mit Pfeffer und Salz einreiben. Butter und Öl in einer den Rücken fassenden Bratkasserolle auf dem Herd erhitzen und den Rücken darin auf beiden Seiten der Oberseite anbraten, dann auf die Unterseite legen. Mit der Hälfte der zerlassenen Butter sorgfältig begießen, in den Ofen schieben und 15 Minuten braten.

2

Nach der Hälfte der Bratzeit den Rücken mit der restlichen zerlassenen Butter übergießen. Die Temperatur auf 170 °C reduzieren und in 45 Minuten unter häufigem Begießen fertig braten. Aus der Kasserolle nehmen und im abgeschalteten, halb geöffneten Ofen ruhen lassen.

3

Inzwischen Wildbrühe, Wildextrakt und Petersilie unter die Buttersauce rühren, den Bratsatz losschaben, 5 Minuten kochen lassen.

BEILAGEN: Kartoffelkroketten, in Butter gedünstetes Gemüse oder glacierte Maronen, gedünstetes Dörrobst.

VARIATIONEN

- 3 große Orangen schälen und die Filets aus den Zwischenhäuten lösen. 3 EL Butter in einer Pfanne zerlassen, die Orangenfilets darin erhitzen, beiseitestellen. Den Saft von 2 Orangen, 4 EL Wildextrakt (Seite 24), 1 Messerspitze Cayennepfeffer und ein wenig abgeriebene Orangenschale in die Bratensauce rühren, kurz durchkochen. Den Rücken aufschneiden, mit den Orangenfilets garnieren.
- Die Sauce mit Mandarinensaft und Portwein abschmecken (eventuell mit 1 TL Speisestärke binden) und mit Mandarinenfilets garnieren.
- Die Sauce mit Madeira und Johannisbeergelee, blanchierten Julienne von Zitrone und Orange abschmecken. Mit Kartoffelnudeln, Rotkohl und geschmorten Äpfeln, gefüllt mit Maronenpüree und mit Johannisbeergelee gekrönt, servieren.

KALTER REHRÜCKEN MIT LEBERCREME

- 1 Rehrücken, gehäutet und gebraten wie Rehrücken 2 (Seite 41)

FÜR DIE LEBERCREME

- 60 g Butter
- 150 g Zwiebeln, geschält, gehackt
- 300 g Kalbsleber, gehäutet, in Stücke geschnitten
- 1 TL gewürztes Salz (Seite 26)
- 1½ EL Cognac, 5 EL Madeira
- 300 g Sahne, steif geschlagen

- 1 l Gelee (Seite 25), mit 150 ml Portwein aromatisiert
- 3 große Navelorangen, geschält, die Filets ausgelöst
- etwa 30 Sauerkirschen (aus dem Glas)

1

Den Rücken erkalten lassen, die Filets im Ganzen ablösen, in schräge, dicke Scheiben schneiden und in ihrer Reihenfolge liegen lassen.

2

Die Butter in einer Pfanne zerlassen und die Zwiebeln 2 Minuten darin glasig schwitzen. Die Leber zugeben und 4 Minuten bei nicht zu starker Hitze braten. Zusammen mit dem gewürzten Salz, Cognac und Madeira pürieren, durch ein feines Sieb streichen und die Sahne unterheben. Abschmecken. 1 Stunde kalt stellen.

3

Von der Karkasse den Mittelknochen mit dem Küchenbeil abschlagen und die Knochen glatt und sauber schneiden. Auf eine Porzellan- oder Silberplatte eine etwa ½ cm dicke Geleeschicht gießen und erstarren lassen.

4

Inzwischen die Oberseite der Karkasse mit einer ½ cm dicken Schicht Lebercreme bestreichen, die Filetscheiben in ihrer richtigen Reihenfolge wieder auflegen und dabei jede Scheibe auf einer Seite mit der Creme bestreichen. Mit dem Rest der Creme den Hohlraum in der Mitte füllen und glatt streichen.

5

Mit dem gerade anziehenden Gelee den ganzen Rücken einpinseln, fest werden lassen und den Rücken behutsam auf die vorbereitete Platte heben. Nun die Orangenfilets mit der runden Seite nach oben entlang der Rückenlinie auflegen und hierauf die Kirschen in einer Reihe anordnen. Wieder mit Gelee überglänzen und kalt stellen. Den Rest des Gelees in eine flache Schale gießen, erstarren lassen. Kurz in heißes Wasser tauchen, stürzen, in kleine Würfel schneiden und um den Rücken verteilen.

VARIATIONEN

- Ein mit Weißwein, Orangensaft und Grand Marnier parfümiertes Gelee in ausgehöhlte Orangenhälften füllen, erstarren lassen und in Spalten schneiden.
- Statt der Kalbs- eine Gänselebercreme zubereiten, Orangenschalen mit Waldorfsalat füllen.
- Das Rückgrat mit Eiweiß- und Trüffelwürfelchen garnieren und mit Gelee überglänzen. Orangenschalen mit Johannisbeergelee füllen.
- Die Filetscheiben zuerst mit brauner Chaudfroid-Sauce (Seite 230) und dann mit Gelee überziehen. Statt der Orangenfilets gedünstete geviertelte Ananasscheiben auflegen. Waldorfsalat und Cumberlandsauce nebenbei servieren.

GEBRATENE REHKEULE

- 1,5 kg Rehkeule, küchenfertig, Schlussknochen abgetrennt
- 2 TL gewürztes Salz (Seite 26)
- 10 Wacholderbeeren, zerdrückt
- 4–6 Scheiben frischer fetter Speck, 10 x 20 cm
- 30 g Butter
- 1 große Zwiebel, geschält, fein gehackt
- 2 Bund Suppengrün, geputzt, fein gehackt
- 1 Bund Petersilie, gehackt
- 50 ml herber Rotwein
- 3 EL zerlassene Butter

FÜR DIE SAUCE

- 100 ml Sauerkirschsaft
- 50 g Schwarzbrotbrösel
- 125 ml Rotwein
- ¼ TL Koriandersamen, zerdrückt
- 3 EL Wildextrakt (Seite 24)
- Salz und Pfeffer
- 200 g Sauerkirschen (aus dem Glas)

1

Den Ofen auf 240 °C vorheizen. Die Keule mit gewürztem Salz und Wacholderbeeren einreiben, mit den Speckscheiben belegen und diese festbinden. In einer großen Bratkasserolle die Butter zerlassen, den Braten und den abgetrennten Knochen hineinlegen, Zwiebel, Suppengrün und Petersilie danebenlegen und umrühren, damit alles rundum mit Butter benetzt ist. In den Ofen schieben und 25 Minuten braten, dabei einmal wenden.

2

Die Temperatur auf 110 °C herunterschalten und etwas heißes Wasser in die Kasserolle gießen. Die Keule mit dem Rotwein begießen und 3½ Stunden unter öfterem Begießen mit dem Bratfond weiterbraten.

3

Die Temperatur auf 175 °C hochschalten und den Speck abnehmen (wenn man die Keule gebräunt haben will). Die Keule mit der zerlassenen Butter einpinseln, weitere 30 Minuten braten und ab und zu begießen. Garprobe: Mit einer Nadel einstechen, der austretende Saft soll nicht mehr blutig sein, bei Bedarf noch kurz weiterbraten. Die Keule auf eine vorgewärmte Platte legen und im abgeschalteten, halb geöffneten Ofen warm halten. Den Knochen wegwerfen.

4

Die Sauce durch ein Sieb passieren und zurück in die Kasserolle gießen. Kirschsaft, Schwarzbrotbrösel, Rotwein und Koriander zufügen und unter Rühren etwas einkochen. Den Wildextrakt einrühren, mit Salz und Pfeffer abschmecken. Die Sauerkirschen untermischen und noch 5 Minuten durchziehen lassen.

VARIATIONEN

Rehkeule auf kalifornische Art (warm): Halbierte Ananasscheiben, mit Puderzucker bestreut und unter dem Grill gebräunt, dazu servieren. Für die Sauce je 50 ml Sauerkirsch- und Ananassaft verwenden.

Rehkeule auf kalifornische Art (kalt): Den Braten abkühlen lassen, aufschneiden und mit den gebräunten Ananasscheiben (siehe links) servieren. In die Sauce zusätzlich 50 ml Ananassaft, 4 EL Mayonnaise und 2 EL Cognac rühren.

REHKEULE SCHWÄBISCH

- 1,5 kg Rehkeule, küchenfertig, Schlussknochen abgetrennt
- 1 l Buttermilch
- gewürztes Salz (Seite 26)
- 8 Wacholderbeeren, zerdrückt
- 5 Knoblauchzehen, geschält
- 30 g Butter, 3 EL Öl
- 4 EL Crème fraîche

FÜR DIE SAUCE

- 1 Scheibe Schwarzbrot, zerbröckelt
- 125 ml trockener Weißwein
- 2 EL Zitronensaft
- 4 EL Wildextrakt (Seite 24)
- 1–2 EL Tomatenmark
- Salz und Pfeffer

1

Die Rehkeule in die Buttermilch legen und zugedeckt 1–2 Tage im Kühlen marinieren. Herausnehmen, abtropfen lassen, trockentupfen. Mit gewürztem Salz und Wacholderbeeren einreiben.

2

Den Ofen auf 110 °C vorheizen. Das Fleisch am Knochen leicht lockern und die Knoblauchzehen hineinstecken. Butter und Öl in einer Kasserolle erhitzen und die Keule darin von allen Seiten anbraten. Mit einigen Löffeln Fett begießen, 50 ml heißes Wasser dazugießen und 3 ½ Stunden im Ofen braten, zwischendurch mit dem Bratfond begießen.

3

Die Ofentemperatur auf 175 °C hochschalten. Das Fleisch mit Crème fraîche bestreichen, die restliche Crème fraîche zum Fond geben und weitere 30 Minuten braten, dabei häufig mit dem Fond begießen. Die Keule aus der Kasserolle nehmen und im abgeschalteten, halb geöffneten Ofen ruhen lassen.

4

Schwarzbrot, Weißwein, Zitronensaft, Wildextrakt und Tomatenmark unter den Bratfond rühren, durchkochen und dabei das Schwarzbrot zerdrücken. Mit Salz und Pfeffer abschmecken.

BEILAGEN: Spätzle, Spinat, glacierte Maronen.

PIKANTE REHKEULE

- 1 kg Rehkeule ohne Knochen, gehäutet, zusammengebunden
- 10 Wacholderbeeren, zerdrückt
- ½ Knoblauchzehe, geschält, gehackt
- gewürztes Salz (Seite 26)
- 20 g Butter, 2 EL Öl
- 30 g magerer Räucherspeck, in kleine Würfel geschnitten
- 1 Zwiebel, geschält, gehackt
- 1 Bund Suppengrün, geputzt, gehackt
- 2 EL gehackte Petersilie
- 3 EL Essig
- 100 ml Rotwein
- 10 gedörrte Pflaumen
- 125 g grüne Weintrauben
- 1 Lorbeerblatt
- ½ TL abgeriebene Zitronenschale
- 1 Messerspitze Ingwerpulver
- 50 g Schwarzbrotbrösel
- 100 ml heiße Wildgrundbrühe (Seite 22) oder Fleischbrühe
- 1–2 EL Crème fraîche

FÜR DIE SAUCE

- ½ TL Salz
- 50 ml herber Rotwein
- 1 EL Johannisbeergelee

FÜR DIE GARNITUR

- 50 g magerer Räucherspeck, in kleine Würfel geschnitten
- 60 g Butter
- 1 grüne, rote oder gelbe Paprikaschote, Samen und Scheidewände entfernt, in schmale Streifen geschnitten
- 100 g Streifen von Semmeln oder Weißbrot

1

Den Ofen auf 110 °C vorheizen. Das Wildbret mit Wacholder, Knoblauch und gewürztem Salz einreiben. Butter und Öl in einer großen Kasserolle auf dem Herd erhitzen, Fleisch und Speck von allen Seiten darin anbraten. Zwiebel, Suppengrün und Petersilie zugeben, etwas bräunen lassen. Essig, Rotwein, Pflaumen, Trauben, Lorbeer, Zitronenschale, Ingwer, Schwarzbrotbrösel und die Brühe zugeben, aufkochen, einige Löffel der Flüssigkeit über den Braten gießen und zudecken. In den Ofen schieben und 3 ½ Stunden schmoren, ab und zu begießen, bei Bedarf noch Brühe nachgießen.

2

Den Braten mit Crème fraîche bestreichen und weitere 15 Minuten offen braten. Die Keule herausnehmen und im abgeschalteten Ofen bei halb geöffneter Tür ruhen lassen.

3

Die Sauce durch ein Sieb passieren. Salz, Rotwein und Johannisbeergelee zugeben und etwas einkochen.

4

Eine große Pfanne erhitzen, die Speckwürfel darin auslassen und bräunen, aus der Pfanne heben. 10 g Butter in dem Speckfett zerlassen und die Paprikastreifen darin 4–5 Minuten braten, herausnehmen und zu dem Speck geben. Das Fett aus der Pfanne gießen. Die restliche Butter in der Pfanne erhitzen und die Brotstreifen darin goldbraun braten. Speck und Paprika dazugeben, nur kurz heiß werden lassen.

BEILAGEN: Gedünstete Pfifferlinge oder andere Pilze; statt Brotstreifen Polenta reichen.

KALTE REHKEULE

FÜR DEN SALAT

- 3 Grapefruits
- 1 1/2 große Sellerieknollen, geschält, gar gekocht, in kleine Würfel geschnitten
- 6 Äpfel, geschält, vom Kerngehäuse befreit, in kleine Stücke geschnitten
- 125 g Walnüsse oder Haselnüsse, halbiert
- 6 Tomaten, gehäutet, in Würfel geschnitten
- 1/3 TL Zucker
- 3 TL Essig, 3 EL Öl
- Salz und Pfeffer

- 1,5 kg Rehkeule, küchenfertig, Schlussknochen abgetrennt
- je 1/2 TL Pfeffer, Currypulver und Thymian
- 12 Wacholderbeeren, zerdrückt
- 50 g Butter, davon 20 g zerlassen
- 2 Zwiebeln, geschält, fein gehackt
- 2 Bund Suppengrün, geputzt, gehackt
- 1 Knoblauchzehe, geschält, gehackt
- 2 EL gehackte Petersilie
- 125 ml herber Rotwein
- 100 g Crème fraîche

FÜR DIE SAUCE

- 125 ml herber Rotwein
- 125 ml frischer Grapefruitsaft
- 1 Apfel, geschält, gerieben
- 1/3 – 1/2 TL Chilisauce
- 4 EL Wildextrakt (Seite 24)
- 1 TL scharfer Senf
- 50 g Crème fraîche
- 4 EL Johannisbeergelee
- 4–5 EL Mayonnaise

1

Die Grapefruits quer halbieren, mit einem spitzen Messer das Fruchtfleisch aus den Zwischenhäuten lösen und in eine Schüssel legen. Den in der Schale verbliebenen Saft für den Braten aufbewahren. Alle anderen Zutaten für den Salat zu den Grapefruitstücken geben, vorsichtig vermischen, abschmecken und durchziehen lassen. Ein Teil des Salats kann auch in den ausgehöhlten Grapefruithälften serviert werden.

2

Den Ofen auf 240 °C vorheizen. Die Keule mit den Gewürzen und Kräutern einreiben. Die Butter in einer großen Bratkasserolle zerlassen, den Braten und den abgetrennten Knochen hineinlegen, mit der zerlassenen Butter begießen. Zwiebeln, Suppengrün, Knoblauch und Petersilie danebenlegen und in der Butter wenden. Die Kasserolle in den Ofen schieben und die Keule 30 Minuten braten.

3

Die Temperatur auf 110 °C reduzieren. Die Keule mit dem Rotwein übergießen und unter öfterem Begießen mit dem Bratfond 3 Stunden weiterbraten.

4

Die Ofentemperatur auf 175 °C hochschalten. Die Keule mit Crème fraîche bestreichen und weitere 30 Minuten braten, dabei immer wieder kräftig mit der Sauce begießen. Den Ofen abschalten, den Braten aus der Kasserolle nehmen, auf eine Platte legen und erkalten lassen.

5

Für die Sauce den Bratfond durch ein feines Sieb passieren und zurück in die Kasserolle gießen. Rotwein, Grapefruitsaft, Apfel und Chilisauce hinzufügen und sämig einkochen. Wildextrakt, Senf und Crème fraîche unterrühren, kurz aufkochen und erkalten lassen. Mit dem Johannisbeergelee und der Mayonnaise glatt rühren.

REHSCHULTER MIT KASTANIENFÜLLUNG

- 1 Rehschulter, küchenfertig
- etwa 1 l Rotweinmarinade (Seite 22)
- 50 g Butter
- 1 Zwiebel, geschält, fein gehackt
- 4 EL Wildextrakt (Seite 24)

FÜR DIE FARCE

- 125 g geschälte, gekochte Maronen (Kastanien), zerdrückt
- 100 g durchwachsener Räucherspeck, klein gewürfelt
- 100 g Kalbsleber, gehäutet, fein gehackt
- 2 Eier, 3 EL Madeira
- 1 Zwiebel, geschält, fein gehackt
- 2 Knoblauchzehen, geschält, fein gehackt
- 8 EL gehackte Petersilie
- 1½ TL gewürztes Salz (Seite 26)
- 60 g Semmelbrösel

1

Den untersten Knochen der Schulter abhacken. Schulter und Knochen in die Marinade legen und für 24 Stunden kalt stellen. Die Marinade durchsieben, auf ein Drittel einkochen.

2

Die Zutaten für die Farce gut vermischen.

3

Die zähe Außenhaut der Rehschulter (nicht die zarten Häute) ablösen. Mit einem spitzen, scharfen Messer das Fleisch direkt am Knochen ablösen, den Knochen entfernen und das Fleisch noch ein wenig auseinanderschneiden, damit das Stück breiter wird. Falls dabei ein Loch entsteht, ein Stück Fleisch von einer anderen Stelle abschneiden und als »Flicken« auflegen.

4

Den Ofen auf 180 °C vorheizen. Die Farce auf die Mitte des Fleischstücks setzen und in Längsrichtung verteilen. Die Schulter zusammenrollen und mit Küchengarn zusammenbinden.

5

In einer Kasserolle die Butter zerlassen und die Schulter darin rundherum anbraten. Die Zwiebel danebenlegen, 50 ml Marinade zugießen und die Schulter etwa 90 Minuten im Ofen braten, dabei des Öfteren mit dem Bratfond begießen. Den Braten herausnehmen und warm stellen.

6

Für die Sauce die restliche Marinade und den Extrakt in den Bratfond rühren und auf die Hälfte einkochen. Abschmecken.

BEILAGE: Kartoffelklöße.

REHSCHULTER MIT PREISELBEERKÜCHLEIN

- 1 Rehschulter, küchenfertig, Knochen ausgelöst
- gewürztes Salz (Seite 26)
- 2 EL Butter, 2 EL Öl
- 500 g Röstgemüse (Möhre, Sellerie, Lauch, Zwiebel), geputzt, klein gewürfelt
- 2 EL Tomatenmark
- etwas Mehl
- 300 ml herber Rotwein
- 400 ml heißer Wildfond (Seite 22)
- 5 Wacholderbeeren zerdrückt
- 5 Pfefferkörner, zerdrückt
- 2 Thymianzweige
- 1 TL Gin
- 4 EL Crème fraîche

FÜR DIE PREISELBEERKÜCHLEIN

- 20 ml Milch (3,5 %)
- 70 g Mehl
- 1 Ei
- 1 TL braune Butter
- Salz
- 100 g Preiselbeeren (aus dem Glas), abgetropft
- Butterschmalz zum Ausbacken

1

Den Ofen auf 160 °C vorheizen. Die Rehschulter mit gewürztem Salz einreiben, in Form bringen und mit Küchengarn binden.

2

Butter und Öl in einer Kasserolle zerlassen, das Fleisch darin gleichmäßig anbraten. Das Röstgemüse danebenlegen und unter Wenden mitbraten. Das Tomatenmark zugeben, leicht rösten und mit Mehl bestauben. Mit 100 ml Rotwein ablöschen, den Wildfond zugießen, die Wacholderbeeren, Pfefferkörner und Thymianzweige zugeben. Im Ofen 100 Minuten schmoren. Die Schulter warm halten, vor dem Tranchieren das Küchengarn entfernen.

3

Den Bratfond durch ein feines Sieb passieren, den restlichen Rotwein zugießen und sämig einkochen, Gin und Crème fraîche unterrühren, nochmals aufkochen, abschmecken.

4

Milch und Mehl glatt rühren, Ei, braune Butter und Salz untermischen. Die Preiselbeeren vorsichtig unterheben. In einer Pfanne Butterschmalz erhitzen und Küchlein von 7 cm Durchmesser ausbacken.

BEILAGE: Rosenkohl.

GEROLLTE REHSCHULTER MIT PILZEN

- 1 Rehschulter, küchenfertig
- ½ l Weißweinmarinade (Seite 22)
- 1 TL gewürztes Salz (Seite 26) oder Nelkenpfeffer und etwas Salz
- 4 Wacholderbeeren, zerdrückt
- 40 g Butter, zerlassen
- 2 Zwiebeln, geschält, gehackt
- 20 g Butter
- 500 g Steinpilze oder andere Pilze, geputzt, in dünne Scheiben geschnitten
- 1 EL gehackte Petersilie
- 4 EL Öl
- 100 g Crème fraîche

FÜR DIE SAUCE

- 100 g Crème fraîche
- Pfeffer und Salz

Rehschulter mit Preiselbeerküchlein

1

Die Schulter für 12 Stunden in die Marinade legen, ab und zu wenden. Herausheben, trockentupfen und vorsichtig den Knochen mit einem scharfen, spitzen Messer auslösen. Das Fleisch noch ein wenig auseinanderschneiden, damit das Stück breiter wird (am besten vom Metzger erledigen lassen). Falls irgendwo ein Loch entstanden ist, legt man von innen einen »Fleischflicken« auf. Die Schulter auf der Innenseite mit gewürztem Salz und Wacholderbeeren einreiben und mit der zerlassenen Butter bestreichen, die Hälfte der Zwiebeln daraufstreuen.

2

Den Ofen auf 180 °C vorheizen. In einer kleinen Kasserolle die Butter zerlassen, Pilze und Petersilie darin 7 Minuten dünsten und über die Zwiebeln verteilen. Die Schulter zusammenrollen und zusammenbinden.

3

Das Öl in einer großen Kasserolle erhitzen und die Schulter von allen Seiten anbraten. Die restliche Zwiebel zugeben und kurz mitbraten. Die Hälfte der Marinade zugießen und Crème fraîche einrühren. Aufkochen und zugedeckt im Ofen in 60–70 Minuten weich schmoren, dabei ab und zu mit der Sauce begießen. Die Schulter herausnehmen, warm halten.

4

Die Sauce durch ein Sieb passieren. Die restliche durchgesiebte Marinade dazugießen und sämig einkochen. Crème fraîche einrühren, mit Pfeffer und Salz abschmecken.

BEILAGEN: Spätzle, Kartoffelpüree oder Kartoffelnudeln, gedünsteter Rosenkohl.

GEFÜLLTE REHSCHULTER

- _ Rohe Wildfarce, mit 100 g Rehfleisch hergestellt (Seite 26)
- _ 1 Rehschulter, küchenfertig, Knochen ausgelöst und aufbewahrt
- _ 1 l Rotweinmarinade (Seite 22)
- _ 100 g Pökelzunge, gehäutet, in feine Streifen geschnitten
- _ ½ grüne Paprikaschote, Samen und Scheidewände entfernt, grob gehackt
- _ 8 dünne Scheiben frischer fetter Speck, 10 x 20 cm
- _ 50 g Butter
- _ 1 Zwiebel, geschält, gehackt

FÜR DIE SAUCE

- _ ½ TL Pfeffer
- _ 2 EL Tomatenmark
- _ 4 EL Wildessenz (Seite 23)

1

Die Wildfarce zubereiten und kalt stellen.

2

Die Schulter für 12–24 Stunden in die Marinade legen. Herausheben, trockentupfen. Das Fleisch mit einem scharfen, spitzen Messer vom Knochen lösen und noch ein wenig auseinanderschneiden (ohne es durchzuschneiden), damit das Stück möglichst breit wird (am besten vom Metzger erledigen lassen). Wenn ein Loch entstanden ist, legt man von innen ein dünnes Stück Fleisch von einer anderen Stelle als »Flicken« darauf.

3

Zunge und Paprika unter die Farce mischen. Die Farce in die Mitte der Schulter häufen und in Längsrichtung verteilen. Die Schulter zusammenrollen, mit dem Speck umwickeln und mit Küchengarn zusammenbinden.

4

Den Ofen auf 110 °C vorheizen. In einer Kasserolle die Butter zerlassen und die Schulter rundum anbraten. Die Zwiebel danebenlegen, zugedeckt in den Ofen stellen und 5 Stunden braten.

5

Inzwischen die Marinade auf die Hälfte einkochen und durchsieben. Die Schulter aus der Kasserolle heben und warm stellen. Vor dem Aufschneiden das Küchengarn entfernen.

6

Die durchgesiebte Marinade in den Bratfond gießen, Pfeffer, Tomatenmark und Wildessenz dazugeben, kurz durchkochen, abschmecken.

BEILAGEN: Maronenpüree und pochierte Birnen.

HINWEIS

Natürlich kann man die Rehschulter auch ungefüllt zubereiten und die Innenseite nur mit gewürztem Salz (Seite 26) bestreuen.

GESCHMORTE REHBRUST

- _ 1 Rehbrust ohne Knochen, küchenfertig
- _ 600 ml Rotweinmarinade (Seite 22)
- _ etwa 80 g magerer Räucherspeck, in dünne Scheiben geschnitten
- _ 1 große Zwiebel, geschält, in feine Scheiben geschnitten
- _ 1 TL gewürztes Salz (Seite 26)
- _ ½ TL edelsüßes Paprikapulver
- _ 3 Tomaten, gehäutet, in Scheiben geschnitten
- _ ½ TL Majoran
- _ 2 EL Olivenöl
- _ 100 ml Fleischbrühe

1

Die Rehbrust für 24 Stunden in die Marinade legen. Herausnehmen und trockentupfen. Das Fleisch in 2 × 3 cm große Stücke schneiden. Die Marinade auf ein Drittel einkochen und durchsieben.

2

Den Boden eines Topfes mit den Speckscheiben auslegen, darauf die Zwiebelscheiben ausbreiten, die Fleischstücke darauflegen, mit gewürztem Salz und Paprika bestreuen. Mit den Tomatenscheiben bedecken, diese mit Majoran bestreuen und mit dem Olivenöl beträufeln. Das Ganze auf dem Herd ohne Umrühren 5 Minuten anbraten. Die Marinade und die Fleischbrühe zugießen, den Topf zudecken und das Fleisch bei reduzierter Hitze in 60 Minuten gar schmoren. Abschmecken.

GEFÜLLTE REHBRUST

- _ 1 Rehbrust
- _ 300 ml Rotweinmarinade (Seite 22)

FÜR DIE FÜLLUNG

- _ 1 EL Öl
- _ 2 EL Butter
- _ 1 Zwiebel, geschält, fein gehackt
- _ 1 Knoblauchzehe, geschält, fein gehackt
- _ 60 g Champignons, geputzt, fein gehackt
- _ 125 g Kalbs- oder Wildleber, gehäutet, gehackt
- _ 2 EL Cognac
- _ ¼ TL Thymian
- _ ½ TL fein gehackter Estragon
- _ 50 g frischer fetter Speck, durchgedreht
- _ 20 g frischer fetter Speck, in ½ cm große Würfel geschnitten
- _ 60 g Spinat, die groben Stiele entfernt, blanchiert, kalt abgeschreckt, ausgedrückt und gehackt
- _ 2 EL fein gehackte Petersilie
- _ ½ TL abgeriebene Zitronenschale
- _ 20 g Weißbrot, entrindet, in 40 ml Fleischbrühe geweicht
- _ 1 Ei
- _ Pfeffer
- _ ¾ TL Salz

WEITERE ZUTATEN

- _ 1 Schweinsnetz, gewässert
- _ 2 EL Butter
- _ 200 ml Fleischbrühe
- _ 2 EL Cognac, 50 g Sahne
- _ Pfeffer und Salz

1

Die Knochen sorgfältig aus der Rehbrust auslösen (möglichst ohne das Fleisch zu durchstechen) und 24–36 Stunden marinieren. Aus der Marinade nehmen, abtrocknen und von möglichst allen Häuten (vor allem den sehnigen) befreien. Mit der Innenseite nach oben auf die Arbeitsfläche legen.

2

Das Öl und 1 EL Butter in einer Pfanne erhitzen, Zwiebel, Knoblauch und Champignons darin leicht anschwitzen, bis die Zwiebel glasig ist. In einer Schüssel beiseitestellen. Die restliche Butter in der gleichen Pfanne erhitzen und die Leber darin kurz rundum anbraten, sie soll aber nicht ganz durchgegart sein. Mit dem Cognac ablöschen, den Bratsatz losschaben und zu der Zwiebelmischung geben. Nun die restlichen Zutaten für die Füllung hinzufügen und alles gut vermischen.

3

Den Ofen auf 185 °C vorheizen. Die Füllung auf die Rehbrust streichen, diese zusammenrollen und in das Schweinsnetz wickeln. Die Butter in einer Kasserolle erhitzen und den Braten darin rundherum anbraten. In den Ofen stellen und 30 Minuten unter öfterem Begießen mit dem Fett braten. Die Fleischbrühe zugießen und 30 Minuten weiterbraten, dabei den Braten immer wieder begießen. Die Rehbrust herausnehmen und im abgeschalteten Ofen warm stellen.

4

Die Sauce gut entfetten, Cognac und Sahne einrühren und sämig einkochen. Mit Pfeffer und Salz abschmecken.

Rehschulter, ungefüllt, mit Rosenkohl und Spätzle

REHNÜSSCHEN

- 4 Scheiben Rehfilet, 3 cm dick
- Nelkenpfeffer, Salz
- 1 EL Öl, 20 g Butter
- 4 EL Wildessenz oder -extrakt (Seite 23/24)
- 3 EL gehackte Petersilie

1

Die Rehnüsschen mit der Hand etwas flach drücken und wieder in Form bringen. Mit dem Nelkenpfeffer bestreuen, salzen.

2

In einer Pfanne Öl und Butter erhitzen und die Rehnüsschen auf beiden Seiten je 1 Minute kräftig anbraten. Die Hitze reduzieren und in weiteren 3–4 Minuten unter Wenden fertig braten. Die Nüsschen auf einer Platte warm halten.

3

Die Wildessenz in die Pfanne gießen und bei guter Hitze den Bratsatz losschaben. Über das Fleisch träufeln. Mit Petersilie bestreuen.

BEILAGEN: Kartoffelpüree, Rotkohl, Schupfnudeln mit Käse.

REHMEDAILLONS IM SPECKMANTEL MIT PILZREIS

- 4 Scheiben Rehfilet, 2–3 cm dick
- 4 Scheiben Räucherspeck
- Salz und schwarzer Pfeffer
- 1 EL Butter, 1 EL ÖL

FÜR DEN PILZREIS

- 200 g Langkornreis
- 1 EL Öl
- 125 g magerer Räucherspeck, in kleine Würfel geschnitten
- ½ Zwiebel, geschält, gehackt
- 400 g Pfifferlinge, geputzt, grob zerteilt
- 3 EL Sahne
- 2 EL gehackte Petersilie
- Salz und Pfeffer

FÜR DIE SAUCE

- 2 EL Madeira
- 1 EL Zitronensaft

1

Die Filetscheiben mit der Hand etwas flach drücken und wieder in Form bringen. Mit den Speckscheiben umwickeln und mit Holzspießchen feststecken. Mit Salz und Pfeffer bestreuen und nebeneinander in eine ofenfeste Pfanne legen. Beiseitestellen.

2

Den Reis in leicht gesalzenem Wasser kochen, nach 15 Minuten abgießen.

3

Inzwischen den Ofen auf 230 °C vorheizen. Das Öl in einem Topf erhitzen, Speck- und Zwiebelwürfel darin glasig werden lassen, die Pfifferlinge unterrühren und zugedeckt 10 Minuten dünsten. Sahne und Petersilie untermischen, salzen, pfeffern, etwas einkochen und unter den Reis rühren.

4

Das Fleisch im Ofen 8 Minuten braten. Auf eine vorgewärmte Platte legen und warm stellen.

5

Den Bratsatz in der Pfanne mit Madeira und Zitronensaft losrühren, etwas einkochen und über das Fleisch gießen.

BEILAGE: Wirsing.

Rehmedaillons im Speckmantel mit Pilzreis

REHFILET

- _ 2 EL Öl, 20 g Butter
- _ 600 g Rehfilet im Ganzen, pariert
- _ 2 EL zerstoßene Koriandersamen
- _ schwarzer Pfeffer
- _ 2 Stangen Lauch, geputzt, in schmale Streifen geschnitten
- _ 2 Zwiebeln, geschält, fein gehackt
- _ 2 Knoblauchzehen, geschält, fein gehackt
- _ 2 rote Paprikaschoten, von Samen und Scheidewänden befreit, in Würfel geschnitten
- _ 100 ml herber Rotwein
- _ 4 EL Wildessenz (Seite 23)
- _ Salz

1

Den Ofen auf 190 °C vorheizen. Öl und Butter in einer Kasserolle erhitzen und das Rehfilet darin rundum anbraten, mit Koriander und Pfeffer bestreuen. Das Gemüse um das Filet verteilen, im Fett wenden und kurz mitbraten. Den Rotwein zugießen, aufkochen und im Ofen in 15–20 Minuten fertig braten. Das Filet herausnehmen und warm stellen.

2

Die Wildessenz in die Sauce rühren, mit Salz abschmecken.

3

Das Filet schräg in 2 cm dicke Scheiben schneiden, Gemüse und Sauce daneben anrichten.

BEILAGEN: Serviettenknödel und grüne Bohnen oder gedünstete Trockenfrüchte.

REHFILETS NACH MAILÄNDER ART

- _ 4 Scheiben schräg geschnittenes Rehfilet, 2–3 cm dick
- _ 1 EL Öl
- _ 40 g kleine Würfel von magerem Räucherspeck
- _ 2 EL Butter

FÜR DIE SAUCE

- _ 2 TL Mehl
- _ 100 ml herber Rotwein
- _ 4 EL Madeira
- _ 2 TL Zitronensaft
- _ 2 TL Worcestersauce
- _ 1 Messerspitze abgeriebene Zitronenschale
- _ Salz und Pfeffer

1

Die Filetscheiben mit der Hand etwas flach drücken und wieder in Form bringen. In einer Pfanne das Öl erhitzen und den Speck darin etwas auslassen. Die Butter zugeben, zerlassen, das Fleisch einlegen und auf beiden Seiten je 2 Minuten anbraten. Die Hitze reduzieren und noch 2 Minuten auf jeder Seite braten. Die Filets herausnehmen und warm halten.

2

Für die Sauce das Fett aus der Pfanne fast vollständig abgießen. Das Mehl in die Pfanne streuen und unter Rühren leicht bräunen. Den Rotwein unterrühren und sämig einkochen. Den Madeira zugeben. Mit Zitronensaft, Worcestersauce, Zitronenschale, Salz und Pfeffer abschmecken. Etwas Sauce über die Filets träufeln und den Rest separat servieren.

BEILAGEN: Makkaroni, mit Butter und geriebenem Parmesan vermischt. Oder Maronenpüree und gebratene Apfelscheiben.

REHFILETS RIVIERA-ART

- _ 4 Scheiben schräg geschnittenes Rehfilet, 2–3 cm dick
- _ 1 EL Butter, 1 EL Öl
- _ 120 g Pökelzunge, gehäutet, in kleine Würfel geschnitten
- _ 2 EL Olivenöl
- _ 2 Tomaten, halbiert
- _ Salz und Pfeffer
- _ 1 EL fein gehackte Petersilie
- _ 2 EL Cognac
- _ 4 TL Mayonnaise (Seite 232)
- _ 4 Scheiben Gänseleberpastete (Dose)

1

Die Filetscheiben mit der Hand etwas flach drücken und wieder in Form bringen. Butter und Öl in einer Pfanne erhitzen und die Filets darin auf beiden Seiten je 2 Minuten anbraten. Die Hitze reduzieren, die Pökelzunge zugeben und das Fleisch weitere 2 Minuten auf jeder Seite durchgaren lassen.

2

Gleichzeitig in einer anderen Pfanne das Olivenöl erhitzen und die Tomaten von beiden Seiten weich braten. Auf eine Platte legen, salzen, pfeffern und mit Petersilie bestreuen. Auf jede Tomatenhälfte eine Filetscheibe legen und ein Viertel der Zungenwürfel darüberstreuen.

3

Das Fett aus der Pfanne gießen. Den Bratfond mit dem Cognac ablöschen, losschaben, etwas einkochen und über die Filets gießen. Auf jedes Filet 1 TL Mayonnaise setzen und hierauf je 1 Scheibe Gänseleberpastete legen.

BEILAGEN: In Butter gedünstetes Gemüse und Reis.

REHFILET MIT LINSEN, TOMATEN UND LAUCH-ZWIEBELN

- _ 600 g Rehfilet im Ganzen, pariert
- _ Salz und Pfeffer
- _ 2 EL Öl, 20 g Butter
- _ 150 ml Wildfond (Seite 22)
- _ 40 g kalte Butter
- _ 120 g Berglinsen, über Nacht eingeweicht, bissfest gekocht
- _ 2 Tomaten, gehäutet, Samen entfernt, in Spalten geschnitten
- _ 3 Lauchzwiebeln, nur das Grün in Röllchen geschnitten
- _ 1/2 TL Garam Masala

1

Den Ofen auf 190 °C vorheizen. Das Rehfilet mit Salz und Pfeffer einreiben. Öl und Butter in einer Kasserolle erhitzen und das Filet darin rundum anbraten. In den Ofen schieben und in 8–10 Minuten fertig braten.

2

Inzwischen den Wildfond zum Kochen bringen, etwas einkochen, mit der kalten Butter aufmontieren. Kurz vor dem Servieren die Linsen, Tomaten und Lauchzwiebeln zugeben, mit Garam Masala würzen, abschmecken.

3

Das Filet schräg in 2 cm dicke Scheiben schneiden und auf dem Gemüse anrichten.

BEILAGE: Gebratener Reis.

BALTISCHE REHFILETS

- _ 4 Scheiben schräg geschnittenes Rehfilet, 2–3 cm dick
- _ 2 TL Zitronensaft
- _ Pfeffer
- _ 2 Messerspitzen Currypulver
- _ 60 g magerer Räucherspeck, in kleine Würfel geschnitten
- _ 2 EL Butter
- _ 2 EL fein gehackte Petersilie
- _ 1 TL fein gehackter Estragon
- _ 1/4 TL abgeriebene Zitronenschale

FÜR DIE SAUCE

- _ 4 EL Madeira
- _ 2 gehäufte EL Schwarzbrotbrösel
- _ 2 EL Wildextrakt (Seite 24)
- _ 80 g Sahne
- _ 2 EL Zitronensaft
- _ Salz und Pfeffer

1

Die Filetscheiben mit der Hand etwas flach drücken und wieder in Form bringen. Mit Zitronensaft beträufeln, mit Pfeffer und Curry bestreuen. In einer Pfanne den Speck etwas auslassen. Die Butter zugeben, zerlassen und die Filets darin von beiden Seiten je 2 Minuten anbraten. Die Hitze reduzieren, Kräuter und Zitronenschale zufügen und 2–3 Minuten auf jeder Seite weiterbraten. Auf eine vorgewärmte Platte legen und warm halten.

2

Für die Sauce den Bratfond mit dem Madeira ablöschen und den Bratsatz losschaben. Schwarzbrotbrösel, Extrakt und Sahne einrühren und sämig einkochen. Mit Zitronensaft, Salz und Pfeffer abschmecken und über die Filets träufeln.

BEILAGEN: Reis und Preiselbeeren.

KALTE REHFILETS

- _ 1 kg Rehfilet, in 2 cm dicke Scheiben geschnitten
- _ Salz und Pfeffer
- _ 60–80 g Butter
- _ 250 ml braune Chaudfroid-Sauce (Seite 230)
- _ 2–3 Orangen, geschält, die Filets ausgelöst
- _ Schale von 1 Orange, in feine Julienne geschnitten und 10 Minuten blanchiert
- _ 1/2 l Gelee (Seite 25)

1

Die Filetscheiben mit der Hand etwas flach drücken, wieder in Form bringen und mit wenig Salz und Pfeffer bestreuen. Die Butter in einer großen Pfanne zerlassen und die Filets bei nicht zu starker Hitze auf beiden Seiten je 4 Minuten braten. Herausnehmen und erkalten lassen.

2

Die Filets mit der Chaudfroid-Sauce bestreichen und fest werden lassen. Mit den Orangenfilets und etwas Orangenschale garnieren. Mit dem Gelee, sobald dieses beginnt anzuziehen, bestreichen und kalt stellen, bis es erstarrt ist.

3

Den Rest des Gelees in ein Gefäß mit geraden Wänden gießen und ebenfalls fest werden lassen. Das Gefäß kurz in heißes Wasser tauchen, stürzen, das Gelee in kleine Würfel schneiden und um die Filets verteilen.

BEILAGEN: Toast und Cumberlandsauce.

VARIATIONEN

- Die Filets statt der Orangenfilets mit Ananasstückchen und Kirschen *oder* mit 1 Scheibe Gänseleberpastete (Dose) und 1 Trüffelscheibe *oder* mit gehacktem gekochtem Schinken, Trüffeln und grünen Oliven *oder* mit 1 Scheibe Gänseleberpastete und 1 gedünsteten Pfirsichhälfte garnieren und mit Gelee bestreichen.
- Statt Wildgeleewürfel gelierte Cumberlandsauce in Würfelchen schneiden oder Tortelettes mit geliertem Preiselbeerkompott füllen.

GEGRILLTE REHSCHNITZEL

- _ 2 Rehschnitzel
- _ etwas Pfeffer, 1 TL Thymian
- _ 2 EL Olivenöl
- _ 2 Tomaten
- _ Salz, 1 EL fein gehackte Petersilie

1

Den Ofengrill vorheizen. Die Rehschnitzel leicht klopfen, mit Pfeffer und Thymian bestreuen, auf einen Teller legen, mit dem Öl beträufeln und wenden. 2 Stunden marinieren.

2

Die Schnitzel etwas abtupfen und zusammen mit den mit Öl bepinselten Tomaten auf den Grillrost legen, unter Wenden 6 Minuten grillen. Schnitzel und Tomaten leicht salzen und mit Petersilie bestreuen.

BEILAGEN: Pommes frites, Salate.

Rehfilet mit Linsen, Tomaten und Lauchzwiebeln

REHSCHNITZEL MIT PILZEN

- 2 Rehschnitzel, leicht geklopft
- etwas Pfeffer
- 2 EL Mehl
- 2 EL Öl, 4 EL Butter
- 150 g Champignons, geputzt, in Scheiben geschnitten
- Salz
- 2 EL fein gehackte Petersilie
- 1 Messerspitze Pfeffer

1

Die Rehschnitzel pfeffern und im Mehl wenden, abschütteln. Das Öl und 2 EL Butter in einer Pfanne erhitzen und die Schnitzel darin von beiden Seiten je 2–3 Minuten braten.

2

Gleichzeitig in einer Kasserolle die restliche Butter zerlassen und die Champignons darin weich dünsten.

3

Die Schnitzel mit etwas Salz bestreuen. Die Petersilie und den Pfeffer unter die Champignons mischen und auf die Schnitzel verteilen.

BEILAGEN: Geschälte und entkernte gebratene Apfelhälften, mit Preiselbeeren gefüllt; in Butter gebratene Bananen; Cumberlandsauce.

VARIATION

Statt der Champignons mit einer Mischung aus gebratenen Räucherspeckwürfelchen, Zwiebel, Weißbrot und Wildpilzen garnieren.

REHSCHNITZEL MIT OBSTSAUERKRAUT

- 6 Rehschnitzel
- 300 ml Rotweinmarinade (Seite 22)
- 1 EL scharfer Senf
- Pfeffer
- Paprikapulver
- 6 EL Mehl
- je 2–3 EL Öl und Butter
- 4 EL Wildextrakt (Seite 24) oder Fleischextrakt
- 8 EL Crème fraîche
- Salz

FÜR DAS OBSTSAUERKRAUT

- 500 g Weinsauerkraut
- je 250 g Birnen und Äpfel, geschält, entkernt, in Würfel geschnitten
- 2 EL Tomatenmark oder 1 EL Hagebuttenmark

1

Die Schnitzel für 2 Stunden in die Marinade legen. Herausnehmen und trockentupfen. Mit Senf bestreichen, mit Pfeffer und Paprika bestreuen und in Mehl wenden. In einer großen Pfanne Öl und Butter erhitzen und die Schnitzel von beiden Seiten je 2 Minuten anbraten. Die Schnitzel herausnehmen und warm stellen.

2

Das Fett in der Pfanne größtenteils abgießen, den Wildextrakt hineingeben und den Bratsatz losschaben. Crème fraîche unterrühren, mit Salz und Pfeffer abschmecken, noch kurz kochen lassen.

3

Das Sauerkraut getrennt servieren.

REHSTEAKS MIT PILZEN

- 4 Rehsteaks aus der Keule
- Salz und Pfeffer
- 1 Messerspitze geriebene Muskatnuss
- ½ TL scharfer Senf
- 1 EL Mehl
- 2 EL Butter, 2 EL Öl
- 125 ml Fleischbrühe
- 2 EL Cognac, 2 EL Crème fraîche
- 2 EL Mandelblättchen

FÜR DIE PILZE

- 100 g durchwachsener Speck, in kleine Würfel geschnitten
- 2 mittelgroße Zwiebeln, geschält, gehackt
- 1 Knoblauchzehe, geschält, gehackt
- 500 g Steinpilze (oder Champignons), geputzt, blättrig geschnitten
- 3 EL gehackte Petersilie
- Salz und Pfeffer

1

Die Rehsteaks mit Salz, Pfeffer und Muskatnuss bestreuen, auf einer Seite dünn mit Senf bestreichen und auf beiden Seiten mit Mehl bestauben. Butter und Öl in einer Pfanne erhitzen und die Steaks darin auf jeder Seite 4–5 Minuten braten. Herausnehmen und warm stellen.

2

Die Brühe in die Pfanne gießen, den Bratfond losschaben, etwas einkochen, den Cognac und Crème fraîche einrühren und kurz aufkochen.

3

Den Speck in einer Pfanne auslassen, Zwiebel und Knoblauch darin glasig schwitzen. Die Pilze zugeben und unter Rühren gar dünsten. Die Petersilie untermischen, mit Salz und Pfeffer abschmecken.

4

Die Mandelblättchen in einer kleinen Pfanne ohne Fett anrösten. Die Steaks auf vorgewärmten Tellern anrichten, mit etwas Sauce begießen und darauf einige Mandelblättchen streuen. Die Pilze daneben verteilen.

BEILAGE: Kartoffelkroketten.

REHSTEAKS MIT ERBSENPÜREE

- 250 g Püree von getrockneten Erbsen (Seite 226)
- 2 Rehsteaks aus der Keule, leicht geklopft
- Pfeffer
- 2 EL Mehl
- 2 EL Butter, 2 EL Öl

FÜR DIE SAUCE

- _ 2 EL geriebene Zwiebeln
- _ 2 EL Cognac
- _ 100 ml Wildgrundbrühe (Seite 22) oder Fleischbrühe
- _ 1 Messerspitze abgeriebene Zitronenschale
- _ 1 EL Zitronensaft
- _ Pfeffer und Salz
- _ 1 Eigelb

1

Das Erbsenpüree zubereiten.

2

Die Steaks mit Pfeffer bestreuen und im Mehl wenden, abschütteln. In einer Pfanne Butter und Öl erhitzen und die Steaks darin auf beiden Seiten je 3–4 Minuten braten, mehrmals wenden. Herausnehmen, warm halten.

3

Für die Sauce die Zwiebeln in der Pfanne unter Rühren anschwitzen. Mit dem Cognac ablöschen und den Bratsatz losschaben. Die Brühe zugießen und sämig einkochen. Zitronenschale und -saft zufügen, mit Pfeffer und Salz würzig abschmecken. Vom Herd nehmen und das Eigelb unterschlagen, nicht mehr kochen. Die Sauce über die Steaks gießen. Mit dem Püree servieren.

REHRAGOUT 1

- _ 2 EL Öl, 2 EL Butter
- _ 500 g Rehragoutfleisch, von Haut und Sehnen befreit, in 2–3 cm große Würfel geschnitten
- _ 60 g magerer Räucherspeck, in ½ cm große Würfel geschnitten
- _ 1 Zwiebel, geschält, gehackt
- _ 3 Bund Suppengrün, geputzt, klein gehackt
- _ 500–600 ml herber Rotwein
- _ 1½ TL gewürztes Salz (Seite 26)
- _ 1 Kartoffel, geschält, fein gerieben
- _ 3 TL Essig
- _ 2 TL scharfer Senf
- _ 3 EL Saucenlebkuchen, gerieben
- _ 4–5 EL Preiselbeerkonfitüre
- _ 175 g saure Sahne oder Crème fraîche
- _ 1 Messerspitze Cayennepfeffer

1

In einem Topf Öl und Butter erhitzen und das Fleisch schnell von allen Seiten anbraten. Herausnehmen.

2

Den Speck im selben Topf anbraten, Zwiebel und Suppengrün zugeben und alles anbräunen. Mit dem Rotwein ablöschen. Sobald er kocht, die Hitze reduzieren, gewürztes Salz und das Fleisch zugeben. Zugedeckt in 50–60 Minuten weich schmoren.

3

Kartoffel, Essig, Senf, Lebkuchen und Konfitüre untermischen, 5 Minuten durchkochen. Saure Sahne oder Crème fraîche einrühren, erhitzen und mit Cayennepfeffer würzig abschmecken.

BEILAGEN: Nudeln oder Semmelknödel oder Salzkartoffeln, Preiselbeeren. Oder glacierte kleine Zwiebeln beziehungsweise in Butter gedünstete Pfifferlinge vor dem Servieren unter das Ragout mischen und Croûtons dazureichen.

REHRAGOUT 2

ZUM MARINIEREN

- _ 500 g Rehragoutfleisch, von Haut und Sehnen befreit, in 2–3 cm große Würfel geschnitten
- _ 1 l Buttermilch
- _ 10 Wacholderbeeren, zerdrückt

- _ 3 EL Öl
- _ 70 g magerer Räucherspeck, in kleine Würfel geschnitten
- _ 1 Zwiebel, geschält, klein gehackt
- _ 1 Knoblauchzehe, geschält, gehackt
- _ 2 EL Mehl
- _ 300 ml herber Rotwein
- _ 300 ml Fleischbrühe
- _ 10 Wacholderbeeren, zerdrückt
- _ 1–2 Lorbeerblätter
- _ 3 Zweige Thymian
- _ Pfeffer und Salz
- _ 1 Messerspitze geriebene Muskatnuss
- _ 2 EL Tomatenketchup

- _ 2 EL Butter
- _ 300 g kleine Pfifferlinge oder geschlossene Champignons, geputzt
- _ 2 EL gehackte Petersilie

1

Fleisch, Buttermilch und Wacholderbeeren in einer Schüssel vermischen und zugedeckt 12 Stunden im Kühlen marinieren. Das Fleisch aus der Marinade nehmen, schnell kalt abspülen und trockentupfen.

2

Das Öl in einer Kasserolle erhitzen und den Speck darin kross braten. Das Fleisch einlegen und von allen Seiten anbraten. Zwiebel und Knoblauch mitbraten. Das Mehl darüberstauben und hellbraun anschwitzen. Mit dem Rotwein und der Fleischbrühe aufgießen und zum Kochen bringen. Auf niedrige Temperatur schalten, Kräuter, Gewürze und Ketchup zugeben und zugedeckt in 50–60 Minuten weich schmoren. Thymian und Lorbeerblätter entfernen. Pfeffrig abschmecken.

3

Die Butter in einer Pfanne zerlassen, die Pilze darin leicht anbraten, die Petersilie einstreuen, weich dünsten. Unter das Fleisch mischen.

BEILAGE: In Scheiben geschnittener Serviettenknödel (nach Belieben gebraten) oder Kartoffelpüree.

REHRAGOUT 3

- _ 60 g magerer Räucherspeck, in ½ cm große Würfel geschnitten
- _ 500 g Rehragoutfleisch, von Haut und Sehnen befreit, in gleichmäßige Stücke geschnitten
- _ 3 EL Mehl
- _ 3½ EL Öl, 2 EL Butter
- _ 6 Schalotten, geschält, in Streifen geschnitten
- _ 1 Knoblauchzehe, geschält, fein gehackt
- _ 300 ml Wildgrundbrühe (Seite 22) oder Rinderbrühe
- _ 300 ml Rotwein
- _ 3 EL Cognac
- _ 2 Lorbeerblätter
- _ 1 EL fein gehackte Petersilie
- _ 1 TL Thymian
- _ ½ TL gehackter Rosmarin
- _ 3 EL Zitronensaft
- _ 3 TL Johannisbeergelee
- _ ¼ TL Pfeffer, Salz

- _ 4 EL Butter
- _ 4 Scheiben Weißbrot, entrindet

1

In einer Kasserolle den Speck kross anbraten, herausnehmen, beiseitestellen.

2

Das Fleisch in dem Mehl wenden. 1½ EL Öl und die Butter in der Kasserolle erhitzen und das Fleisch darin schnell von allen Seiten anbraten, herausnehmen und zu dem Speck geben.

3

Das restliche Öl in der Kasserolle erhitzen, Schalotten und Knoblauch darin anschwitzen, mit der Brühe ablöschen, den Rotwein zugießen und den Bratsatz losschaben. Aufkochen, auf niedrige Temperatur schalten und das Fleisch mit den restlichen Zutaten zugeben. Zugedeckt 50–60 Minuten schmoren lassen. Würzig abschmecken.

4

Die Butter in einer Pfanne erhitzen und die Weißbrotscheiben darin schnell von beiden Seiten braten. Getrennt zum Fleisch servieren.

REHRAGOUT 4

ZUM MARINIEREN

- 500 g Rehragoutfleisch, von Haut und Sehnen befreit, in kleine Streifen geschnitten
- 80 ml Öl, 2 EL Cognac
- 1/4 TL Pfeffer, 1 TL Thymian
- 1 TL gehackter Rosmarin

- 3 EL Butter
- 300 ml Fleischbrühe
- 300 ml herber Rotwein
- 2 Lorbeerblätter
- 8 Wacholderbeeren, zerdrückt
- 1/4 TL Pfeffer, 1 EL Cognac
- 300 g grüne Bohnen, geputzt, in Stücke geschnitten
- 4 Tomaten, gehäutet, in Stücke geschnitten
- 200 g festkochende Kartoffeln, geschält, gewürfelt
- 6 TL Kapern
- Salz und Pfeffer
- 2 Eigelb

- 4 EL Butter
- 250 g Pfifferlinge, Steinpilze oder andere Waldpilze, geputzt, in große Stücke geschnitten
- 2 EL gehackte Petersilie

1

In einer Schüssel das Fleisch mit allen Zutaten zum Marinieren vermengen und zugedeckt für 4 Stunden in den Kühlschrank stellen. Das Fleisch herausnehmen und trockentupfen. Die Marinade durchsieben.

2

Die Butter in einer Kasserolle zerlassen und das Fleisch rundum darin anbraten. Mit der Fleischbrühe ablöschen, den Bratsatz losschaben, den Rotwein und die Marinade zugießen, aufkochen. Lorbeerblätter, Wacholderbeeren, Pfeffer und Cognac hinzugeben und das Fleisch 30 Minuten zugedeckt bei niedriger Hitze schmoren.

3

Bohnen, Tomaten, Kartoffeln und Kapern untermischen und weitere 20 Minuten schmoren. Mit Salz und Pfeffer abschmecken. Vom Herd nehmen und die Eigelbe unterrühren. Nicht mehr kochen.

4

In einer kleinen Kasserolle die Butter zerlassen und die Pilze darin weich dünsten. Zum Fleisch geben und 5 Minuten durchziehen lassen. Mit der Petersilie bestreuen.

REHGULASCH

- 3 EL Öl
- 500 g Rehragoutfleisch, von Haut und Sehnen befreit, in Würfel geschnitten
- 1 Zwiebel, geschält, in Streifen geschnitten
- 1 1/2 TL edelsüßes + 1/4 TL scharfes Paprikapulver
- 200 ml Wildgrundbrühe (Seite 22)
- 200 ml herber Rotwein
- 1 Knoblauchzehe, geschält, fein gehackt
- 3 Zitronenschnitze
- 2 TL gehackter frischer Majoran
- 10 Wacholderbeeren, zerdrückt
- 1/2 TL Kümmel, 1/3 TL Zucker
- 1 Messerspitze Pfeffer, Salz
- 250 g festkochende Kartoffeln, geschält, in Würfel geschnitten
- 8 EL saure Sahne

1

Das Öl in einer Kasserolle erhitzen und das Fleisch darin rundum anbraten. Die Zwiebel zugeben und mitbraten. Mit dem Paprikapulver bestreuen und sofort mit der Brühe ablöschen. Den Rotwein zugießen, aufkochen, Kräuter und Gewürze untermischen. Auf niedrige Temperatur schalten und das Fleisch zugedeckt 45 Minuten schmoren.

2

Die Kartoffelwürfel zugeben und in 15 Minuten fertig schmoren. Die saure Sahne unterrühren und noch 5 Minuten erhitzen. Abschmecken.

Rehragout 4

GEBRATENE REHLEBER

- 300 g Rehleber, gehäutet, in dünne Scheiben geschnitten
- Pfeffer
- 4 EL Butter
- 60 g magerer Schinken, in kleine Würfel geschnitten
- 1/4 TL Thymian
- 2 Lorbeerblätter
- 1 mittelgroße Zwiebel, geschält, gehackt
- 1 Knoblauchzehe, geschält, gehackt
- 2 EL Madeira
- 50 ml Fleischbrühe
- 2 EL Wildextrakt oder -essenz (Seite 23/24)
- 4 EL gehackte Petersilie
- Salz

1

Die Leberscheiben pfeffern. In einer Pfanne 3 EL Butter zerlassen und die Leberscheiben darin bei Mittelhitze von beiden Seiten braten, bis sie gerade eben durchgebraten sind. Herausnehmen, auf einen vorgewärmten Teller legen und warm halten.

2

Die restliche Butter in der Pfanne zerlassen, die Schinkenwürfel, Thymian, Lorbeerblätter, Zwiebel und Knoblauch hinzugeben und bei

niedriger Hitze braten, bis die Zwiebel glasig ist. Mit dem Madeira ablöschen, den Bratsatz losschaben, die Fleischbrühe zugießen und sämig einkochen. Extrakt und Petersilie unterrühren, mit Salz und Pfeffer abschmecken. Über die Leberscheiben träufeln.

BEILAGEN: Kartoffeln, Gemüse.

VARIATION

Mit Pfifferlingen oder anderen Pilzen in Sahnesauce servieren.

TIROLER REHLEBER

- 3 EL Butter
- 250 g Rehleber, gehäutet, in schmale Streifen geschnitten
- 1 große Zwiebel, geschält, in feine Scheiben geschnitten
- 2 EL gehackter Estragon
- 1 Essiggurke, klein gewürfelt
- 3/4 TL abgeriebene Zitronenschale
- 100 ml herber Rotwein
- 1 EL Cognac
- 3 TL Wacholderbeeren, zerdrückt
- 3 EL Wildkraftbrühe (Seite 23)
- 100 g saure Sahne
- Pfeffer
- Salz

1

Die Butter in der Pfanne zerlassen und die Leberstreifen rasch von beiden Seiten darin anbraten. Die Hitze reduzieren und weiterbraten, bis die Leber durchgebraten ist. Herausnehmen und warm stellen.

2

Die Zwiebel in derselben Pfanne goldbraun braten. Estragon, Essiggurke, Zitronenschale, Rotwein, Cognac, Wacholderbeeren und Kraftbrühe zugeben, sämig einkochen. Die saure Sahne einrühren, erhitzen, mit Pfeffer und Salz abschmecken. Die Leber untermischen und kurz durchwärmen.

REHLEBER AUF ITALIENISCHE ART

- 250 g Rehleber, gehäutet
- 4 EL Olivenöl
- 120 g durchwachsener Speck, in 1/2 cm große Würfel geschnitten
- 3 kleine Zwiebeln, geschält, grob gehackt
- 3 Knoblauchzehen, geschält, grob gehackt
- 2 Lorbeerblätter
- 6 Salbeiblätter, gehackt
- 5 Tomaten, gehäutet, in Würfel geschnitten
- 6 EL gehackte Petersilie
- 1 Zweig Thymian
- 100 ml trockener Weißwein
- Pfeffer und Salz

1

Die Leber in 1 1/2 cm große Würfel schneiden. Das Öl in einer Pfanne erhitzen. Den Speck zusammen mit den Zwiebeln, Knoblauch und Lorbeerblättern darin glasig schwitzen. Die Leberwürfel mit dem Salbei zugeben und rundum schnell braten. Aus der Pfanne nehmen und warm stellen. Die Lorbeerblätter entfernen.

2

Die Tomaten, die Hälfte der Petersilie, den Thymian und Weißwein in die Pfanne geben, dicklich einkochen, mit Pfeffer und Salz abschmecken. Den Thymian herausfischen und fortwerfen. Die Leber mit den anderen Zutaten unter die Sauce mischen, mit dem Rest der Petersilie bestreuen.

BEILAGE: Makkaroni oder Spaghetti.

SAURE REHLUNGE

- 1 l Wasser
- 30 ml Essig
- 40 ml trockener Weißwein
- 1 TL Salz
- 1 Zwiebel, geschält, gehackt
- 2 Bund Suppengrün, geputzt, grob gehackt
- 1 Messerspitze Pfeffer
- 8 Senfkörner
- 4 Wacholderbeeren, zerdrückt
- 4 Nelken
- 2 Lorbeerblätter
- 500 g Rehlunge, gut in kaltem Wasser gewaschen

FÜR DIE SAUCE

- 3 EL Butter
- 3 EL Mehl
- 3 EL trockener Weißwein
- 2 EL Zitronensaft
- 2 EL Johannisbeergelee
- Pfeffer und Salz
- 6–7 EL saure Sahne

1

In einem Topf das Wasser mit Essig, Weißwein, Salz, Gemüse, Pfeffer, Senfkörnern, Wacholderbeeren, Nelken und Lorbeerblättern zum Kochen bringen. Die Lunge einlegen, Deckel auflegen und 50 Minuten leicht kochen, dabei einige Male wenden. Die Lunge herausnehmen, etwas abkühlen lassen und 12 Stunden mit einem Brett und Gewichten beschweren. Die Brühe durch ein feines Sieb gießen.

2

Die Butter in einem Topf erhitzen, das Mehl zugeben und unter Rühren eine braune Mehlschwitze herstellen. Mit 1/2 l Lungenbrühe aufgießen, Weißwein und Zitronensaft zufügen und 30 Minuten kochen.

3

Die Lunge inzwischen feinnudelig schneiden, zur Sauce geben und noch 20 Minuten köcheln lassen. Mit Johannisbeergelee, Pfeffer und Salz abschmecken. Die saure Sahne unterziehen.

BEILAGE: Knödel oder Reis.

GEBRATENE REHNIEREN

- **2 Rehnieren**
- **1 EL Öl, 1 EL Butter**
- **3 Wacholderbeeren, zerdrückt**
- **½ TL Thymian**
- **1 Knoblauchzehe, geschält, fein gehackt**
- **2 EL Cognac**
- **1 EL Wildextrakt oder -essenz (Seite 23/24)**
- **Salz und Pfeffer**

1

Die Nieren in kaltem Wasser waschen und trockentupfen, häuten, längs halbieren, Adern, Sehnen und Fett entfernen, in dünne Scheiben schneiden. Öl und Butter in einer Pfanne erhitzen, Wacholderbeeren, Thymian, Knoblauch und die Nieren hineingeben und unter Wenden bei Mittelhitze schnell braten. Auf einen vorgewärmten Teller legen und warm halten.

2

Den Bratfond mit dem Cognac ablöschen, den Bratsatz losschaben, den Extrakt einrühren, aufkochen, mit Salz und Pfeffer abschmecken. Die Nieren wieder in die Sauce geben, aber nicht mehr kochen!

SAURE REHNIEREN

- **2 Rehnieren**
- **Pfeffer**
- **2 EL Mehl**
- **30 g Butter**
- **1 Zwiebel, geschält, fein gehackt**
- **100 ml Wildgrundbrühe (Seite 22) oder Fleischbrühe**
- **40 ml herber Rotwein**
- **1 EL Essig**
- **1 EL Zitronensaft**
- **1 EL Tomatenketchup**
- **Salz und Pfeffer**
- **2 EL Crème fraîche**

1

Die Nieren in kaltem Wasser waschen und trockentupfen, häuten, längs halbieren, Adern, Sehnen und Fett entfernen und in dünne Scheiben schneiden. Mit Pfeffer bestreuen und in Mehl wenden. Die Butter in einer Pfanne zerlassen und die Nierenscheiben darin bei Mittelhitze schnell von beiden Seiten braten, sie sollen innen nicht mehr rosa sein. Herausnehmen und warm stellen.

2

Die Zwiebel in der Pfanne hellbraun anschwitzen. Mit der Brühe aufgießen, Rotwein und Essig zugeben und 5 Minuten kochen. Mit dem Zitronensaft, Tomatenketchup, Salz und Pfeffer abschmecken. Crème fraîche unterrühren und dicklich einkochen. Vom Herd nehmen, die Nieren einlegen und kurz ziehen lassen.

GESCHMORTES REHHERZ

- **2 Rehherzen**
- **½ TL Pfeffer**
- **¼ TL Ingwerpulver**
- **etwas Piment**
- **2 EL gehackte Salbeiblätter**
- **4 dünne Scheiben frischer fetter Speck, 10 x 20 cm**
- **2 EL Öl**
- **2 EL Butter**
- **2 Zwiebeln, geschält, gehackt**
- **2 Knoblauchzehen, geschält, gehackt**
- **175 ml herber Rotwein**
- **6 TL Kapern**
- **4 EL Wildextrakt oder -essenz (Seite 23/24)**
- **6 EL Crème fraîche**
- **Salz**

1

Die Herzen längs halbieren und waschen, von Adern, Sehnen und Fett befreien, mit Pfeffer, Ingwer, Piment und Salbei bestreuen. Jede Hälfte in eine Speckscheibe wickeln und mit Küchengarn zusammenbinden.

2

Öl und Butter in einer Pfanne erhitzen und die Herzhälften von allen Seiten anbraten. Zwiebeln und Knoblauch zugeben und goldgelb braten. Mit dem Rotwein aufgießen, aufkochen, auf niedrige Hitze schalten und das Herz zugedeckt 20 Minuten schmoren.

3

Kapern, Wildextrakt und Crème fraîche einrühren und weitere 10 Minuten schmoren. Das Küchengarn und den Speck entfernen, das Herz in Scheiben schneiden. Die Sauce mit Salz abschmecken und über die Herzscheiben gießen.

VARIATION

Die Sauce mit etwas Sardellenpaste und gehackten grünen Oliven oder Tomatenmark würzen.

GEGRILLTES REHHERZ

- **2 Rehherzen, Salz**

FÜR DIE MARINADE

- **4 TL Thymian**
- **4 TL gehackter Rosmarin**
- **2 Knoblauchzehen, geschält, fein gehackt**
- **60 ml Olivenöl**
- **½ TL Pfeffer**

1

Die Herzen längs durchschneiden, waschen, von Fett, Adern und Sehnen befreien und in 1 cm breite Scheiben schneiden.

2

Die Zutaten für die Marinade mischen, die Scheiben darin wenden und mindestens 1 Stunde marinieren.

3

Die Scheiben auf jeder Seite 4 Minuten grillen, wenig salzen.

TERRINE VOM REH

Für 6–8 Personen

FÜR DIE FARCE

- _ 200 g Rehfleisch, gehäutet, von Sehnen befreit, zweimal durchgedreht
- _ 250 g Schweinefleisch, zweimal durchgedreht
- _ 1 kleine Zwiebel, geschält, in Stücke geschnitten
- _ 1 Knoblauchzehe, geschält
- _ 8 Wacholderbeeren
- _ 200 g frischer fetter Speck, zweimal durchgedreht
- _ 3 TL gewürztes Salz (Seite 26)
- _ Saft und Schale von ½ Zitrone
- _ 1 Ei
- _ 2 EL Cognac
- _ 4 EL Madeira
- _ 150 g gekochter Schinken, in 1 cm große Würfel geschnitten
- _ 30 ungesalzene Pistazienkerne

- _ 1 EL Butter
- _ 300 g Rehfilet oder -nuss, gehäutet, in 3 cm breite Stücke geschnitten
- _ 250 g frischer fetter Speck, in dünne Scheiben geschnitten
- _ 1 Lorbeerblatt
- _ 1 EL Mehl

1

Alle Zutaten für die Farce bis einschließlich Madeira gründlich vermischen. Den Schinken unterziehen. 12 Stunden zugedeckt im Kühlschrank durchziehen lassen. Die Pistazien einarbeiten und noch etwas mit dem Holzlöffel schlagen, damit die Farce luftig und locker wird.

2

Die Butter in einer Pfanne erhitzen und die Rehfilet- oder -nussstücke rundum kurz anbraten. Beiseitestellen.

3

Eine feuerfeste Terrinenform mit Deckel mit den Speckscheiben auslegen, sie sollen sich leicht überlappen und oben ein Stück über den Rand hängen. Die Hälfte der Farce einfüllen, die Filetstücke in die Mitte längs hineinlegen und mit dem Rest der Farce bedecken. Keine Hohlräume lassen, deshalb die Form fest auf die Arbeitsfläche stoßen. Die Speckscheiben über die Farce klappen und die Oberfläche ganz mit dem Speck bedecken. In die Mitte das Lorbeerblatt legen.

4

Den Ofen auf 175 °C vorheizen. Das Mehl mit etwas kaltem Wasser zu einer Paste verrühren, auf den Formrand streichen und den Deckel auflegen. Die Terrinenform in einen mit heißem Wasser gefüllten Topf oder eine Kasserolle (je nach Terrinenform) stellen, sie soll zu etwa drei Vierteln ihrer Höhe darin stehen. In den Ofen schieben und in etwa 90 Minuten garen. Der ausfließende Saft soll klar und nicht blutig sein. Aus dem Ofen nehmen, etwas abkühlen lassen.

5

Den Deckel lösen. Falls vorhanden, Wildextrakt (Seite 24) eingießen und die Terrine mit einem Brett und einem Gewicht von 700–1000 g beschweren, bis sie abgekühlt ist. Mit Alufolie bedecken und für mindestens 24 Stunden in den Kühlschrank stellen. Richtig aromatisch schmeckt die Terrine erst nach 2–3 Tagen. Sie kann bis zu 1 Woche aufbewahrt werden.

BEILAGEN: Ein kräftiges Bauernbrot, Cornichons und Salat oder Toast und Cumberlandsauce; oder mit einem mit Portwein, Sherry oder Madeira aromatisierten Gelee (Seite 25).

HINWEIS

Will man die Terrine noch länger stehen lassen, muss nach dem Abkühlen zerlassenes Schweineschmalz eingegossen werden. Mit Pergamentpapier bedecken, Deckel auflegen, kalt stellen. So kann sie einige Wochen aufbewahrt werden.

VARIATIONEN

- Die oberen Speckscheiben entfernen und die Terrine mit einer dünnen Schicht brauner Chaudfroid-Sauce (Seite 230) bedecken. Die Oberfläche mit Formen aus hart gekochtem Eiweiß, blanchierten Gemüse- und/oder Trüffelstücken verzieren und mit Gelee überglänzen.
- Die Terrine stürzen, die oberen Speckscheiben entfernen, die Oberfläche glatt schneiden und mit Madeiragelee begießen.
- Sämtlichen Speck ablösen, die Terrine glatt schneiden und ganz in Gelee eingießen. Die Oberfläche verzieren wie in der ersten Variante mit Chaudfroid-Sauce.
- Die Farce in einer mit Pasteten- oder Mürbeteig ausgekleideten Form backen, dabei vorgehen wie bei Taubenpastete (Seite 184).

PASTETE VON REH- ODER HIRSCHLEBER

Für 6–8 Personen

FÜR DIE FARCE

- 1 EL Butter
- 1 Zwiebel, geschält, fein gehackt
- 2 Knoblauchzehen, geschält, fein gehackt
- 4 EL fein gehackte Petersilie
- 300 g Reh- oder Hirschleber, gehäutet, von Sehnen befreit, zweimal durchgedreht
- 300 g mageres Schweinefleisch, zweimal durchgedreht
- 175 g fetter Speck, zweimal durchgedreht
- 2 Scheiben Weißbrot, entrindet, in 75 g Sahne geweicht
- 2 Eier
- 1½ TL Sardellenpaste
- 2 EL Cognac, 3 EL Madeira
- 3 TL gewürztes Salz (Seite 26)
- 60 g Pökelzunge, in ½ cm große Würfel geschnitten

- Butter für die Form
- 250 g Mürbeteig oder Pastetenauslegeteig (Seite 28)
- 300 g dünne Scheiben frischer fetter Speck zum Auslegen
- 1 Eiweiß, leicht verschlagen
- 1 Eigelb, mit ganz wenig Wasser verrührt

1

Für die Farce die Butter in einer Pfanne zerlassen, Zwiebel und Knoblauch darin hellbraun anschwitzen. Die Petersilie kurz mitschwitzen, auskühlen lassen. Zusammen mit allen anderen Zutaten in einer Schüssel sehr gut vermischen und mit dem Holzlöffel noch etwas luftig schlagen. 24 Stunden zugedeckt im Kühlschrank durchziehen lassen.

2

Den Ofen auf 180 °C vorheizen. Eine rechteckige Pastetenform mit Butter einfetten. Drei Viertel des Teiges ausrollen. Die eine Seitenwand, den Boden und die andere Seitenwand der Form leicht auf den Teig drücken, anschließend auch die beiden kurzen Seiten der Form (jeweils von der Bodenmarkierung aus nach rechts und links) leicht in den Teig drücken. Unter Zugabe von 1 cm an jeder Kante den Teig mit einem Messer ausschneiden (am besten in einem Stück), in die Form legen, andrücken und in den Ecken fest zusammendrücken. Die überhängenden Oberkanten nach außen klappen.

3

Nun die Speckscheiben leicht überlappend hineinlegen, und zwar so, dass sie ebenfalls ein Stück über die Oberkante hängen. Die Farce einfüllen und glatt streichen. Die Speckscheiben über die Farce legen, sie soll vom Speck bedeckt sein.

4

Aus dem restlichen Teig einen passenden Deckel ausrollen, mit Eiweiß auf die Kanten kleben, die überstehenden Kanten gerade abschneiden. In die Mitte eine runde Öffnung für den Dampfabzug schneiden und diese mit einem Teigstreifen verstärken. Aus den Teigresten nach Belieben Verzierungen schneiden und ebenfalls mit Eiweiß aufkleben. Die gesamte Oberfläche mit Eigelb bestreichen. Aus Alufolie einen Kamin rollen und in die runde Öffnung stecken. In den Ofen schieben und 1–1½ Stunden backen.

5

Soll die Pastete kalt serviert werden, nach dem Erkalten ein mit Madeira parfümiertes Gelee (Seite 25) in die Öffnung gießen und erstarren lassen.

Die Form mit dem ausgerollten Teig auslegen, 1 cm Rand überstehen lassen.

Speckscheiben und Farce einfüllen, den Teigdeckel auflegen, glatt abschneiden.

Eine Öffnung für den Dampfabzug anbringen, Teigverzierungen aufkleben.

Zum kalten Servieren das Gelee durch den »Schornstein« einfüllen.

Rehleberpastete

Hirsch

Rotwild

Das Rotwild *(Cervus elaphus)* ist die größte bei uns vorkommende Hirschart. Es lebt in fast ganz Europa und bevorzugt waldreiche Gebiete, vor allem im Mittel- und Hochgebirge bis in etwa 2000 m Höhe. Rotwild ernährt sich vom jeweiligen pflanzlichen Angebot. Die männlichen Tiere (Hirsche) tragen ein Geweih. Die Jungtiere werden als Kälber, die einjährigen männlichen Tiere als Schmalspießer, die weiblichen als Schmaltier und das erwachsene Wild als Tier bezeichnet. Die Kopf-Rumpf-Länge misst 170–235 cm, die Schulterhöhe 120–140 cm. Das Körpergewicht des männlichen Tieres beträgt 180–260 Kilo (Feistzeit = die Zeit vor der Brunft), die des weiblichen Tieres 90–150 Kilo.
Junges Rotwildbret ist dunkelbraun und kernig und in der kulinarischen Verwendung dem des Rehs gleichzusetzen. Das Fleisch der älteren Tiere ist allerdings im Geschmack strenger und wird deshalb gern mariniert. Die einzelnen Stücke sind größer als beim Rehwild, was man bei der Personenzahl berücksichtigen muss.

Abb. links: Gegrillte Hirschsteaks (Rezept Seite 81)

Damwild

Das Damwild *(Dama dama)* ist eine mittelgroße Hirschart und in fast ganz Europa verbreitet. Es lebt im waldigen Hügelland und in der Ebene im Gemenge mit Feldern und Wiesen, bei uns in Niedersachsen und Schleswig-Holstein, wird aber vermehrt in landwirtschaftlichen Gattern gezogen. Damwild äst weiche Pflanzennahrung, im Herbst auch Obst, Beeren und andere Baumfrüchte. Die männlichen Tiere (Damhirsche) tragen ein schaufelartiges Geweih. Das Körpergewicht beträgt 80–130 (160) Kilo.
Das rotbraune Fleisch von jungen Tieren ist sehr wohlschmeckend und kann wie Rotwild zubereitet werden. Fleisch von älteren Tieren ist etwas zäh.

Sikawild

Sikawild *(Cervus nippon)* ist ein etwa damwildgroßer, kräftiger, gedrungener Hirsch mit einer Körperlänge von etwa 120 cm und einem Körpergewicht von 25–55 Kilo. Das Sikawild stammt aus Ostasien und wurde um 1900 in Deutschland angesiedelt, es wird viel in Gehegen gehalten. Es ernährt sich vom jeweiligen pflanzlichen Nahrungsangebot.
Sikawildbret wird wenig angeboten. Es ist besonders wohlschmeckend und wird wie Rotwild oder Reh zubereitet.

HIRSCHRÜCKEN

- 1 ½ kg Hirschrücken, küchenfertig
- gewürztes Salz (Seite 26), vermischt mit 10 zerdrückten Wacholderbeeren
- 5 dünne Scheiben frischer fetter Speck, 10 x 20 cm
- 2 EL Butter
- 100 g magerer Räucherspeck, in ½ cm große Würfel geschnitten
- 2 Zwiebeln, geschält, fein gehackt
- 2 Möhren, geschält, in Scheiben geschnitten
- ½ Sellerieknolle, geschält, in kleine Würfel geschnitten
- 1 EL abgeriebene Zitronenschale
- 1 EL frisch geriebener Meerrettich
- 50 ml Fleischbrühe
- 150 ml trockener Weißwein
- 2 EL Cognac

FÜR DIE SAUCE

- 2 EL Wildextrakt oder -essenz (Seite 23/24)
- 1 EL Zitronensaft
- Pfeffer und Salz
- fein gehackte Petersilie

1

Den Ofen auf 240 °C vorheizen. Den Hirschrücken mit der Salz-Wacholderbeeren-Mischung einreiben und mit den Speckscheiben belegen. In einer großen Bratkasserolle die Butter zerlassen und den Räucherspeck darin kurz anbraten. Das Gemüse, Zitronenschale und Meerrettich zufügen und unter Rühren andünsten. Den Hirschrücken mit dem Speck nach oben darauflegen, die Kasserolle in den Ofen schieben und den Rücken 15 Minuten anbraten.

2

Fleischbrühe, 100 ml Weißwein und den Cognac zugießen. Die Temperatur auf 170 °C reduzieren und den Rücken noch 45 Minuten braten.

3

Die Speckscheiben abnehmen und das Fleisch 10–15 Minuten bräunen. Den Braten herausnehmen und im abgeschalteten, etwas geöffneten Ofen warm halten.

4

Die Sauce in einen Topf passieren, dabei das Gemüse gut durchdrücken. Den restlichen Weißwein und den Wildextrakt einrühren, etwas einkochen, mit Zitronensaft, Pfeffer und Salz abschmecken. Mit Petersilie bestreuen.

BEILAGEN: Rösti, Kartoffelkroketten oder Kartoffelklöße, Rotkohl, Pilze.

KRUSTIERTER HIRSCHRÜCKEN

- 1 kg Hirschrücken, gehäutet
- gewürztes Salz (Seite 26)
- 8 Wacholderbeeren, zerdrückt
- 2 dünne Scheiben frischer fetter Speck, 10 x 20 cm
- 2 EL Öl, 2 EL Butter
- 2 Zwiebeln, geschält, fein gehackt
- 50 ml herber Rotwein
- 100 ml Wildgrundbrühe (Seite 22) oder Fleischbrühe

FÜR DIE KRUSTE

- 1 Ei, verquirlt
- 125 g Schwarzbrotbrösel
- 2 TL Zucker
- 2 TL weiche Butter
- 2 Messerspitzen Nelkenpfeffer
- 40 ml Rotwein
- 1 EL Cognac

FÜR DIE SAUCE

- 250 ml herber Rotwein
- 4 EL Wildextrakt oder -essenz (Seite 23/24)
- 80 g Schwarzbrotbrösel
- ½ TL abgeriebene Zitronenschale
- je 2 EL Orangen- und Zitronensaft
- 2 EL Cognac
- Salz und Pfeffer
- 2 Eigelb, mit etwas kalter Brühe verrührt

1

Den Ofen auf 240 °C vorheizen. Den Hirschrücken mit gewürztem Salz und Wacholderbeeren einreiben und mit den Speckscheiben belegen. Öl und Butter in einer Bratkasserolle erhitzen. Den Braten mit dem Speck nach oben hineinlegen, die Zwiebeln daneben verteilen und den Rücken 20 Minuten im Ofen anbraten.

2

Den Rotwein und die Brühe zugießen, die Temperatur auf 175 °C reduzieren und weitere 30 Minuten braten.

3

Inzwischen die Zutaten für die Kruste gut vermischen. Oberhitze einschalten. Die Speckscheiben abnehmen (warm halten, falls sie später mitserviert werden sollen). Die Oberseite des Rückens mit der Schwarzbrotmischung dick bestreichen und 20 Minuten braun werden lassen. Den Braten herausheben und im abgeschalteten, halb geöffneten Ofen warm halten.

4

Die Sauce entfetten. Rotwein, Wildextrakt, Schwarzbrotbrösel und Zitronenschale einrühren und sämig einkochen. Orangen- und Zitronensaft sowie Cognac untermischen, mit Salz und Pfeffer abschmecken und mit den Eigelben legieren.

BEILAGEN: Kartoffelpüree oder Rösti, grüne Bohnen mit Speck oder Rotkohl, geschmorte Apfelscheiben.

HIRSCHRÜCKEN AUF ENGLISCHE ART

- 1,2 kg Hirschrücken, gehäutet
- ½ TL gewürztes Salz (Seite 26)
- 10 Wacholderbeeren, zerdrückt
- 4 dünne Scheiben frischer fetter Speck, 10 x 20 cm
- 2 EL weiche Butter für die Folie
- 2 EL zerlassene Butter zum Bepinseln, vermischt mit 1 EL Wildextrakt (Seite 24)

FÜR DIE SAUCE

- 200 ml Wildgrundbrühe (Seite 22) oder Fleischbrühe
- 1 Zwiebel, geschält, gerieben
- 1 EL Johannisbeergelee
- 2 TL scharfer Senf
- 2 EL Wildextrakt (Seite 24)
- 6 EL geriebener Saucenlebkuchen
- 4–5 EL Crème fraîche
- Salz, Pfeffer, Cayennepfeffer
- 4 EL fein gehackte Petersilie

1

Den Ofen auf 240 °C vorheizen. Den Rücken mit dem gewürzten Salz und Wacholderbeeren einreiben und mit dem Speck belegen. Ein passendes Stück Alufolie ausbreiten und bis auf einen breiten Seitenstreifen mit der Butter bestreichen. Den Rücken in die Mitte legen, in der Folie nicht zu knapp verpacken und die Ränder gut falzen, damit das Paket dicht ist. In die Fettpfanne des Ofens legen, in den Ofen schieben und 10 Minuten braten.

2

Die Temperatur auf 190 °C reduzieren und weitere 35 Minuten braten. Die Folie der Länge nach aufschneiden, den Speck neben den Braten legen und beides noch 25 Minuten bräunen lassen, dabei öfter mit Butter bepinseln.

3

In der Zwischenzeit die Sauce bereiten. In einem Topf die Brühe mit der Zwiebel, Johannisbeergelee, Senf und Extrakt zum Kochen bringen. Die Saucenlebkuchen unterrühren und sämig werden lassen. Crème fraîche unterziehen. Mit Salz, Pfeffer und Cayennepfeffer abschmecken. Die Petersilie zugeben und noch ein wenig durchkochen.

4

Den Braten noch 20 Minuten im abgeschalteten, halb geöffneten Ofen ruhen lassen. Die Bratflüssigkeit unter die Sauce rühren. Den Speck klein schneiden und mitservieren.

BEILAGEN: Kartoffelnudeln oder Yorkshire Pudding, Rotkohl und geschmorte, mit Johannisbeeren oder Preiselbeeren gefüllte Äpfel. Oder gedünstetes Gemüse und Pilze, Pommes frites und glacierte Maronen.

Hirschlende in Morchelrahmsauce

HIRSCHLENDE IN MORCHELRAHM-SAUCE

- _ 750 g ausgelöste Hirschlende, gehäutet
- _ 1 TL Salz, vermischt mit
  1 TL Pfeffer,
  2 TL edelsüßem Paprikapulver,
  etwas Thymian, Rosmarin und Zitronenmelisse sowie
  3 zerdrückten Wacholderbeeren
- _ 20 g getrocknete Morcheln
- _ 2 EL Öl
- _ 30 g Butter
- _ 1 Tasse Wildgrundbrühe (Seite 22) oder Fleischbrühe
- _ 100 ml Wildextrakt oder -essenz (Seite 23/24)
- _ 125 g Sahne

1

Den Ofen auf 230 °C vorheizen. Die Hirschlende mit der Gewürzmischung einreiben. Die Morcheln in lauwarmem Wasser einweichen.

2

In einer die Lende fassenden Kasserolle das Öl erhitzen und das Fleisch darin rundum kräftig anbraten. Die Butter zugeben und das Fleisch darin wenden. ½ Tasse Wildgrundbrühe dazugießen, aufkochen, in den Ofen schieben und die Lende 30 Minuten braten.

3

Die Temperatur auf 160 °C herunterschalten und die Lende in 40 Minuten fertig braten. Herausnehmen und warm halten.

4

Die Morcheln abseihen, dabei das Einweichwasser auffangen und durchsieben. Den Bratfond mit der restlichen Brühe lösen, aufkochen, den Wildextrakt zugießen, die Morcheln mit dem Einweichwasser dazugeben und sämig einkochen. Die Sahne einrühren und weitere 5 Minuten köcheln lassen. Abschmecken.

BEILAGEN: Brokkoli oder Bohnen, Kartoffelkroketten, vermischt mit grob gehackten Mandeln.

HIRSCHKEULE

FÜR DIE MARINADE

- _ gewürztes Salz (Seite 26)
- _ 4 Wacholderbeeren, zerdrückt
- _ 1 TL abgeriebene Zitronenschale
- _ 1 TL Sardellenpaste
- _ 4 EL Olivenöl

- _ 1 kg Hirschkeule, entbeint, gehäutet
- _ 2 EL Butter, 1 EL Öl
- _ 100 g magerer Räucherspeck, in ½ cm große Würfel geschnitten
- _ 2 große Zwiebeln, geschält, gehackt
- _ 50 ml herber Rotwein
- _ 50 ml Wildgrundbrühe (Seite 22)

FÜR DIE SAUCE

- _ 50 ml herber Rotwein
- _ 3 EL Madeira
- _ 2 EL Johannisbeergelee
- _ 3 EL Wildextrakt oder -essenz (Seite 23/24)
- _ Salz und Pfeffer

1

Die Zutaten für die Marinade vermischen. Die Keule damit einreiben und 24 Stunden einziehen lassen.

2

Den Ofen auf 110 °C vorheizen. In einer Kasserolle Butter und Öl erhitzen, den Speck zugeben und glasig werden lassen. Die Keule rundum darin anbraten. Die Hitze reduzieren. Die Zwiebeln um den Braten verteilen und unter Umrühren etwas bräunen. Rotwein und Brühe zugießen, zum Kochen bringen und die Keule zugedeckt 4 Stunden im Ofen schmoren, dabei immer wieder mit dem Fond begießen. Den Braten herausheben und im abgeschalteten, halb geöffneten Ofen 15–20 Minuten ruhen lassen.

3

Inzwischen die Sauce ein wenig entfetten. Rotwein, Madeira, Johannisbeergelee und Wildextrakt einrühren und kurz durchkochen. Mit Salz und Pfeffer abschmecken.

BEILAGEN: Nudeln oder Knödel und Rosenkohl oder Rotkohl, Apfelmus.

HIRSCHKEULE AUF SPANISCHE ART

- 1 kg Hirschkeule ohne Knochen, küchenfertig
- gewürztes Salz (Seite 26)
- je 60 g Räucherspeck und Pökelzunge, in ½ cm dicke und 3 cm lange Streifen geschnitten
- 6 EL Öl
- 2–3 Zwiebeln, geschält, fein gehackt
- 2 Knoblauchzehen, geschält, fein gehackt
- 75 ml herber Rotwein
- 2 gelbe Paprikaschoten, von Samen und Scheidewänden befreit, in Streifen geschnitten
- 300 g Champignons (oder Steinpilze), geviertelt
- 6–8 Tomaten, gehäutet, grob gewürfelt

FÜR DIE SAUCE

- 70 ml herber Rotwein
- 3 TL geriebener Meerrettich
- 4 EL Wildextrakt oder -essenz (Seite 23/24)
- 4 EL Johannisbeergelee
- 2 EL Grand Marnier
- Salz
- schwarzer Pfeffer
- Cayennepfeffer

1

Die Hirschkeule mit gewürztem Salz einreiben. Speck und Zunge in die Innenseite legen (wo einst der Knochen saß), zusammenrollen und mit Küchengarn binden.

2

Den Ofen auf 110 °C vorheizen. Das Öl in einer Kasserolle erhitzen und die Hirschkeule rundum darin anbraten. Zwiebeln und Knoblauch kurz mitbraten, den Rotwein zugießen, in den Ofen schieben. Unter häufigem Begießen mit dem Bratfond 4 Stunden braten.

3

Die Ofentemperatur auf 175 °C hochschalten. Paprika und Champignons neben dem Fleisch verteilen, im Bratfond wenden und weitere 20 Minuten braten.

4

Die Tomaten dazugeben und weich werden lassen. Den Braten herausnehmen und im abgeschalteten Ofen ruhen lassen. Das Gemüse ebenfalls herausnehmen und warm stellen.

5

Die Sauce entfetten. Rotwein, Meerrettich und Extrakt zugeben und etwas einkochen. Johannisbeergelee und den Grand Marnier unterrühren, mit Salz, Pfeffer und Cayennepfeffer abschmecken.

BEILAGE: Reis, Risotto oder Pilawreis.

HIRSCHKEULE NACH PRINZ EUGEN

- 750 g Hirschkeule ohne Knochen, küchenfertig
- 300 ml Weißweinmarinade (Seite 22)
- ½ l leicht gesalzenes Wasser
- 2 EL Essig
- Schale von ½ Zitrone
- 150 g Möhren, geschält, in 1 cm lange Stücke geschnitten
- 50 g Mandelstifte, geröstet, zum Bestreuen

FÜR DIE SAUCE

- 2 EL Butter, 2 EL Mehl
- Saft von ½ Zitrone
- 4 EL Wildextrakt oder -essenz (Seite 23/24)
- 1 Messerspitze Zucker
- 100 g Rosinen
- 1–1 ½ TL Chilipüree
- 150–200 g Sauerkirschen (aus dem Glas)

1

Das Fleisch in die Marinade legen und 48 Stunden marinieren. Herausnehmen, abtrocknen. Die Marinade durchsieben und auf die Hälfte einkochen.

2

In einem passenden Topf das Wasser mit dem Essig und der Zitronenschale zum Kochen bringen. Das Fleisch und die Möhren einlegen, aufkochen, bei reduzierter Hitze zugedeckt 80 Minuten köcheln lassen. Im Topf beiseitestellen.

3

In einer Kasserolle die Butter zerlassen, das Mehl einstreuen und unter Rühren goldbraun anschwitzen. 150 ml von der Fleischbrühe im Topf unterschlagen, die Marinade dazugießen und zu einer kräftigen Sauce einkochen. Zitronensaft, Wildextrakt und Zucker hinzufügen und aufkochen. Die Hitze reduzieren, Rosinen, Chilipüree und Sauerkirschen hineingeben.

4

Das Fleisch aus der Brühe nehmen, in die Sauce legen, mit ihr beschöpfen und zugedeckt noch 20 Minuten darin gar ziehen lassen. Die restliche Fleischbrühe auf 50 ml einkochen, durchsieben und unter die Sauce rühren. Abschmecken.

5

Das Fleisch herausnehmen und 10 Minuten warm ruhen lassen. Anschließend in Scheiben schneiden, in eine Schüssel legen, mit der Sauce übergießen und mit den gerösteten Mandelstiften bestreuen.

Hirschkeule nach Prinz Eugen

Aufgeschnittene Hirschnuss
mit Pfifferlingsauce
und Vogelbeerkompott

HIRSCHNUSS MIT PILZSAUCE UND VOGELBEERKOMPOTT

FÜR DIE MARINADE

- 700 ml herber Rotwein
- 2 EL Olivenöl
- je 100 g Zwiebel und Knollensellerie, geschält, grob gewürfelt
- je 80 g Möhre und Petersilienwurzel, geschält, grob gewürfelt
- 1 Knoblauchzehe, geschält, zerdrückt
- 2 Lorbeerblätter
- 5 Wacholderbeeren, zerdrückt
- Pfeffer

- 1,2 kg Hirschnuss
- 3 EL Öl
- 1 EL Tomatenmark
- Wildfond (Seite 22) nach Bedarf
- Salz und Pfeffer

FÜR DAS VOGELBEERKOMPOTT

- 400 g Vogelbeeren
- 200 g Äpfel, geschält, geviertelt, Kerngehäuse entfernt, in Scheiben geschnitten
- 300 g Zucker
- ein kleines Stück Zimtstange
- 2 Nelken
- 1 Prise gemahlener Ingwer

FÜR DIE SAUCE

- 20 g Butter
- 30 g Zwiebelwürfel
- 200 g Pfifferlinge, geputzt
- Salz und Pfeffer
- 125 g saure Sahne

1

Alle Zutaten für die Marinade vermischen. Das Fleisch darin wenden und über Nacht marinieren. Herausnehmen und trockentupfen. Die Marinade durchsieben und die Zutaten im Sieb aufbewahren.

2

Den Ofen auf 170 °C vorheizen. Das Öl in einer entsprechend großen Kasserolle erhitzen und das Fleisch darin rundum kräftig anbraten. Die Marinadezutaten aus dem Sieb neben dem Fleisch verteilen und kurz mitbraten. 150 ml Marinade zugießen, aufkochen, in den Ofen schieben; die restliche Marinade auf 150 ml einkochen. Nach 40 Minuten die eingekochte Marinade zugießen und weitere 40 Minuten schmoren. Das Tomatenmark einrühren und nochmals 60 Minuten schmoren, bei Bedarf etwas Wildfond nachgießen. Den Braten herausnehmen und warm halten. Die Sauce durch ein Sieb passieren, sämig einkochen, mit Salz und Pfeffer abschmecken.

3

Inzwischen die Vogelbeeren mit 100 ml Wasser aufkochen. Nach 10 Minuten die Apfelscheiben, Zucker und Gewürze hinzufügen und weiterkochen, bis die Früchte weich, aber nicht zerfallen sind. Abkühlen lassen.

4

Die Butter in einer Pfanne zerlassen und die Zwiebelwürfel darin glasig schwitzen. Die Pfifferlinge zugeben, kurz braten, salzen und pfeffern. Unter die Sauce mischen, nochmals durchwärmen und die saure Sahne unterrühren.

BEILAGE: Semmelknödel mit Speck, in Scheiben geschnitten.

HIRSCHSCHULTER AUF UNGARISCHE ART

- 1 kg Hirschschulter ohne Knochen
- 75 g Paprikaspeck, in ½ cm dicke und 3 cm lange Streifen geschnitten
- Pfeffer und Salz
- 4 EL Schweineschmalz
- 2 große Zwiebeln, geschält, fein gehackt
- 1 ½ TL edelsüßes Paprikapulver

FÜR DIE SAUCE

- 100 g Crème fraîche
- 150 ml Fleischbrühe
- 125 ml herber Rotwein
- 2 Lorbeerblätter
- 6 Wacholderbeeren, zerdrückt
- 1 EL Tomatenketchup
- 1 gehäufter EL Tomatenmark
- 2 EL Wildextrakt oder -essenz (Seite 23/24)
- Saft und abgeriebene Schale von ½ Zitrone
- schwarzer Pfeffer
- Salz

1

Den Ofen auf 100 °C vorheizen. Das Fleisch mit dem Paprikaspeck spicken, mit Pfeffer und Salz einreiben. In einer Kasserolle das Schmalz erhitzen und das Fleisch darin von allen Seiten anbraten. Die Hitze reduzieren, die Zwiebeln neben dem Braten verteilen und leicht bräunen. Paprika einstreuen und umrühren.

2

Mit Crème fraîche sowie je der Hälfte Fleischbrühe und Rotwein auffüllen, die restlichen Saucenzutaten dazugeben, umrühren und aufkochen. Einige Löffel über den Braten gießen, zudecken, in den Ofen schieben und 2 ½–3 Stunden schmoren. Nach der Hälfte der Zeit die restliche Brühe und den restlichen Rotwein zugießen.

3

Den Braten herausnehmen und im abgeschalteten, halb geöffneten Ofen 15–20 Minuten ruhen lassen. Die Sauce eventuell noch etwas einkochen, mit Pfeffer und Salz abschmecken.

HIRSCHSCHULTER CHINESISCH

FÜR DIE MARINADE

- 2 EL würzige Sojasauce
- 2 EL Öl, 1 TL Sesamöl
- 1 TL Zucker
- 1 TL Speisestärke
- 3 EL trockener Sherry

- 400 g Hirschschulter, in dünne Scheibchen geschnitten
- 4 EL Öl
- 1 Knoblauchzehe, geschält, grob gehackt
- 150 g Shiitake (Pilze) oder Champignons, geputzt, in Stücke geschnitten
- 1 Frühlingszwiebel, geputzt, in Röllchen geschnitten
- 250 g Brokkoliröschen, blanchiert, kalt abgeschreckt
- 200 g rote oder gelbe Paprikastreifen
- 100 g Zuckerschoten, geputzt, blanchiert, kalt abgeschreckt
- 1 TL fein gewürfelte Ingwerwurzel
- 1 Sternanis, zerstoßen
- 1/2 TL Sichuanpfeffer
- etwas Cayennepfeffer
- 2 EL Sesamsamen
- Korianderblättchen

1

Die Zutaten für die Marinade gut vermischen. Das Fleisch darin wenden und 2–3 Stunden marinieren, mehrmals umrühren.

2

Einen Wok stark erhitzen. 2 EL Öl hineingießen und den Knoblauch kurz anschwitzen. Pilze und Gemüse nacheinander hineingeben und pfannenrühren. Nach 2–3 Minuten herausheben und auf einem Teller beiseitestellen.

3

Das restliche Öl im Wok erhitzen, Ingwer und Sternanis einrühren. Das Fleisch hinzufügen und 2–3 Minuten pfannenrühren. Mit Sichuan- und Cayennepfeffer würzen. Die Marinade und anschließend das Gemüse untermischen. Mit Sesam bestreuen und mit Korianderblättchen garnieren.

BEILAGE: Glasnudeln oder Reis.

Hirschschulter chinesisch auf Glasnudeln

GEFÜLLTE HIRSCHBRUST 1

- 1 kg Hirschbrust ohne Knochen, küchenfertig
- 500 ml Rotweinmarinade (Seite 22)

FÜR DIE FÜLLUNG

- 100 g magerer Räucherspeck, gewiegt
- 100 g Schwarzbrotbrösel
- 1 große Zwiebel, geschält, fein gehackt
- 2 Knoblauchzehen, geschält, gehackt
- 75 g Champignons, geputzt, gehackt
- 1 Bund Petersilie, fein gehackt
- 10 g Kerbelblätter, fein gehackt
- ¾ TL Salz, ½ TL Pfeffer

- 1 EL Butter, 1 EL Öl
- 1 Zwiebel, geschält, fein gehackt
- 1 Bund Suppengrün, geputzt, gehackt
- 1 Lorbeerblatt, 3 Pfefferkörner
- ½ TL Koriandersamen, 1 Nelke
- 4 EL Madeira, 100 g Sahne

FÜR DIE SAUCE

- 1 EL Tomatenmark
- 3 EL Madeira
- 2 EL Wildextrakt oder -essenz (Seite 23/24)
- Salz und Pfeffer

1

Die Hirschbrust in die Marinade legen und 24–48 Stunden zugedeckt marinieren. Aus der Marinade nehmen und abtrocknen. Die Marinade auf 150 ml einkochen, durchsieben.

2

Die Hirschbrust mit der Innenseite nach oben ausbreiten. Die Zutaten für die Füllung vermischen und auf die Brust streichen, dabei rundum einen Rand von etwa 1 ½ cm frei lassen. Das Fleisch zusammenrollen und mit Küchengarn binden.

3

Den Ofen auf 110 °C vorheizen. In einer großen Kasserolle Butter und Öl erhitzen. Das Fleisch rundum darin anbraten. Die Zwiebel und das Suppengrün danebenlegen und ebenfalls leicht bräunen. Lorbeer, Pfefferkörner, Koriandersamen, Nelke, 100 ml Marinade, Madeira und Sahne zufügen, aufkochen. Den Braten mit der Sauce begießen, zudecken, in den Ofen schieben und 2 ½ Stunden unter häufigem Begießen schmoren. Die Brust herausnehmen und im abgeschalteten, etwas geöffneten Ofen ruhen lassen.

4

Die Sauce durchpassieren und zurück in die Kasserolle gießen. Die restliche Marinade und das Tomatenmark einrühren und sämig einkochen. Madeira und Wildextrakt unterrühren, aufkochen, mit Salz und Pfeffer abschmecken.

BEILAGE: Rohe Kartoffelklöße.

GEFÜLLTE HIRSCHBRUST 2

- 1 kg Hirschbrust ohne Knochen, küchenfertig
- 200 ml Weißweinmarinade (Seite 22)
- 3 EL zerlassene Butter
- gewürztes Salz (Seite 26)
- 2 EL Zitronensaft
- abgeriebene Schale von ½ Zitrone
- ½ TL Ingwerpulver

FÜR DIE FÜLLUNG

- 125 g Reis, knapp gar gekocht
- 100 g geräucherter Schinkenspeck, gewiegt
- 1 Ei, 1 TL Sichuanpfeffer
- 3 Wacholderbeeren, zerdrückt
- ½ Sellerieknolle, geschält, fein gehackt
- 1 Bund Petersilie, fein gehackt
- 2 EL fein gehackter Dill
- ½ TL Salz
- (75 g Walnusskerne, grob gehackt, nach Belieben)
- 30 g Butter, 2 EL Öl
- 1 Zwiebel, geschält, fein gehackt
- 1 Bund Suppengrün, geputzt, fein gehackt
- ½ Sellerieknolle, geschält, gehackt
- 50 ml heiße Wildgrundbrühe (Seite 22) oder Fleischbrühe

FÜR DIE SAUCE

- 100 ml trockener Weißwein
- 3 EL Wildextrakt oder -essenz (Seite 23/24)
- 3–4 EL Sahne
- Salz und Pfeffer

1

Die Hirschbrust in die Marinade legen und zugedeckt 24 Stunden marinieren, zwischendurch wenden. Aus der Marinade nehmen und abtrocknen. Die Marinade durchsieben und auf 100 ml einkochen.

2

Die Hirschbrust mit der Innenseite nach oben ausbreiten, mit der Butter bepinseln und mit gewürztem Salz, Zitronensaft und -schale und Ingwer einreiben. Die Zutaten für die Füllung gut mischen und auf dem Fleisch verteilen, dabei rundum einen etwa 1 cm breiten Rand frei lassen. Das Fleisch zusammenrollen und mit Küchengarn binden.

3

Den Ofen auf 195 °C vorheizen. Butter und Öl in einer großen Kasserolle erhitzen, die gerollte Brust darin rundum anbraten. Das Gemüse daneben verteilen, in dem Fett wenden und kurz bräunen. In den Ofen schieben und unter häufigem Begießen mit dem Bratfett in 35 Minuten goldbraun braten.

4

Den Braten mit der heißen Marinade begießen, die Brühe zugeben und zugedeckt 60–65 Minuten schmoren. Die Brust herausnehmen und im abgeschalteten, etwas geöffneten Ofen ruhen lassen.

5

Die Sauce entfetten, durch ein feines Sieb passieren und zurück in die Kasserolle gießen. Den Weißwein, Extrakt und die Sahne unterrühren, sämig einkochen, mit Salz und Pfeffer abschmecken.

HIRSCHFILET MIT SPECK

- 1 kleines Hirschfilet von der Unterseite des Rückens (250–300 g), küchenfertig
- gewürztes Salz (Seite 26)
- 6 Wacholderbeeren, zerdrückt
- 2 Scheiben frischer fetter Speck, 10 x 20 cm
- 1 EL Öl
- 1 EL Butter

FÜR DIE SAUCE

- 100 ml herber Rotwein
- 1–2 EL Wildextrakt oder -essenz (Seite 23/24)
- 2–3 EL Crème fraîche
- gewürztes Salz (Seite 26)

1

Das Filet mit gewürztem Salz und Wacholderbeeren einreiben. Mit dem Speck umwickeln und an drei Stellen mit Küchengarn binden.

2

In einer Kasserolle das Öl und die Butter erhitzen und das Filet von allen Seiten anbraten. Die Hitze reduzieren und das Filet unter öfterem Wenden 20 Minuten braten. Den Speck abnehmen, neben den Braten legen, das Filet weitere 8 Minuten auf jeder Seite bräunen. Speck und Fleisch herausnehmen und warm halten.

3

Den Bratsatz entfetten, mit dem Rotwein ablöschen und auf ein Drittel einkochen. Den Extrakt und Crème fraîche einrühren, mit gewürztem Salz abschmecken und nochmals kurz durchkochen.

4

Das Filet in Scheiben, den Speck in kleine Streifen schneiden und um das Filet legen. Die Sauce getrennt servieren.

BEILAGE: Pfirsichhälften, in Butter gebraten, mit Johannisbeergelee gefüllt, oder Birnen, in Blätterteig gebacken.

HIRSCHFILET IM TEIGMANTEL

- 3 EL Butter, 3 EL Öl
- 1 kg Hirschfilet, küchenfertig
- 10 Wacholderbeeren, zerdrückt
- 40 g magerer Räucherspeck, fein gehackt
- 1/2 Zwiebel, geschält, ganz fein gehackt
- 2 EL fein gehackte Petersilie
- 1/2 TL fein gehackter Salbei
- Salz und Pfeffer
- 500 g Mürbeteig (Seite 28) oder Tiefkühlblätterteig
- 1 Eigelb, mit 1/2 TL Wasser verschlagen

1

Den Ofen auf 175 °C vorheizen. Butter und Öl in einer Kasserolle erhitzen und das Filet von allen Seiten darin anbraten. In den Ofen schieben und 15 Minuten braten. Herausnehmen und abkühlen lassen.

2

Den Ofen auf 220 °C hochschalten. Wacholderbeeren, Speck, Zwiebel, Petersilie, Salbei, Salz und Pfeffer vermischen und das Filet damit einstreichen.

3

Die Hälfte des Teiges zu einem Rechteck ausrollen, das Filet in die Mitte legen, den Teigrand 3 cm breit mit Eigelb bestreichen. Den restlichen Teig zu einem etwas größeren Rechteck ausrollen, über das Filet legen, die Ränder zusammendrücken, nach oben etwas umschlagen und wieder zusammendrücken. In die Oberfläche ein Muster einritzen. Oder mit Teigresten verzieren und mit dem restlichen Eigelb bestreichen. In die Mitte Löcher schneiden, damit der Dampf entweichen kann.

4

Für Mürbeteig das Backblech fetten, für Blätterteig mit kaltem Wasser abspülen. Das Filet auf das Blech legen und 35 Minuten im Ofen backen. Bis zum Anschneiden 10 Minuten ruhen lassen.

BEILAGEN: Geschmorte Feigen, Salat, Cumberlandsauce.

HIRSCHFILETS IN ALUFOLIE

- 4 EL Olivenöl
- 2 EL Zitronensaft, Pfeffer
- 1/2 TL gemahlener Koriander
- 4 dicke Hirschfiletscheiben
- 1 EL Butter für die Folie
- 4 dünne Scheiben magerer Räucherspeck, 3 x 15 cm
- 4 Apfelscheiben, 1 cm dick, geschält, Kerngehäuse ausgestochen
- 4 Scheiben Emmentaler in der Größe der Filets
- Salz

1

Olivenöl, Zitronensaft, Pfeffer und Koriander vermischen, die Filets darin wenden und 1–2 Stunden marinieren.

2

Den Ofen auf 240 °C Oberhitze vorheizen. Ein Stück Alufolie von 30 × 30 cm Größe innen mit Butter bestreichen und in die Mitte nebeneinander 2 der Speckscheiben legen. Hierauf der Reihe nach die Filet-, Apfel- und Käsescheiben legen, mit etwas Salz bestreuen, mit den restlichen Speckscheiben bedecken und die Folie zu einem lockeren Paket zusammenfalten. Es soll vollständig dicht sein.

3

Das Paket auf den Bratrost legen und in den Ofen schieben. Die Temperatur auf 200 °C reduzieren und die Filets in 15–20 Minuten garen. Die letzten 5 Minuten kann die Folie vorsichtig (damit der Saft nicht ausläuft) oben aufgeschnitten und der Inhalt noch 5 Minuten gebräunt werden.

BEILAGEN: Kartoffelpüree, Gemüse.

Hirschfilet
im Teigmantel

HIRSCHFILETS HUBERTUS

- _ 4 fingerdicke Scheiben Hirschfilet, schräg geschnitten
- _ 2 EL Zitronensaft
- _ Pfeffer
- _ 4 EL Olivenöl
- _ 5 EL Butter, 4 EL Öl
- _ 4 Scheiben Weißbrot, 1 cm dick, entrindet
- _ 4 Eier, Salz
- _ 4 dünne Scheiben magerer geräucherter Schinken
- _ etwas Pfeffer, 1/8 TL Currypulver
- _ 8 Sardellen, 1 Stunde gewässert, trockengetupft

1

Die Filets etwas flach drücken, wieder in Form bringen und einige Stunden in einer Mischung aus dem Zitronensaft, Pfeffer und Olivenöl marinieren.

2

Je 2 EL Butter und Öl in einer Pfanne erhitzen und die Filets darin von beiden Seiten je 1 Minute anbraten. Die Hitze stark reduzieren und weitere 4 Minuten auf jeder Seite braten.

3

Gleichzeitig in einer zweiten Pfanne die restliche Butter erhitzen, die Weißbrotscheiben darin goldbraun braten und auf eine Platte legen.

4

Die restlichen 2 EL Öl in der Pfanne erhitzen, die Eier nebeneinander hineinschlagen, ganz wenig salzen und braten, bis sie gestockt sind.

5

Das Bratfett der Filets über die Weißbrotscheiben gießen, je 1 Scheibe Schinken und dann die Filets darauflegen, mit Pfeffer und Curry bestreuen und mit je 1 Spiegelei, das mit einem Sardellenkreuz garniert wird, bedecken.

HIRSCHMEDAILLONS MIT PFLAUMEN

- _ 4 Hirschmedaillons, 2–3 cm dick
- _ Salz und schwarzer Pfeffer
- _ 4 EL Olivenöl
- _ 15 getrocknete Pflaumen
- _ 125 ml herber Rotwein
- _ 4 EL Mehl
- _ 2 EL Butter, 3 EL Öl
- _ 4 EL Wildextrakt (Seite 24)
- _ 1 Lorbeerblatt
- _ 2 EL Zitronensaft
- _ 1/4 TL Thymian
- _ 1/4 TL fein gehackter Rosmarin
- _ 1/2 TL Zucker

1

Die Medaillons mit der Hand etwas flach drücken, auf beiden Seiten mit Salz und Pfeffer bestreuen und im Olivenöl wenden. 2 Stunden einziehen lassen. Inzwischen die Pflaumen in 100 ml Rotwein einweichen.

2

Die Medaillons in dem Mehl wenden, überschüssiges Mehl abschütteln. In einer Pfanne Butter und Öl erhitzen und die Medaillons von beiden Seiten braun anbraten. Mit dem restlichen Rotwein ablöschen. Die übrigen Zutaten einschließlich der Pflaumen samt Rotwein und etwas Pfeffer dazugeben und bei niedriger Hitze 7 Minuten schmoren. Mit Salz und Pfeffer abschmecken.

BEILAGEN: Kartoffelpüree, mit gerösteten Mandelblättchen bestreut, oder Herzoginkartoffeln.

HIRSCHMEDAILLONS MIT CRANBERRY-SAUCE

FÜR DIE SAUCE

- _ 2–3 EL Olivenöl
- _ 1 Zwiebel, geschält, gewürfelt
- _ 80 g Bleichsellerie, geputzt, gewürfelt
- _ 1 Lorbeerblatt
- _ 10 Wacholderbeeren
- _ 10 weiße Pfefferkörner
- _ 100 ml herber Rotwein
- _ 2 EL Portwein
- _ 100 g Cranberries (ersatzweise Preiselbeeren)
- _ 1/2 l Wildfond (Seite 22)
- _ 2 EL Crème fraîche
- _ 1 EL Butter
- _ etwas Rotweinessig
- _ Salz und Pfeffer

FÜR DIE SELLERIESTREIFCHEN

- _ 150 g Knollensellerie, geschält, in feine Streifchen geschnitten
- _ Salz und weißer Pfeffer
- _ etwas Zitronensaft
- _ 2 EL Crème fraîche

- _ 8 kleine Hirschmedaillons, 2–3 cm dick
- _ Salz und Pfeffer
- _ 6 Wacholderbeeren, zerdrückt
- _ 1 EL Butter, 1 EL Öl

1

Das Olivenöl in einem Topf erhitzen, Zwiebel und Sellerie darin anschwitzen. Lorbeerblatt, Wacholderbeeren und Pfefferkörner zugeben, mit dem Rotwein und Portwein ablöschen. Ein Drittel der Cranberries untermischen, den Wildfond dazugießen, 40 Minuten köcheln lassen. Die Sauce durch ein Sieb passieren, sämig einkochen. Crème fraîche und Butter einrühren, mit dem Essig, Salz und Pfeffer abschmecken, aufschlagen. Die restlichen Cranberries zugeben.

2

Inzwischen die Selleriestreifchen in Salz, Pfeffer und Zitronensaft marinieren. Kurz vor dem Anrichten Crème fraîche untermischen.

3

Den Ofen auf 200 °C vorheizen. Die Medaillons etwas flach drücken, wieder in Form bringen und mit Salz, Pfeffer und Wacholderbeeren würzen. Butter und Öl in einer Pfanne erhitzen und das Fleisch darin auf beiden Seiten kurz anbraten. In den Ofen schieben und in 3–5 Minuten fertig braten. Anrichten, mit der Sauce überziehen, die Selleriestreifchen danebenhäufen.

BEILAGE: Kleine Pfannkuchen oder Crêpes, mit Preiselbeeren gefüllt.

HIRSCHSTEAKS

- **4 Hirschsteaks aus der Oberschale oder Nuss, 2 cm dick**
- **½ TL Pfeffer**
- **1 TL gemahlener Koriander**
- **8 Wacholderbeeren, zerdrückt**
- **1 EL Gin**
- **4 EL Olivenöl**
- **2 EL Öl, 2 EL Butter**

FÜR DIE SAUCE

- **4 EL Madeira**
- **4 EL Wildextrakt oder -essenz (Seite 23/24)**
- **Pfeffer und Salz**

1

Die Steaks von beiden Seiten mit Pfeffer, Koriander und Wacholderbeeren einreiben, den Gin und das Olivenöl darüberträufeln und in dem Olivenöl wenden. 2 Stunden marinieren.

2

Öl und Butter in einer Pfanne erhitzen und die Steaks darin auf jeder Seite 1 Minute anbraten. Die Hitze reduzieren und die Steaks weitere 4 Minuten auf jeder Seite braten. Herausnehmen und warm halten.

3

Den Bratsatz mit dem Madeira ablöschen und losschaben. Den Wildextrakt zugeben, aufkochen, mit Salz und Pfeffer abschmecken. Die Sauce über die Steaks gießen.

BEILAGEN: Pochierte Pfirsich- oder Birnenhälften, mit Preiselbeeren oder Johannisbeerkonfitüre gefüllt, Rotkohl oder in Butter gedünstetes Gemüse.

GEGRILLTE HIRSCHSTEAKS

- **12 kleine Hirschsteaks aus der Oberschale oder Nuss, 2–3 cm dick**
- **Salz**

FÜR DIE MARINADE

- **2 Knoblauchzehen, geschält, gehackt**
- **1 rote Chilischote, Samen und Scheidewände entfernt, gehackt**
- **8 kleine Salbeiblätter, in Streifen geschnitten**
- **1 TL gehackter Rosmarin**
- **1 TL gehackter Thymian**
- **Salz und Pfeffer**
- **1 EL Honig**
- **8–10 EL Öl**

FÜR DAS GEMÜSE

- **300 g grüne, gelbe und rote Paprikaschoten, Samen und Scheidewände entfernt, in große Stücke geschnitten**
- **2 kleine Zwiebeln, geschält, halbiert**
- **4 Kirschtomaten, halbiert**

FÜR DIE SAUCE

- **Bei Bedarf etwas Wildfond (Seite 22)**
- **75 g weiße Zwiebel, geschält, gewürfelt**
- **1 Knoblauchzehe, geschält, gewürfelt**

1

Alle Zutaten für die Marinade gründlich vermischen. Die Steaks in eine flache Form legen, mit der Hälfte der Marinade übergießen, darin wenden und 30 Minuten durchziehen lassen.

2

Das Gemüse in eine zweite Form legen, in der restlichen Marinade wenden und durchziehen lassen.

3

Den Ofengrill vorheizen oder im Holzkohlengrill eine ausreichende Glut vorbereiten. Die Steaks aus der Marinade nehmen, leicht salzen und auf jeder Seite 2 Minuten grillen. Das Gemüse – Innenseiten beziehungsweise Schnittflächen nach unten – danebenlegen und 2 Minuten mitgrillen, zwischendurch mit der Marinade bestreichen.

4

Inzwischen die verbliebene Marinade in einer Pfanne erhitzen, bei Bedarf etwas Wildfond dazugießen, Zwiebeln und Knoblauch darin weich dünsten. Die angerichteten Steaks und Gemüsestücke damit beträufeln.

HIRSCHSTEAKS IN LEBERPÜREESAUCE

- 4 Hirschsteaks aus der Nuss
- 2 TL fein gehackter Thymian
- Pfeffer
- 2 EL Olivenöl
- 2 EL Butter, 2 EL Öl

FÜR DIE SAUCE

- 100 g Wild- oder Kalbsleber, gehäutet, und 150 g Champignons, geputzt, zusammen in der Küchenmaschine püriert
- 60 ml herber Rotwein
- 4 EL Wildextrakt (Seite 24)
- 2 EL Zitronensaft
- 1/4 TL Zucker
- 2 EL Kapern (oder Gewürzgurken, klein gehackt)
- 1/2 TL Majoran
- 1/4 TL gemahlener Koriander
- 4 EL Crème fraîche
- Salz und Pfeffer

1

Die Steaks mit der Hand etwas flach drücken, auf beiden Seiten mit Thymian und Pfeffer bestreuen, leicht einklopfen und mit dem Olivenöl bestreichen. 2 Stunden marinieren.

2

Butter und Öl in einer Pfanne erhitzen und die Steaks auf jeder Seite 2 Minuten anbraten. Die Hitze reduzieren und weitere 3 Minuten auf jeder Seite braten. Herausnehmen und warm halten.

3

Die Temperatur wieder höher stellen. Sobald die Pfanne erneut heiß ist, die Leber-Pilz-Mischung unter Rühren anbraten. Die übrigen Saucenzutaten dazugeben, kurz durchkochen, abschmecken. Auf kleine Hitze schalten und die Steaks noch 3 Minuten in der Sauce ziehen lassen.

HIRSCHSTEAKS MIT PILZEN IN SAHNE-SAUCE

- 4 Hirschsteaks aus der Nuss
- Pfeffer
- 1 TL edelsüßes Paprikapulver
- 2 EL Zitronensaft
- 2 EL Olivenöl
- 2 EL Butter, 2 EL Öl

FÜR DIE SAUCE

- 2 EL Butter, 1 EL Öl
- 1 EL geriebene Zwiebel
- 250 g Champignons, Steinpilze, Morcheln oder andere Waldpilze, blättrig geschnitten
- 1 EL fein gehackte Petersilie
- 60 ml trockener Weißwein
- 2 EL Wildextrakt oder -essenz (Seite 23/24)
- 2 EL Crème fraîche
- Pfeffer und Salz

1

Die Steaks von beiden Seiten mit Pfeffer und Paprika einreiben. Zitronensaft und Olivenöl auf einem Teller vermischen, die Steaks darin wenden und 2 Stunden durchziehen lassen.

2

Butter und Öl in einer Pfanne erhitzen und die Steaks bei Mittelhitze von beiden Seiten je 2 Minuten braten. Die Hitze reduzieren und die Steaks weitere 3 Minuten auf jeder Seite braten. Herausnehmen und warm halten.

3

Für die Sauce das Fett aus der Pfanne weggießen. Butter und Öl in der Pfanne erhitzen, Zwiebel und Champignons darin leicht bräunen, die Petersilie zugeben und 5 Minuten dünsten. Den Weißwein und Wildextrakt zugießen, etwas einkochen und die Crème fraîche unterrühren. Mit Salz und Pfeffer abschmecken. Die Steaks noch kurz in der Sauce ziehen lassen.

BEILAGEN: Nudeln, pochierte Birnen, Maronenpüree.

HIRSCHSTEAKS IN SARDELLENSAUCE

- 4 Hirschsteaks aus der Nuss, 2 cm dick
- 8 Wacholderbeeren, zerdrückt
- Pfeffer
- 3 EL Olivenöl
- 2 EL Butter, 2 EL Öl

FÜR DIE SAUCE

- 1 TL Sardellenpaste
- 4 gehäufte EL geriebener Saucenlebkuchen
- 2 EL geriebene Zwiebel
- 100 ml herber Rotwein
- 2 EL Johannisbeergelee
- 1 Messerspitze Nelkenpfeffer
- 4 EL Wildextrakt oder -essenz (Seite 23/24)
- Pfeffer und Salz

1

Die Steaks mit den Wacholderbeeren, Pfeffer und Olivenöl auf beiden Seiten einreiben und 2–4 Stunden durchziehen lassen.

2

Butter und Öl in einer Pfanne bei mittlerer Hitze heiß werden lassen und die Steaks darin von beiden Seiten kurz anbraten. Auf einen heißen Teller legen und warm halten.

3

Alle Saucenzutaten in die Pfanne geben, gut verrühren und kurz durchkochen, abschmecken. Die Steaks hineinlegen und bei niedriger Hitze in 8 Minuten in der Sauce fertig garen.

BEILAGE: Makkaroni, vermischt mit Parmesan.

Hirschsteaks mit Pilzen in Sahnesoße

HIRSCHSTEAKS MIT PAPRIKAGEMÜSE

FÜR DAS PAPRIKAGEMÜSE

- _ 2 EL Öl
- _ 75 g magerer Räucherspeck, in ½ cm große Würfel geschnitten
- _ je 1 gelbe, rote und grüne Paprikaschote, von Samen und Scheidewänden befreit, in schmale Streifen oder Rauten geschnitten
- _ 2 große Zwiebeln, geschält, in Scheiben geschnitten
- _ 1 Knoblauchzehe, geschält und fein gehackt
- _ 3 EL Butter, 3 EL Öl
- _ 4 Hirschsteaks aus der Oberschale oder Nuss, mit der Hand etwas flach gedrückt
- _ Salz und Pfeffer
- _ 3 EL fein gehackte Petersilie

1

Das Öl in einer Pfanne erhitzen und den Speck darin auslassen. Paprika, Zwiebeln und Knoblauch zugeben und unter Rühren anschwitzen. Die Hitze reduzieren und das Gemüse 7 Minuten in der offenen Pfanne dünsten, dabei mehrmals wenden. Beiseitestellen und warm halten. Die Pfanne nicht ganz zudecken, da die Paprikastreifen sonst weich werden.

2

In einer zweiten Pfanne Butter und Öl erhitzen und die Steaks darin auf beiden Seiten je 2 Minuten anbraten. Die Hitze reduzieren und weitere 3 Minuten auf jeder Seite braten. Salzen und pfeffern, auf einer vorgewärmten Platte anrichten, mit dem Gemüse garnieren und mit Petersilie bestreuen.

HIRSCHROULADEN MIT WILDFARCE

- _ 200 g rohe Wildfarce (Seite 26)
- _ 4 dünne, große Scheiben Hirschfleisch aus der Oberschale oder Brust
- _ Salz und Pfeffer
- _ 1 TL Koriandersamen, zerstoßen und mit 2 EL gehacktem Estragon, 4 EL gehackter Petersilie und 1 EL gehacktem Kerbel vermischt
- _ 8 Scheiben durchwachsener Speck
- _ 2 EL Öl, 2 EL Butter
- _ 2 Zwiebeln, geschält, fein gehackt
- _ 100 ml Fleischbrühe
- _ 100 ml herber Rotwein

FÜR DIE SAUCE

- _ 6 EL gehackte grüne Oliven
- _ 5 EL Madeira
- _ 125 g saure Sahne
- _ 2 EL gehackte Petersilie

1

Die Wildfarce zubereiten.

2

Das Fleisch leicht klopfen. Mit Salz, Pfeffer und der Kräutermischung bestreuen und mit der Farce bestreichen. Zusammenrollen, mit den Speckscheiben umwickeln und mit Küchengarn festbinden.

3

Öl und Butter in einer Kasserolle erhitzen und die Rouladen rundum darin anbraten. Die Zwiebeln einstreuen, hellbraun werden lassen, dann die Brühe und den Rotwein zugießen und aufkochen. Die Hitze reduzieren und die Rouladen 45 Minuten zugedeckt schmoren. Anschließend ohne Deckel noch 15 Minuten bräunen lassen. Herausheben und warm halten.

4

Oliven und Madeira in die Sauce geben, abschmecken und kurz durchkochen. Die saure Sahne einrühren, erhitzen, die Rouladen einlegen und noch 5 Minuten durchziehen lassen. Mit der Petersilie bestreuen.

VARIATIONEN

- Es kann auch ein Stück Bauchlappen verwendet werden, um eine große Roulade herzustellen. Die Garzeit beträgt dann 70–90 Minuten.
- Für die Sauce: Statt der gehackten Oliven gehackte Kapern oder gehackte Essiggurken oder in Stücke geschnittene Pilze verwenden.

HIRSCHGULASCH MIT KRAUT

- 750 g Hirschfleisch von Hals oder Bauchlappen, Knochen, Haut und Sehnen entfernt, in Würfel geschnitten
- 200 ml Rotweinmarinade (Seite 22)
- 30 g Schmalz
- 150 g magerer Räucherspeck, in 1/2 cm große Würfel geschnitten
- 2 Zwiebeln, geschält, gehackt
- 5 Knoblauchzehen, geschält, gehackt
- 1 EL edelsüßes Paprikapulver
- 250 ml Fleischbrühe
- 2 Möhren, geschält, in 1 cm lange Stücke geschnitten
- 1/2 TL Kümmel, 1/2 TL Pfeffer
- 500 g Sauerkraut
- 4 Kartoffeln, geschält, in Würfel geschnitten
- 10 Tomaten, gehäutet, grob gehackt
- 1 EL fein gehackte Petersilie
- Salz und Pfeffer, Cayennepfeffer, Zucker
- 150 g Crème fraîche

1

Das Hirschfleisch für 12 Stunden in die Rotweinmarinade legen, zwischendurch wenden. Herausnehmen, trockentupfen. Die Marinade durchsieben.

2

Das Schmalz in einer Kasserolle erhitzen, Speck, Zwiebeln und 1 gehackte Knoblauchzehe darin anschwitzen. Die Fleischwürfel zugeben und rundum anbraten. Mit Paprika bestreuen, umrühren, die Marinade und die Fleischbrühe zugießen. Möhren, Kümmel, den restlichen Knoblauch und Pfeffer untermischen und aufkochen. Die Hitze reduzieren und zugedeckt 30 Minuten schmoren.

3

Sauerkraut, Kartoffeln und Tomaten zugeben und weitere 20 Minuten schmoren. Die Petersilie einstreuen, mit Salz, Pfeffer, Cayennepfeffer und Zucker scharf abschmecken. Crème fraîche unterziehen.

HIRSCHRAGOUT MIT GRÜNEN ERBSEN

- 750 g Hirschfleisch von Hals oder Schulter, Knochen, Haut und Sehnen entfernt, in 2 cm große Würfel geschnitten
- 250 ml Rotweinmarinade (Seite 22)
- 5 EL Mehl
- 60 g Butter, 2 EL Öl
- 100 g magerer Räucherspeck, in 1/2 cm große Würfel geschnitten
- 2 große Zwiebeln, geschält, in dünne Scheiben geschnitten
- 100 ml Fleischbrühe
- 1 1/2 EL Zitronensaft
- abgeriebene Schale von 1/2 Zitrone
- Pfeffer
- 5 EL fein gehackte Petersilie
- 400 g saure Sahne
- 3 EL Wildextrakt (Seite 24)
- 250 g grüne Erbsen
- 375 g Champignons oder andere Pilze, geputzt, in Scheiben geschnitten
- 2 1/2 TL scharfer Senf
- Salz

1

Das Fleisch für 12 Stunden in die Rotweinmarinade legen. Herausnehmen, trockentupfen und in dem Mehl wenden. Die Marinade durchsieben.

2

In einer Kasserolle 10 g Butter zerlassen, Speck und Zwiebeln darin anschwitzen. Herausheben und beiseitestellen. Die Temperatur erhöhen, 20 g Butter und das Öl in der Kasserolle erhitzen und die Fleischwürfel darin rundum anbraten. Speck und Zwiebeln wieder zugeben, mit der Marinade und der Fleischbrühe aufgießen. Zitronensaft und Zitronenschale, Pfeffer, 3 EL Petersilie und die saure Sahne unterrühren und aufkochen. Die Hitze reduzieren und das Fleisch zugedeckt 40 Minuten schmoren.

3

Den Extrakt einrühren, die Erbsen und Champignons untermischen und weitere 10 Minuten schmoren. Mit Senf, Pfeffer und Salz abschmecken und mit der restlichen Petersilie bestreuen.

VARIATION

Anstelle der Erbsen gehäutete und in Würfel geschnittene Tomaten sowie gelbe, rote oder grüne Paprikaschoten, von Stielansatz, Samen und Scheidewänden befreit, in Rauten geschnitten und in Butter oder Öl kurz angebraten, zugeben. Oder einige weich gekochte Kastanien hinzufügen.

STEIRISCHES HIRSCHFLEISCH

- 1 kg Hirschfleisch von der Brust
- 300 ml Weißweinmarinade (Seite 22)
- 300 g Zwiebeln, geschält, in dünne Scheiben geschnitten
- 200 g Möhren, geschält, in dünne Scheiben gehobelt
- 200 g Lauch, in dünne Scheiben geschnitten
- 70 g Staudensellerie, in feine Scheibchen geschnitten
- 1 Bund Petersilie, fein gehackt
- 1 große Knoblauchzehe, geschält, fein gehackt
- je 1 TL Thymian und Majoran
- 2 Lorbeerblätter
- 1 TL Salz, ½ TL Pfeffer
- 200 ml Fleischbrühe
- 3–4 Kartoffeln, geschält, in kleine Würfel geschnitten
- ½ TL Zucker
- 4 EL fein gehackte Petersilie

1

Das Fleisch für 12 Stunden in die Marinade legen. Herausnehmen, trockentupfen und in schmale Streifen schneiden. Die Marinade durchsieben.

2

Das Fleisch, sämtliches Gemüse und die Kräuter in einen Topf legen und mit Salz und Pfeffer bestreuen. Fleischbrühe und Marinade zugießen, zum Kochen bringen. Die Hitze reduzieren, den Deckel auflegen und 1 Stunde köcheln lassen.

3

Die Kartoffeln untermischen und weiterköcheln, bis sie weich sind. Mit Zucker, Pfeffer und Salz abschmecken und mit Petersilie bestreuen.

HIRSCHRAGOUT MIT GEMÜSE

- 2 EL Öl
- 4 Wacholderbeeren, zerdrückt
- 6 Pfefferkörner
- 1 Gewürznelke
- 800 g Hirschfleisch aus der Keule, in 3 cm große Würfel geschnitten
- 100 g durchwachsener Räucherspeck, in kleine Würfel geschnitten
- 1 mittelgroße Zwiebel, geschält, grob gehackt
- 60 g Staudensellerie, geputzt, in 1 cm dicke Scheiben geschnitten
- 1 TL Tomatenmark
- 1 EL Mehl
- etwa 200 ml herber Rotwein
- 1 l Wildfond (Seite 22)
- 1 Lorbeerblatt

FÜR DAS GEMÜSE

- 80 g Möhren, geputzt, in dünne Scheiben geschnitten
- 100 g rote Paprikaschoten, von Samen und Scheidewänden befreit, in kleine Stücke geschnitten
- 100 g Wirsing, in kleine Quadrate geschnitten, blanchiert
- 10 g Butter
- 150 g Pfifferlinge und Steinpilze, geputzt, klein geschnitten
- Salz und Pfeffer
- 1 EL gehackte Kräuter (Petersilie, Thymian)

1

Das Öl in einem großen Topf erhitzen. Wacholderbeeren, Pfefferkörner und Nelke zufügen und bei mittlerer Hitze ihr Aroma abgeben lassen. Nach 2 Minuten die Temperatur erhöhen, das Fleisch einlegen und rundum scharf anbraten. Den Speck kurz mitbraten. Beides aus dem Topf nehmen.

2

Zunächst die Zwiebel, dann den Sellerie in den Topf geben und in dem verbliebenen Fett anschwitzen. Das Tomatenmark einrühren und kurz angehen lassen. Mit dem Mehl bestauben, mit einem Drittel des Rotweins ablöschen und vollständig einkochen. Den restlichen Rotwein in zwei Portionen zugießen und unter Rühren ganz einkochen. Mit dem Wildfond aufgießen. Das Fleisch, die Hälfte des Specks sowie das Lorbeerblatt dazugeben und bei reduzierter Hitze 40 Minuten köcheln lassen. Das Fleisch mit einer Fleischgabel herausnehmen und beiseitestellen.

3

Die Sauce durch ein Sieb in einen sauberen Topf ablaufen lassen, das Fleisch mit dem restlichen Speck wieder einlegen. Möhren, Paprikaschoten und Wirsing hinzufügen und weitere 15–20 Minuten köcheln lassen.

4

Die Butter in einer Pfanne zerlassen und die Pilze darin kurz anbraten, salzen und pfeffern. Zum Fleisch geben und das Ragout nochmals abschmecken. Mit den Kräutern bestreuen.

BEILAGE: Rösti.

GESCHMORTE HIRSCHLEBER

- 3 EL Butter, 2 EL Öl
- 500 g Hirschleber, gehäutet, in 1 ½ cm große Würfel geschnitten
- 2 Zwiebeln, geschält, in feine Scheiben geschnitten
- 1 Knoblauchzehe, geschält, sehr fein gehackt
- 1 gestrichener EL Mehl
- ¼ TL Pfeffer
- 4 EL fein gehackte Petersilie
- 400 ml heiße Fleischbrühe
- 1 EL Essig
- 3 EL trockener Sherry
- 3–4 TL scharfer Senf
- Salz
- Cayennepfeffer

1

Butter und Öl in einer Pfanne erhitzen und die Leber mit den Zwiebeln und dem Knoblauch schnell rundum anbraten. Mit dem Mehl bestauben und unter Rühren ein wenig bräunen. Pfeffer und Petersilie einstreuen und die Fleischbrühe zugießen. Die Hitze etwas reduzieren und das Ganze unter Rühren zum Kochen bringen. Bei reduzierter Hitze 5 Minuten schmoren.

2

Den Essig, Sherry und den Senf unterrühren, noch einmal kurz aufkochen und beiseitestellen. Mit Salz, Pfeffer und Cayennepfeffer würzig abschmecken.

Hirschragout mit Gemüse und Rösti

GESCHNETZELTE HIRSCHLEBER

- 4 EL Butter
- 500 g Hirschleber, gehäutet, in schmale Scheibchen oder Streifen geschnitten
- 1/4 TL Pfeffer
- 2 TL Rosenpaprika
- 60 g durchwachsener Räucherspeck, in kleine, dünne Scheiben geschnitten
- 8 EL fein gehackte Petersilie
- Salz
- 1 Zitrone, in Scheiben geschnitten

1

Die Butter in einer Pfanne zerlassen und die Leber darin braun anbraten, mit Pfeffer und Paprika bestreuen. Herausnehmen und warm halten.

2

Den Speck in derselben Pfanne beidseitig bräunen, die Petersilie darüberstreuen, die Leber wieder einlegen, umrühren. Den Herd ausschalten und die Leber noch etwa 4 Minuten ziehen lassen. Mit wenig Salz abschmecken und sofort mit den Zitronenscheiben servieren.

BEILAGE: Kartoffelpüree.

HIRSCHLEBER AUF ÖSTERREICHISCHE ART

- 3 EL Butter, 2 EL Öl
- 500 g Hirschleber, gehäutet, in kleine, etwa 7 mm dicke Scheiben geschnitten
- 1 Knoblauchzehe, fein gehackt
- 2 Lorbeerblätter
- 10–12 Salbeiblätter, fein gehackt
- 6 EL fein gehackte Petersilie
- 4 EL Cognac

FÜR DIE SAUCE

- 200 ml herber Rotwein
- 2–3 TL Sardellenpaste
- 2 EL Zitronensaft, Pfeffer und Salz

1

Butter und Öl in einer Pfanne erhitzen und die Leber mit dem Knoblauch darin von beiden Seiten anbraten. Die Hitze reduzieren. Lorbeerblätter, Salbei und Petersilie zugeben und 5 Minuten weiterbraten. Mit dem Cognac ablöschen. Die Leber auf einen vorgewärmten Teller legen und warm halten.

2

Den Rotwein in die Pfanne gießen und den Bratsatz losschaben. Die Sardellenpaste unterrühren und auf etwa die Hälfte einkochen. Mit dem Zitronensaft und Pfeffer abschmecken. Die Leber wieder einlegen und noch 2–3 Minuten in der Sauce durchziehen lassen (nicht mehr kochen!). Noch etwas salzen und sofort servieren.

HIRSCHLEBERBRATEN MIT KIRSCHSAUCE

- 1 kg Hirschleber im Stück, gehäutet
- Pfeffer
- 125 g magerer Räucherspeck, in dünne Scheiben geschnitten
- 2 große, säuerliche Äpfel, geschält, geviertelt, Kerngehäuse entfernt, in dünne Spalten geschnitten
- 7–8 EL geriebener Parmesan, vermischt mit 10 EL Paniermehl, 1 1/2 TL Thymian und 100 g zerlassener Butter
- 4 EL Butter
- 1 große Zwiebel, geschält, fein gehackt

FÜR DIE SAUCE

- 250 g Sahne
- 300 g Sauerkirschen (aus dem Glas), durchpassiert oder im Mixer püriert
- 1 EL Zitronensaft
- Pfeffer und Salz

1

Den Ofen auf 225 °C vorheizen. Die Hirschleber in Längsrichtung viermal tief einschneiden und pfeffern. Jeden Einschnitt mit Speckscheiben auslegen, die Apfelspalten senkrecht dagegenstellen und wieder etwas zusammendrücken. Die Oberfläche und die Seiten der Leber dick mit der Parmesanmischung bestreichen.

2

In einer Kasserolle die Butter zerlassen. Die Leber einlegen, die gehackte Zwiebel danebenstreuen, in den Ofen schieben und etwa 40 Minuten braten, sie soll durchgegart sein. Die Leber auf einer vorgewärmten Platte anrichten und warm halten.

3

Die Sahne für die Sauce in den Bratfond gießen, diesen losschaben und sämig einkochen. Das Sauerkirschpüree einrühren und mit Zitronensaft, Pfeffer und Salz süßsauer und pikant abschmecken.

BEILAGE: Kartoffelpüree.

VARIATION

Die Sauce statt mit Sahne und Kirschen mit Sahne und Johannisbeergelee oder mit Sahne und Zitronensaft abschmecken. Ungesüßtes Apfelmus nebenbei servieren.

Hirschleberbraten

Wildschwein

Schwarzwild *(Sus scrofa)* gehört zum Schalenwild, ist aber kein Wiederkäuer. Das Wildschwein ist außer in Skandinavien und auf den Britischen Inseln in ganz Europa verbreitet. Es lebt vorwiegend in großen Laubwäldern und suhlt sich in Schlammkuhlen. Das Wildschwein ist ein Allesfresser. Seine Körperlänge misst 110–180 cm, das Körpergewicht beträgt bis zu 350 Kilogramm. Die ausgewachsenen männlichen Tiere heißen Keiler, die ausgewachsenen weiblichen Tiere Bachen. Jungtiere bis zu 1 Jahr sind gestreift und werden Frischlinge genannt. Sie wiegen ausgeweidet 10–30 Kilo. Die Einjährigen (Überläufer) bringen ausgeweidet 35–60 Kilo auf die Waage.

Das dunkelrote Fleisch der bis zu zweijährigen Tiere ist besonders saftig und sehr aromatisch; es ist magerer und fester als das vom Hausschwein. Am besten schmeckt es im Herbst und Frühwinter vor der Paarungszeit (»Rauschzeit«); denn die rauschigen Tiere haben einen penetranten Geruch und Geschmack. Das Fleisch kann wie Reh und Hirsch zubereitet werden. Die Frischlinge werden gern wie Spanferkel im Ganzen gebraten.

Abb. links: Wildschweinkeule, entbeint, zusammengebunden und gebraten

WILDSCHWEIN-RÜCKEN 1

- 1 kg Wildschweinrücken, küchenfertig
- 2 EL Öl
- gewürztes Salz (Seite 26)
- 6 Wacholderbeeren, zerdrückt
- 20 g Butter
- 30 g Butter, zerlassen
- 1 Zwiebel, geschält, gehackt

FÜR DIE SAUCE

- 300 ml Demiglace (Seite 228) oder 200 ml Wildgrundbrühe (Seite 22) und 4 EL Wildextrakt (Seite 24)
- 2 EL Cognac
- 2 EL fein gehackte Petersilie

1

Den Rücken mit dem Öl, gewürztem Salz und den Wacholderbeeren einreiben und 3 Stunden ruhen lassen.

2

Den Ofen auf 240 °C vorheizen. In einer den Rücken fassenden Schmorpfanne die 20 g Butter zerlassen und den Rücken auf allen Seiten schnell und kurz anbraten. Mit der gewölbten Seite nach oben legen und mit der Hälfte der zerlassenen Butter sorgfältig begießen. Die Zwiebel danebenlegen, in der Butter wenden, die Pfanne in den Ofen schieben und 10 Minuten braten. In dieser Zeit die restliche zerlassene Butter über den Rücken träufeln.

3

Die Temperatur auf 175 °C reduzieren und den Rücken in 45 Minuten unter häufigem Begießen mit dem Bratfond fertig braten. Herausnehmen und im abgeschalteten, halb geöffneten Ofen warm halten.

4

Die Demiglace oder die Brühe und den Extrakt in den Bratfond rühren. Den Cognac hinzufügen, durchkochen, abschmecken und mit Petersilie bestreuen.

BEILAGEN: Kartoffelkroketten und gedünstetes Gemüse, glacierte Maronen, gebratene Apfelscheiben mit Johannisbeergelee, geschmorte Feigen oder gratinierte Kartoffeln mit Apfelscheiben.

VARIATIONEN

- Nach 30 Minuten 75 ml Rotwein zugießen, die letzten 15 Minuten mit 3 EL Crème fraîche bestreichen und noch zweimal mit dem Bratfond begießen. 1 EL Mehlbutter in die Sauce rühren, mit 100 ml Rotwein aufgießen und sämig einkochen.
- Den Rücken überkrusten wie Wildschweinschulter (Seite 95).

WILDSCHWEIN-RÜCKEN 2

- 2 kg Wildschweinrücken, küchenfertig
- gewürztes Salz (Seite 26)
- 1 TL edelsüßes Paprikapulver
- 4 EL Butter
- 2 Zwiebeln, geschält, gehackt
- 2 Bund Suppengrün, geputzt, gehackt
- 6 Wacholderbeeren, zerdrückt
- 3 EL Schwarzbrotbrösel
- 200 g Crème fraîche
- 100 ml Wildgrundbrühe (Seite 22) oder Fleischbrühe
- 4 EL Wildextrakt oder -essenz (Seite 23/24)

1

Den Ofen auf 175 °C vorheizen. Den Rücken mit gewürztem Salz und Paprika gut einreiben.

2

Die Butter in einer Kasserolle zerlassen, den Rücken rundherum schnell anbraten und mit den Rippen nach unten legen. Die Zwiebeln und das Suppengrün danebenlegen und unter Rühren mitbraten, bis die Zwiebeln goldbraun sind. Wacholderbeeren und Schwarzbrotbrösel, Crème fraîche und die Brühe zugeben, aufkochen, zudecken, in den Ofen schieben und 60 Minuten schmoren. Dabei häufiger mit dem Schmorfond begießen. Den Braten herausnehmen und im abgeschalteten, etwas geöffneten Ofen ruhen lassen.

3

Den Schmorfond durch ein feines Sieb passieren. Zurück in den Topf gießen, den Wildextrakt unterrühren, abschmecken.

BEILAGEN: Semmelknödel, Rotkohl, pochierte halbierte Äpfel oder Birnen, mit Johannisbeergelee oder Preiselbeeren gefüllt.

GESCHMORTE WILD-SCHWEINKEULE

- 1 kg junge Wildschweinkeule, entbeint und zusammengebunden
- 1/2 l Weißweinmarinade (Seite 22)
- 1/4 TL gewürztes Salz (Seite 26)
- 60 g Butterschmalz
- 4 EL Schwarzbrotbrösel

FÜR DIE SAUCE

- 1 EL abgeriebene Orangenschale
- 1 TL scharfer Senf
- Saft von 1 Orange
- Pfeffer und Salz
- 2 Orangen, die Filets ausgelöst und in 5 EL Grand Marnier erhitzt

1

Die Keule für 24 Stunden in die Marinade legen und zwischendurch einige Male wenden. Das Fleisch herausnehmen, trockentupfen und mit dem gewürzten Salz einreiben. Die Marinade durchsieben und das Gemüse gut abtropfen lassen.

2

Den Ofen auf 200 °C vorheizen. Das Butterschmalz in einer Kasserolle erhitzen und die Keule auf allen Seiten anbraten. Das Gemüse aus der Marinade zugeben, ebenfalls anbraten und mit 250 ml Marinade aufgießen. Die Schwarzbrotbrösel einstreuen, zum Kochen bringen und zugedeckt im Ofen 30 Minuten schmoren. Die Temperatur auf 170 °C zurückschalten und weitere 90 Minuten schmoren. Den Braten herausnehmen und im abgeschalteten, etwas geöffneten Ofen warm stellen.

3

Die restliche Marinade auf die Hälfte einkochen, mit Orangenschale und Senf in die Sauce rühren und gut durchkochen. Alles durch ein Sieb passieren, zurück in die Kasserolle gießen, den Orangensaft untermischen und mit Pfeffer und Salz abschmecken. Den Braten aufschneiden, mit der Sauce begießen und die Orangenfilets zugeben.

BEILAGEN: Rotkohl und Chicoréesalat; Pfifferlinge, Kartoffelplätzchen, Preiselbeeren in Orangenhälften.

VARIATION

Statt der angegebenen Zutaten für die Sauce 100 g Trockenpflaumen in 125 ml Portwein, 2 EL Orangensaft und 1 EL Zitronensaft weich kochen, entsteinen, in der Sauce durchkochen, passieren.

WILDSCHWEINKEULE MIT STEINPILZEN

- 1 kg junge Wildschweinkeule, entbeint und zusammengebunden
- ½ l Rotweinmarinade (Seite 22)
- Salz und Pfeffer
- 4 EL Öl
- 1 Orange, in Scheiben geschnitten
- 4 Wacholderbeeren, zerdrückt
- 2 EL Gin
- 4 EL Wildextrakt oder -essenz (Seite 23/24)

FÜR DIE STEINPILZE

- 20 g Butter
- 1 kleine Zwiebel, geschält, gehackt
- 200 g frische Steinpilze, geputzt, in Scheiben geschnitten
- Salz und Pfeffer
- 1 EL gehackte Petersilie

1

Die Keule für 12–24 Stunden in die Marinade legen und zwischendurch einige Male wenden. Das Fleisch herausnehmen, trockentupfen und mit Salz und Pfeffer einreiben. Die Marinade durchsieben und das Gemüse gut abtropfen lassen.

2

Den Ofen auf 150 °C vorheizen. Das Öl in einer Kasserolle erhitzen und das Fleisch darin rundum kräftig anbraten. Das Gemüse aus der Marinade kurz mitbraten. Mit 100 ml Marinade ablöschen, aufkochen, Orangenscheiben, Wacholderbeeren und Gin zufügen und zugedeckt im Ofen 2 ½–3 Stunden garen. Zwischendurch immer wieder mit dem Fond beschöpfen; bei Bedarf noch Marinade nachgießen. Die Keule herausnehmen und warm halten.

3

Inzwischen die Butter in einer Pfanne zerlassen, die Zwiebelwürfel und die Pilze darin kurz braten. Salzen, pfeffern und mit der Petersilie bestreuen.

4

Die restliche Marinade in den Bratfond rühren, etwas einkochen und in einen Topf passieren. Den Wildextrakt zugeben, noch 5 Minuten köcheln, abschmecken.

BEILAGEN: Rosenkohl, gebratene Semmelknödelscheiben.

WILDSCHWEIN-SCHULTER

- _ **750 g Wildschweinschulter, entbeint und zusammengebunden**
- _ **½ l Rotweinmarinade (Seite 22)**
- _ **40 g Butterschmalz**
- _ **3 EL zerlassene Butter**

FÜR DIE KRUSTE

- _ **75 g Schwarzbrotbrösel, vermischt mit 6 TL Zucker, 1 TL abgeriebener Zitronenschale, 2 Messerspitzen Zimt, 2 Messerspitzen gemahlener Nelke und 1 ½ EL zerlassener Butter**

FÜR DIE SAUCE

- _ **2 EL Gin**
- _ **2 El Wildextrakt (Seite 24)**
- _ **1 ½ EL Preiselbeeren**
- _ **1 ½ EL Zitronensaft**

1

Das Fleisch in eine Schüssel legen, mit der Marinade begießen und für 24 Stunden in den Kühlschrank stellen, zwischendurch öfter wenden. Herausnehmen und trockentupfen.

2

Den Ofen auf 150 °C vorheizen. In einer passenden Kasserolle das Butterschmalz erhitzen, das Fleisch darin rundum schnell anbraten. Mit 125 ml der Marinade samt den Einlagen aufgießen und zum Kochen bringen. Zugedeckt im Ofen in 2–2 ½ Stunden (je nach Alter des Tieres) weich schmoren, dabei öfter mit dem Fond begießen. Wenn nötig, Marinade nachgießen.

3

Den Braten herausnehmen, den Ofen auf Oberhitze schalten. Die Schulter wieder in die Kasserolle legen und mit der Schwarzbrotmischung bestreichen. Eventuell etwas von der Sauce abgießen. 30 Minuten unter öfterem vorsichtigem Beträufeln mit der zerlassenen Butter schön kross und braun braten. Im abgeschalteten, etwas geöffneten Ofen warm halten.

4

Die Sauce und das Gemüse durch ein feines Sieb passieren, zurück in einen Topf gießen. Die restliche Marinade durchsieben, mit dem Gin zugeben und sämig einkochen. Wildextrakt, Preiselbeeren und Zitronensaft unterrühren und noch einmal aufkochen. Abschmecken.

BEILAGE: Kartoffelpüree.

WILDSCHWEIN-PFEFFER

- _ **500 g Wildschweinschulter oder -brust, gehäutet, in 2 cm große Würfel geschnitten**
- _ **1 ½ TL gewürztes Salz (Seite 26)**
- _ **4 EL Öl**
- _ **1 EL Gin**

- _ **100 g Räucherspeck, in kleine Würfel geschnitten**
- _ **2 EL Butter**
- _ **2 Zwiebeln, geschält, fein gehackt**
- _ **3 EL Mehl**
- _ **2 EL Essig**
- _ **100 ml herber Rotwein**
- _ **100 ml Fleischbrühe**
- _ **1 Stück Zitronenschale**
- _ **8 Wacholderbeeren, zerdrückt**
- _ **1 TL fein gehackte Kerbelblätter**
- _ **20 Backpflaumen**
- _ **2 EL Wildextrakt oder -essenz (Seite 23/24)**

1

Das Fleisch in eine Schüssel legen, mit gewürztem Salz bestreuen, das Öl und den Gin darübergießen. Das Fleisch darin wenden und 3 Stunden marinieren lassen.

2

Den Speck in einer Kasserolle in der Butter kross braten, herausnehmen und beiseitestellen. Die Zwiebeln in dem Fett anschwitzen, das Mehl darüberstauben und unterrühren, goldgelb werden lassen. Das Fleisch zugeben und unter Rühren kurz fest werden lassen. Mit dem Essig und Rotwein ablöschen, die Fleischbrühe zugießen, Zitronenschale, Wacholderbeeren und Kerbel zufügen und aufkochen. Die Hitze reduzieren und zugedeckt 40 Minuten ganz leicht köcheln lassen.

3

Die Fleischstücke herausfischen. Die Sauce durch ein feines Sieb passieren und dabei die Zwiebeln gut durchdrücken. Zurück in den Topf gießen, Fleisch, Speckwürfel und Pflaumen zugeben und weitere 40 Minuten zugedeckt ganz leicht köcheln. Wildextrakt unterrühren und abschmecken.

BEILAGEN: Semmelknödel, Rotkohl.

VARIATIONEN

- 1 Apfel, geschält, vom Kerngehäuse befreit, gewürfelt, zugeben.
- Statt der Pflaumen 3–4 Tomaten, gehäutet, in Würfel geschnitten, zugeben und mit 1 TL edelsüßem Paprikapulver würzen.
- Statt der Pflaumen zum Schluss mit 1–2 TL edelsüßem Paprikapulver würzen, 150 g gekochtes Sauerkraut und 1 Tasse gekochten Reis zugeben. 125 g Crème fraîche unterrühren und abschmecken.

WILDSCHWEINNUSS

- _ 1 kg Nuss vom jungen Wildschwein
- _ 1 ½ TL gewürztes Salz (Seite 26)
- _ 3 EL Mehl
- _ 50 g magerer Räucherspeck, in kleine Würfel geschnitten
- _ 2 EL Butterschmalz
- _ 250 ml heiße Wildgrundbrühe (Seite 22)
- _ 250 ml trockener Weißwein
- _ 3–4 EL Crème fraîche
- _ Salz und Pfeffer

1

Den Ofen auf 150 °C vorheizen. Die Nuss mit dem gewürzten Salz einreiben, mit Küchengarn zusammenbinden und in dem Mehl wenden.

2

In einer Kasserolle den Speck etwas auslassen, das Butterschmalz zugeben und das Wildbret darin rundum gut anbraten. Mit je 100 ml Brühe und Weißwein aufgießen, zum Kochen bringen und die Temperatur so weit reduzieren, dass die Flüssigkeit nur noch köchelt. Zugedeckt in 2–2 ½ Stunden weich schmoren. Nach 1 Stunde nach und nach die restliche Brühe und den restlichen Weißwein zugießen, das Fleisch mit dem Bratfond begießen. Den Braten herausnehmen, das Küchengarn entfernen, im abgeschalteten, etwas geöffneten Ofen warm halten.

3

Die Sauce sämig einkochen, Crème fraîche einrühren und mit Salz und Pfeffer abschmecken.

BEILAGEN: Maronenpüree, in Butter geschwenkter Rosenkohl oder Sauerkraut.

FRISCHLINGSBRATEN MIT STEINPILZSAUCE UND ROSENKOHL

- _ 1,2 kg Frischlingskeule, entbeint und zusammengebunden
- _ Salz und Pfeffer
- _ 3 EL Öl
- _ 2 Zwiebeln, geschält, gehackt
- _ 2 Möhren, geschält, in Stücke geschnitten
- _ 1 kleine Lauchstange, geputzt, in 1 cm breite Ringe geschnitten
- _ 1 kleine Petersilienwurzel, geschält, gewürfelt
- _ 2 Thymianzweige
- _ 1 Lorbeerblatt
- _ edelsüßes Paprikapulver
- _ 300 ml heißer Wildfond (Seite 22)

FÜR DEN ROSENKOHL

- _ 200 g Rosenkohl, geputzt
- _ Salzwasser
- _ 30 g Butter
- _ 40 g durchwachsener Räucherspeck, in Würfel geschnitten
- _ 1 Zwiebel, geschält, gehackt
- _ Salz und Pfeffer
- _ geriebene Muskatnuss

FÜR DIE STEINPILZSAUCE

- _ 10 g Butter
- _ 1 Zwiebel, geschält, fein gehackt
- _ 250 g Steinpilze, geputzt, in grobe Stücke geschnitten
- _ 120 g Sahne
- _ Salz und Pfeffer

1

Den Ofen auf 190 °C vorheizen. Die Keule mit Salz und Pfeffer einreiben.

2

Das Öl in einem Bräter erhitzen und die Keule darin rundum anbraten. Zwiebeln, Möhren, Lauch und Petersilienwurzel neben dem Fleisch verteilen und kurz mitbraten. Den Thymian, das Lorbeerblatt und Paprika zufügen und im Ofen 60 Minuten braten. Während des Bratens nach und nach mit dem Wildfond begießen.

3

Inzwischen den Rosenkohl in einem Topf 12–15 Minuten in Salzwasser garen. Abgießen, sofort unter kaltem Wasser abschrecken, abtropfen lassen und in Blättchen teilen. Die Butter in dem Topf zerlassen und die Speckwürfel darin braten. Die Zwiebel zugeben und glasig anschwitzen. Die Rosenkohlblätter 3 Minuten unter behutsamem Wenden mitschwitzen, mit Salz, Pfeffer und Muskatnuss würzen. Warm stellen.

4

Die Butter für die Sauce zerlassen, die Zwiebel darin anschwitzen. Die Pilze zufügen und 4 Minuten dünsten. Die Sahne zugießen und etwas einkochen.

5

Die Keule aus dem Ofen nehmen, das Küchengarn entfernen, im abgeschalteten, etwas geöffneten Ofen warm halten.

6

Den Bratfond durchsieben und auf etwa 100 ml einkochen. Unter die Pilzsauce rühren und noch 5 Minuten köcheln lassen. Mit Salz und Pfeffer abschmecken.

BEILAGE: Kartoffelpuffer.

Frischlingsbraten mit Steinpilzsauce und Rosenkohl

WILDSCHWEINSTEAKS MIT BIRNEN

- 2 Wildschweinsteaks

FÜR DIE MARINADE

- 2 EL Olivenöl, 2 EL Zitronensaft
- 6 Wacholderbeeren, zerdrückt
- 1 Messerspitze gemahlene Nelken
- Pfeffer

FÜR DIE BEILAGE

- 2 Birnen, geschält, halbiert, Kerngehäuse entfernt
- 2 EL trockener Weißwein
- 1 EL Zitronensaft
- 1 Messerspitze Zimt
- 1 Stück Zitronenschale
- 4 TL Johannisbeergelee

- 1 EL Butter, 1 EL Öl
- 1 EL Cognac
- 40 ml Wildkraftbrühe (Seite 23)
- Salz und Pfeffer

1

Die Zutaten für die Marinade in einer Schale vermischen, die Steaks darin wenden und zugedeckt einige Stunden marinieren.

2

Die Birnen mit dem Weißwein, Zitronensaft, Zimt und Zitronenschale bei kleiner Hitze zugedeckt weich dünsten. Warm halten.

3

Die Butter mit dem Öl in einer Pfanne erhitzen. Die Steaks einlegen und schnell von beiden Seiten je 3–4 Minuten braten, sie sollen durchgebraten sein. Herausnehmen, warm halten.

4

Das Fett aus der Pfanne gießen. Den Bratsatz mit dem Cognac ablöschen, losschaben, mit der Brühe aufgießen und etwas einkochen. Mit Salz und Pfeffer abschmecken. Beiseitestellen, die Steaks noch kurz darin ziehen lassen.

5

Je 1 TL Johannisbeergelee in die Aushöhlung der Birnenhälften setzen und zu den Steaks servieren.

GEGRILLTE WILDSCHWEINSTEAKS MIT HAGEBUTTENSAUCE

- 8 kleine Wildschweinsteaks aus der Nuss

FÜR DIE MARINADE

- 1 Zwiebel, geschält, grob gehackt
- 2 EL gehackte Kräuter (Thymian, Rosmarin, Petersilie)
- 5 EL Öl
- Salz und Pfeffer

FÜR DIE HAGEBUTTENSAUCE

- 75 g Hagebuttenmark
- 50 g Sahne
- 3 EL Öl
- 3 EL Sherry
- abgeriebene Schale und Saft von ½ Zitrone und 1 Orange
- ½ TL Salz
- 1 TL edelsüßes Paprikapulver
- 1 Prise Zimt
- 1 Prise gemahlene Nelke
- 1 EL Cognac
- ½ TL Worcestersauce

1

Die Steaks in eine Schale legen. Alle Zutaten für die Marinade vermischen, über die Steaks gießen und diese darin wenden. 2 Stunden marinieren.

2

Hagebuttenmark, Sahne, Öl und Sherry glatt rühren, Zitrusschale und -saft sowie die Gewürze unterrühren. Den Cognac und die Worcestersauce dazugeben.

3

Den Ofengrill vorheizen. Die Steaks aus der Marinade nehmen, abtropfen lassen, auf den Grillrost legen und 6–8 Minuten grillen, dabei ein- bis zweimal wenden.

BEILAGEN: Kohlrabigemüse, knuspriges Brot.

HINWEIS

Die Steaks können auch in einer Grillpfanne gebraten werden.

GEGRILLTE WILDSCHWEINKOTELETTS

FÜR DIE MARINADE

- 1 TL Salz
- ½ TL Pfeffer
- 1 TL edelsüßes Paprikapulver
- 2 TL Thymian
- 40 ml Olivenöl

- 6 Koteletts vom jungen Wildschwein
- 6 Scheiben Anchovisbutter oder nach Geschmack andere Butter (Seite 233)

1

Die Zutaten für die Marinade vermischen, über die Koteletts gießen und diese darin wenden. 3 Stunden marinieren.

2

Den Ofengrill vorheizen. Die Steaks auf den Grillrost legen und 7 Minuten auf jeder Seite grillen. 1 Scheibe Anchovisbutter auf jedes Kotelett legen.

BEILAGEN: Kartoffelpüree, gedünstetes Gemüse, Salate.

WILDSCHWEINKOTELETTS MIT HOLUNDER-QUITTEN-SAUCE

FÜR DIE SAUCE

- 250 g Holunderbeeren mit Stiel
- 100 ml Rotwein
- 60 g Zucker
- 1 kleines Stück Zitronenschale
- 1 kleines Stück Zimtstange
- 1 Nelke
- 120 g Quitten, geschält, geviertelt, vom Kerngehäuse befreit, in schmale Spalten geschnitten
- ¼ TL Speisestärke

- 4 doppelte Wildschweinkoteletts
- Salz und Pfeffer
- 2 EL Öl
- 1 EL gehackte Kräuter (Thymian, Rosmarin, Petersilie)
- 3 EL geriebener Meerrettich
- 4 EL Wildextrakt oder -essenz (Seite 23/24)

1

Die Holunderbeeren waschen, abtropfen und kurz anfrieren lassen, von den Stielen zupfen. Rotwein, Zucker, Zitronenschale, Zimtstange und Nelke in einem Topf zum Kochen bringen. Die Beeren zugeben und aufkochen. Die Hitze reduzieren, die Quitten einlegen und alles 15 Minuten köcheln lassen. Zimtstange und Zitronenschale herausfischen und fortwerfen. Die Speisestärke mit wenig kaltem Wasser anrühren und die Sauce damit binden.

2

Die Koteletts salzen und pfeffern. Das Öl in einer Pfanne erhitzen und die Koteletts darin bei reduzierter Hitze 6 Minuten auf jeder Seite braten. Nach halber Bratzeit die Kräuter und den Meerrettich einstreuen. Herausnehmen und warm halten.

3

Den Wildextrakt in die Pfanne gießen, den Bratsatz unter Rühren lösen und auf die Koteletts träufeln.

BEILAGE: Rohe Kartoffelklöße oder -kroketten.

WILDSCHWEINFILETS MIT ORANGENSAUCE

- _ 4 Scheiben Wildschweinfilet, 3 cm dick
- _ Pfeffer und Salz
- _ 3 EL Butter

FÜR DIE SAUCE

- _ 1 EL Butter
- _ 4 EL Wildextrakt (Seite 24)
- _ die Schale von 1 Orange, in Julienne geschnitten, 10 Minuten blanchiert, abgegossen und kalt abgespült
- _ Saft von 1 Orange
- _ 1 EL Zitronensaft
- _ 3 EL Grand Marnier oder Curaçao
- _ 1 TL Speisestärke, in wenig Wasser angerührt

1

Die Filets mit der Hand etwas flach drücken und auf beiden Seiten mit Pfeffer und Salz einreiben.

2

Die Butter in einer Pfanne zerlassen. Die Filets einlegen, die Hitze reduzieren und die Filets schnell von beiden Seiten anbraten. Bei niedriger Hitze noch 3–4 Minuten auf jeder Seite weiterbraten. Herausnehmen und warm stellen.

3

Alle Zutaten für die Sauce in die Pfanne geben, etwas einkochen und abschmecken. Die Filets in die Sauce legen, kurz darin ziehen lassen.

BEILAGE: Rotkohl.

WILDSCHWEINFILETS MIT TOMATENCREME-SAUCE

- _ 6 Scheiben Wildschweinfilet, 3 cm dick
- _ Salz und Pfeffer
- _ 1 EL Zitronensaft
- _ 1 ½ EL gehackte Fenchelsamen
- _ 3 EL Olivenöl
- _ 5 EL Mehl
- _ 2 EL Butter, 2 EL Öl

FÜR DIE SAUCE

- _ 2–3 EL Tomatenmark
- _ 100 ml trockener Weißwein
- _ 2 EL Wildextrakt (Seite 24)
- _ 100 g Crème fraîche
- _ Salz und Pfeffer
- _ 1 Messerspitze Zucker

1

Die Filets mit der Hand etwas flach drücken, auf beiden Seiten mit Salz, Pfeffer, Zitronensaft, Fenchel und Olivenöl einreiben und 2 Stunden marinieren. Im Mehl wenden, abschütteln.

2

Butter und Öl in einer Pfanne erhitzen. Die Filets schnell beidseitig anbraten, die Hitze reduzieren und in 3–5 Minuten auf jeder Seite fertig braten. Herausnehmen, warm halten.

3

Das Tomatenmark in die Pfanne rühren, mit dem Weißwein aufgießen, den Wildextrakt unterrühren und etwas einkochen. Crème fraîche zugeben, mit Salz, Pfeffer und Zucker abschmecken, durchkochen. Die Filets wieder einlegen und noch kurz darin ziehen lassen, aber nicht mehr kochen.

WILDSCHWEINFILETS MIT MADEIRA-OLIVEN-SAUCE

- _ 2 Scheiben Wildschweinfilet, 3 cm dick
- _ Salz und Pfeffer
- _ 2 Wacholderbeeren, zerdrückt
- _ 1 EL Butter, 1 EL Öl

FÜR DIE SAUCE

- _ 3 EL Wildextrakt (Seite 24)
- _ 2 EL Madeira
- _ 1 Messerspitze Sardellenpaste
- _ 8–10 grüne Oliven, mit Paprika gefüllt, grob gehackt
- _ 3 EL Crème fraîche
- _ Salz und Pfeffer

1

Die Filets mit der Hand etwas flach drücken und mit wenig Salz und Pfeffer sowie den Wacholderbeeren einreiben.

2

Butter und Öl in einer Pfanne erhitzen. Die Filets darin auf beiden Seiten schnell anbraten, die Hitze reduzieren und auf jeder Seite weitere 3 Minuten braten. Herausnehmen und warm halten.

3

Den Wildextrakt, die Hälfte des Madeira, Sardellenpaste und Oliven in die Pfanne geben und durchkochen. Crème fraîche und den restlichen Madeira unterrühren und mit Salz und Pfeffer abschmecken, erhitzen. Die Filets in die Sauce legen und noch kurz darin ziehen lassen.

BEILAGEN: Selleriepüree, Spätzle.

WILDSCHWEINFILET STROGANOW

- _ 3 EL Öl
- _ 500 g Wildschweinfilet, in etwa ½ cm breite Streifen geschnitten
- _ 2 EL Butter
- _ 2 große Zwiebeln, geschält, gehackt
- _ 300 g Champignons, geputzt, in Scheiben geschnitten
- _ 1 Lorbeerblatt
- _ ¼ TL Thymian
- _ 1 EL Tomatenmark
- _ 2 TL scharfer Senf
- _ 3 EL Wildextrakt oder -essenz (Seite 23/24)
- _ 125 ml trockener Weißwein
- _ 1 EL Butter, mit 1 EL Mehl mit der Gabel verknetet
- _ 150 g Crème fraîche
- _ ½ TL Zitronensaft
- _ Salz und Pfeffer

1

Das Öl in einer großen Pfanne stark erhitzen und die Filetstreifen unter Rühren schnell rundherum hellbraun anbraten. Auf einem Teller beiseitestellen.

2

Die Butter in der Pfanne zerlassen. Zwiebel und Champignons mit dem Lorbeerblatt und Thymian darin glasig schwitzen. Tomatenmark, Senf und Wildextrakt unterrühren, mit dem Weißwein aufgießen, etwas einkochen und mit der Mehlbutter binden. Crème fraîche und Zitronensaft einrühren, mit Salz und Pfeffer abschmecken, durchkochen und beiseitestellen. Das Fleisch einlegen und erhitzen, aber nicht mehr kochen.

BEILAGE: Reis, Kartoffelkroketten, Kartoffelnudeln oder Rösti.

WILDSCHWEIN-TERRINE

Für 4–5 Personen

ZUM MARINIEREN

- 200 g Wildschweinfleisch aus der Nuss, in 2 cm große Würfel geschnitten
- 80 g gepökelte Ochsenzunge, gehäutet, in 1 cm große Würfel geschnitten
- 2 EL Gin
- 6 Wacholderbeeren, zerdrückt
- ½ TL Gewürzmischung (Seite 26)

FÜR DIE FARCE

- 200 g Wildschweinfleisch, zweimal durchgedreht zusammen mit 1 Knoblauchzehe, geschält, ½ Zwiebel, geschält und in Stücke geschnitten, 8 Wacholderbeeren und 2 Scheiben Weißbrot, entrindet, in 30 ml Bouillon geweicht
- 300 g Schweinefleisch und 125 g frischer Schweinespeck, zweimal durchgedreht
- 3 Trüffeln aus der Dose, klein gewürfelt
- Trüffelsaft
- 1 Ei
- 1 EL Gin
- 3 EL Cognac
- 2 ½ TL gewürztes Salz (Seite 26)
- 50 ml herber Rotwein
- 30 ungesalzene Pistazien
- 250 g frischer fetter Speck, in sehr dünne Scheiben geschnitten
- 1 Lorbeerblatt
- 1 EL Mehl

1

Fleisch, Zunge, Gin und Gewürze in einer Schüssel vermengen und zugedeckt im Kühlschrank 12–24 Stunden marinieren.

2

Alle Zutaten der Farce bis zu den Pistazien gut miteinander vermischen und zugedeckt im Kühlschrank ebenso lange wie das Fleisch durchziehen lassen. Die Farce nochmals kräftig durcharbeiten. Die Pistazien und das Fleisch untermischen. Fertigstellung wie bei Terrine vom Reh (Seite 63).

Gämse

Gamswild *(Rupicapra rupicapra)* gehört zur Gattung der Wildziegen. Sein Lebensraum ist das alpine Hochgebirge, wo es alpine Rasen und felsdurchsetzte Waldbestände bevorzugt. Beide Geschlechter tragen Hörner (»Kruken«), deren Spitzen nach hinten gebogen sind. Gämsen ernähren sich von der dortigen Flora, vor allem von Gräsern, Kräutern, Blättern, Moosen und Beeren. Ihre Körperlänge misst 120–130 cm, die Schulterhöhe etwa 70 cm, das Körpergewicht beträgt 30–50 Kilo.

Das dunkel- bis schwarzbraune Fleisch der einjährigen (Kitze) bis höchstens zweijährigen (Jährlinge) Tiere ist besonders zart und aromatisch und wird von Feinschmeckern oft noch höher geschätzt als das Wildbret vom Reh. Das zähere Fleisch der älteren Tiere sollte mariniert werden; auch sollte sorgfältig das Fett entfernt werden, da es leicht tranig schmeckt.

Gamswild kann auch wie Reh- und Hirschwildbret zubereitet werden.

Abb. links: Ausgelöstes Rückenfilet, im Ganzen in durchwachsenen Räucherspeck eingebunden und gebraten.

GAMSRÜCKEN 1

- _ etwa 1,1 kg Gamsrücken, gehäutet
- _ Salz und Pfeffer
- _ 6 EL zerlassene Butter
- _ 1 mittelgroße Möhre, geschält, grob gehackt
- _ 1 große Zwiebel, geschält, gehackt
- _ 15 Wacholderbeeren, zerdrückt
- _ 2 TL Thymian

FÜR DIE SAUCE

- _ 150 ml Wildfond (Seite 22) oder Fleischfond
- _ 100 ml Portwein
- _ 100 ml trockener Weißwein
- _ abgeriebene Schale von 1 Orange
- _ 3 EL Johannisbeergelee
- _ 1 Messerspitze Zimt
- _ 1 Messerspitze gemahlene Nelken
- _ Saft von 1 Orange, Salz und Pfeffer

1

Den Ofen auf 220 °C vorheizen. Den Gamsrücken mit Salz und Pfeffer einreiben.

2

Die Hälfte der zerlassenen Butter in einer tiefen Kasserolle verlaufen lassen, den Gamsrücken hineinlegen, Möhre, Zwiebel, Wacholderbeeren und Thymian danebenlegen. Den Rücken mit der restlichen Butter begießen, das Gemüse in der Butter wenden und die Kasserolle in den Ofen stellen. Nach 15 Minuten die Temperatur auf 170 °C reduzieren, das Gemüse umrühren und den Rücken unter häufigem Begießen mit der Butter weitere 40–45 Minuten braten. Den Rücken herausnehmen und warm halten.

3

Den Bratfond entfetten, durch ein Sieb passieren und zurück in die Kasserolle gießen. Den Wildfond, 50 ml Portwein und den Weißwein zugießen, den Bratsatz losschaben und die Sauce auf etwa 100 ml einkochen. Orangenschale, Johannisbeergelee, Zimt, Nelken und den restlichen Portwein zugeben und wieder etwas einkochen. Den Orangensaft unterrühren, mit Salz und Pfeffer abschmecken. Getrennt zum Fleisch servieren.

GAMSRÜCKEN 2

- _ 2 kg Gamsrücken, gehäutet
- _ Salz und Pfeffer
- _ 60 g Butter, zerlassen
- _ 125 g magerer Räucherspeck, in kleine Würfel geschnitten
- _ 2 Zwiebeln, geschält, gehackt
- _ 2 Möhren, geschält, gehackt
- _ 1 Stück Sellerieknolle, geschält, gehackt
- _ 1 Knoblauchzehe, geschält, gehackt
- _ 2 EL gehackte Petersilie
- _ 20 Wacholderbeeren, zerdrückt
- _ 3–4 Lorbeerblätter
- _ 3 TL Thymian
- _ 150 ml trockener Weißwein
- _ 150 ml Wildgrundbrühe (Seite 22) oder Fleischbrühe

FÜR DIE SAUCE

- _ abgeriebene Schale und Saft von 1 Zitrone
- _ 3 EL Wildextrakt oder -essenz (Seite 23/24)
- _ 250 g Crème fraîche
- _ Salz und Pfeffer

1

Den Ofen auf 220 °C vorheizen. Den Gamsrücken mit Salz und Pfeffer einreiben.

2

In einen Bräter 3 EL zerlassene Butter gießen und den Bräter ein wenig hin- und herkippen, damit die Butter sich auf dem Boden verteilt. Den Rücken hineinlegen. Den Speck, das Gemüse, Knoblauch und Kräuter danebenlegen und die restliche Butter auf den Rücken träufeln. Das Gemüse in der Butter wenden und den Bräter in den Ofen schieben. Nach 15 Minuten den Rücken sorgfältig mit der Butter begießen, die Hitze auf 175 °C reduzieren und den Rücken 30 Minuten unter öfterem Begießen weiterbraten.

3

Je 50 ml Weißwein und Brühe zugießen und unter häufigem Begießen in 25–35 Minuten fertig braten. Den Gamsrücken aus dem Bräter nehmen und warm halten.

4

Die Sauce passieren und zurück in einen Topf gießen. Den restlichen Weißwein, die restliche Brühe sowie die Zitronenschale zugeben und auf etwa ein Drittel einkochen. Den Zitronensaft, Wildextrakt und Crème fraîche unterrühren, aufkochen, mit Salz und Pfeffer abschmecken.

BEILAGEN: Rotkohl und Kartoffelpüree.

GAMSRÜCKEN MIT WEINTRAUBEN

- _ 1 Gamsrücken, gehäutet
- _ gewürztes Salz (Seite 26)
- _ 6 EL zerlassene Butter
- _ 4–5 dünne Scheiben frischer fetter Speck, 10 x 20 cm
- _ 2 Zwiebeln, geschält, fein gehackt
- _ 2 Knoblauchzehen, geschält, gehackt
- _ 10 Wacholderbeeren, zerdrückt

FÜR DIE SAUCE

- _ 3 EL Cognac
- _ 300 ml trockener Weißwein
- _ 2 EL Wildextrakt oder -essenz (Seite 23/24)
- _ 2 rote Paprikaschoten, geviertelt, von Samen und Scheidewänden befreit, in dünne Scheiben gehobelt
- _ 750 g grüne Weintrauben, gebrüht, gehäutet und entkernt

1

Den Ofen auf 220 °C vorheizen. Den Gamsrücken mit gewürztem Salz einreiben und mit zerlassener Butter einpinseln. Die Speckscheiben auflegen und festbinden.

2

Die restliche Butter in einer Kasserolle verlaufen lassen, den Rücken hineinlegen und im Ofen 15 Minuten braten. Zwiebeln, Knoblauch und Wacholderbeeren neben den Rücken legen und in dem Bratfett wenden. Die Temperatur auf 175 °C herunterschalten und den Rücken weitere 40 Minuten unter gelegentlichem Begießen mit dem Bratfett braten.

3

Den Speck ablösen, danebenlegen und den Rücken noch 10 Minuten bräunen lassen. Aus der Kasserolle nehmen und im abgeschalteten, halb geöffneten Ofen warm stellen.

4

Die Sauce entfetten, mit dem Cognac ablöschen, den Weißwein zugießen und auf die Hälfte einkochen. Den Extrakt unterrühren. Paprika und Trauben untermischen, aufkochen und servieren.

BEILAGEN: Kartoffelpüree, Weinsauerkraut oder Maronen.

GAMSRÜCKEN MIT ROSINEN UND MANDELBLÄTTCHEN

- 1 Rücken von einer jungen Gämse, gehäutet
- gewürztes Salz (Seite 26)
- 6 EL zerlassene Butter
- 4–5 dünne Scheiben frischer fetter Speck, 10 x 20 cm
- 2 Zwiebeln, geschält, fein gehackt
- 12 Wacholderbeeren, zerdrückt

FÜR DIE SAUCE

- 2 EL Öl, 2 EL Butter
- die Wildabgänge, klein geschnitten
- 50 g magerer Räucherspeck, in ½ cm große Würfel geschnitten
- 2 Möhren, 2 Zwiebeln und ½ kleine Sellerieknolle, geschält, in ½ cm große Würfel geschnitten
- 2 Thymianzweige
- 2 Lorbeerblätter
- 6 Stängel Petersilie
- 50 ml Weinessig
- 100 ml trockener Weißwein
- 1 TL Pfefferkörner, zerdrückt
- 400 ml Wildfond (Seite 22) oder Fleischbrühe, auch Instant
- 100 g Mandelblättchen
- 4 EL Wildextrakt oder -essenz (Seite 23/24)
- 8 EL Rosinen
- Salz und Pfeffer

1

Den Ofen auf 220 °C vorheizen. Den Gamsrücken mit dem gewürzten Salz einreiben, mit zerlassener Butter einpinseln, die Speckscheiben auflegen und festbinden. Braten, wie bei Gamsrücken mit Weintrauben (links) beschrieben.

2

Öl und Butter in einer Kasserolle erhitzen, Wildabgänge und Speck darin unter Wenden anbräunen, anschließend das Gemüse mitbräunen. Thymian, Lorbeerblätter und Petersilie untermischen. Essig und Weißwein zugießen und auf ein Drittel einkochen. Die Pfefferkörner, Wildfond oder Fleischbrühe zugeben und zum Kochen bringen. Die Hitze reduzieren und 1 Stunde köcheln lassen.

3

Inzwischen die Mandelblättchen in einer Pfanne ohne Fett unter Rühren anrösten. Den Speck von dem Gamsrücken entfernen und den Braten warm stellen.

4

Die Brühe entfetten und mit dem Gemüse durch ein feines Sieb passieren. Zurück in den Topf gießen, Wildextrakt und Rosinen zugeben, mit Salz und Pfeffer kräftig abschmecken. Noch 5 Minuten köcheln und die Mandelblättchen untermischen.

GEGRILLTE GAMSKEULE MIT WACHOLDER-SAUCE

- 1 kg Gamskeule, entbeint, küchenfertig
- 750 ml Rotweinmarinade (Seite 22)
- gewürztes Salz (Seite 26)
- 4 dünne Scheiben frischer fetter Speck, 10 x 20 cm

FÜR DIE SAUCE

- 3 EL Gin
- 10 Wacholderbeeren, zerdrückt
- Salz und Pfeffer
- 200 g Sahne oder ½ Becher Crème double

1

Die Keule in ein passendes Gefäß legen und mit der Marinade begießen. Zudecken und für 24 Stunden kühl stellen. Zwischendurch zwei- bis dreimal wenden.

2

Den Ofengrill vorheizen. Die Keule aus der Marinade nehmen, mit gewürztem Salz einreiben, mit den Speckscheiben bedecken, mit Küchengarn umbinden und in den Grillkorb des Drehspießes klemmen. 200 ml Marinade unten in die Saftschale füllen. 70 Minuten grillen. Die Keule im abgeschalteten Ofen ruhen lassen.

3

Inzwischen die Sauce entfetten, die restliche Marinade, Gin und Wacholderbeeren zufügen und auf die Hälfte einkochen. In einen Topf passieren und dabei das Gemüse gut durchdrücken. Mit Salz und Pfeffer kräftig würzen, die Sahne einrühren und sämig einkochen.

GAMSKEULE MIT WEICHSELN

- 1 ½ kg Gamskeule, küchenfertig
- 8 Knoblauchzehen, geschält
- 750 ml Rotweinmarinade (Seite 22)
- gewürztes Salz (Seite 26)
- 80 g zerlassene Butter
- 2 Zwiebeln, 2 Knoblauchzehen und 2 Möhren, geschält, gehackt
- 10 Wacholderbeeren

FÜR DIE SAUCE

- 150 ml Wildfond (Seite 22)
- 200 g Sahne
- 5 Tassen Sauerkirschen (Glas), püriert
- Salz, Pfeffer und Cayennepfeffer

1

Die Gamskeule am Knochen entlang mit den Knoblauchzehen spicken, in die Marinade legen und zugedeckt 24 Stunden in den Kühlschrank stellen. Zwischendurch wenden. Die Keule herausnehmen und abtrocknen.

2

Den Ofen auf 225 °C vorheizen. Die Keule mit gewürztem Salz einreiben. Etwas von der zerlassenen Butter auf den Boden einer passenden Bratkasserolle verteilen, die Keule hineinlegen und mit der restlichen Butter begießen. Das Gemüse und die Wacholderbeeren danebenlegen und in der Butter wenden. 25 Minuten braten.

3

Inzwischen die Marinade auf ½ l einkochen und zu dem Fleisch gießen. Die Hitze auf 175 °C reduzieren, die Kasserolle zudecken und das Fleisch 60 Minuten schmoren, dabei öfter mit der Sauce begießen. Während der letzten 25 Minuten den Deckel entfernen, damit die Keule noch bräunen kann. Herausnehmen und warm stellen.

4

Die Sauce entfetten, durch ein feines Sieb passieren, mit dem Fond wieder in den Topf gießen und sämig einkochen. Die Sahne einrühren und etwas einkochen. Das Sauerkirschmus unterziehen und mit Salz, Pfeffer und Cayennepfeffer kräftig abschmecken.

GEFÜLLTE GAMSSCHULTER

- 1 Gamsschulter, gehäutet
- ½ l Weißweinmarinade (Seite 22)
- Pfeffer und Salz

FÜR DIE FÜLLUNG

- das abgelöste Fleisch des untersten Knochens
- 50 g frischer fetter Speck und 40 g geräucherter magerer Schinken, klein gehackt
- 1 Zwiebel, geschält, fein gehackt
- 2 EL fein gehackte Petersilie
- 2 Eigelb
- 2 EL Tomatenketchup

- 1 Schweinsnetz
- 2 EL Öl, 2 EL Butter
- 300 ml herber Rotwein
- 200 ml Wildfond (Seite 22)
- 2 Tomaten, gehäutet, gehackt
- 2 Lorbeerblätter
- ¾ TL Thymian
- ¾ TL Rosmarin
- wenig Zimt
- ¼ TL Pfeffer
- 250 g Champignons, in Scheiben geschnitten
- 4 EL fein gehackte Petersilie
- 6 EL Crème fraîche
- Salz und Pfeffer

1

Die Schulter in ein gerade passendes Geschirr legen und mit der Marinade begießen. Zudecken und für 12 Stunden in den Kühlschrank stellen. Zwischendurch wenden.

2

Die Schulter aus der Marinade nehmen und abtrocknen. Den untersten Knochen abtrennen und das Fleisch ablösen, von den Sehnen befreien und für die Füllung aufbewahren. Die beiden anderen Knochen vorsichtig auslösen. Das Fleisch innen so zuschneiden – nicht abschneiden –, dass es einigermaßen gleichmäßig verteilt ist, und mit Pfeffer und Salz bestreuen.

3

Die Zutaten für die Füllung miteinander vermischen und gleichmäßig auf die Innenseite der Schulter streichen. Die Schulter zusammenrollen und in das Schweinsnetz wickeln.

4

Den Ofen auf 175 °C vorheizen. In einer passenden Kasserolle Öl und Butter erhitzen und die Schulter beidseitig darin anbraten. Mit Rotwein und Wildfond aufgießen. Tomaten, Lorbeerblätter, Thymian, Rosmarin, Zimt und Pfeffer zugeben, aufkochen, zudecken und in den Ofen stellen. 90 Minuten unter öfterem Begießen schmoren lassen. Die Schulter aus der Kasserolle nehmen, warm stellen.

5

Die Sauce passieren, zurück in die Kasserolle gießen, sämig einkochen. Die Champignons und die Petersilie zugeben und noch etwas kochen. Crème fraîche unterrühren, mit Salz und Pfeffer abschmecken und noch einmal kurz aufkochen.

GESCHMORTE GAMSSCHULTER

- 1 Gamsschulter, küchenfertig
- ½ l Weißweinmarinade (Seite 22)
- gewürztes Salz (Seite 26)
- 2 EL Öl, 2 EL Butter
- 200 ml Wildfond (Seite 22) oder Fleischbrühe

FÜR DIE SAUCE

- 3 EL Wildextrakt (Seite 24)
- 2 EL geriebener Meerrettich
- 2 EL Johannisbeergelee
- 4 EL Cognac
- Salz, Pfeffer und Cayennepfeffer
- 1 Messerspitze geriebene Muskatnuss

1

Die Schulter in ein gerade passendes Geschirr legen und mit der Marinade begießen. Zudecken und für 12 Stunden in den Kühlschrank stellen. Zwischendurch einige Male wenden. Die Schulter aus der Marinade nehmen, abtrocknen und mit gewürztem Salz einreiben.

2

Den Ofen auf 175 °C vorheizen. Öl und Butter in einer Kasserolle erhitzen und die Schulter darin von beiden Seiten anbraten. Mit dem Fond und der Marinade aufgießen, zum Kochen bringen. Zugedeckt in den Ofen stellen und 70 Minuten schmoren. Die Schulter herausnehmen und warm halten.

3

Die Schmorflüssigkeit sämig einkochen. Wildextrakt, Meerrettich, Johannisbeergelee und Cognac unterrühren, kurz durchkochen und mit Salz, Pfeffer, Cayennepfeffer und Muskatnuss würzig abschmecken.

BEILAGEN: Spätzle und gebackene Äpfel oder Polenta.

GAMSRAGOUT

ZUM MARINIEREN

- 500 g Gamsfleisch für Ragout, gehäutet, ohne Sehnen, in 2 cm große Würfel geschnitten
- 1 Zwiebel, geschält, in Scheiben geschnitten
- 4 EL Olivenöl
- 3 EL Cognac, 250 ml herber Rotwein
- Pfeffer
- 8 Wacholderbeeren, zerdrückt
- 2 Lorbeerblätter

ZUM SCHMOREN

- 1 EL Öl
- 80 g durchwachsener Räucherspeck, in kleine Würfel geschnitten
- 2 EL Butter
- 1 Zwiebel, geschält, gehackt
- 1 Knoblauchzehe, geschält, gehackt
- 200 ml Wildgrundbrühe (Seite 22) oder Fleischbrühe
- 2 Kartoffeln, geschält, gerieben
- 2 EL fein gehackte Petersilie
- 1 EL fein gehackter Kerbel
- 1 TL fein gehackter Estragon
- 1 ½ TL gewürztes Salz (Seite 26)
- ½ TL Zucker, 2 EL Kapern

1

Das Fleisch in eine Schüssel legen und mit allen anderen Zutaten zum Marinieren vermischen. Zugedeckt 12 Stunden einwirken lassen. Das Fleisch aus der Marinade nehmen und abtropfen lassen.

2

Das Öl in einer Kasserolle erhitzen und den Speck knusprig anbraten. Die Butter zugeben und zerlassen. Das Fleisch, Zwiebel und Knoblauch darin rasch rundherum hellbraun anbraten. Mit der Marinade und der Brühe auffüllen und zum Kochen bringen. Auf kleine Hitze schalten, die Kartoffeln, Kräuter, gewürztes Salz, Zucker und Kapern zufügen und zugedeckt in 70 Minuten gar schmoren.

BEILAGE: Pariser Kartoffeln.

Mufflon

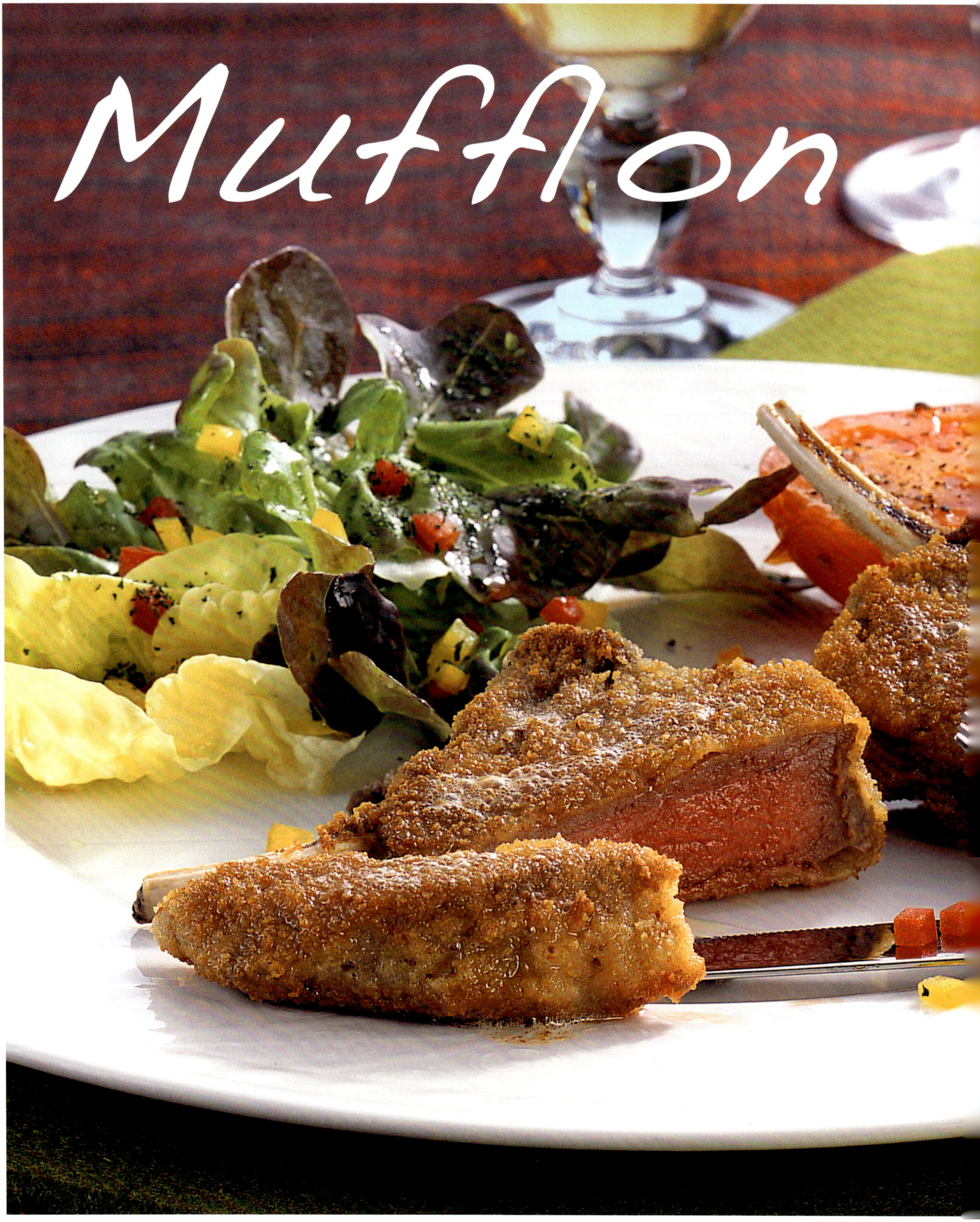

Muffelwild *(Ovis ammon musimon)* ist ein auf Korsika, Sardinien, Zypern und in Kleinasien heimisches Wildschaf, das erst im 19. Jahrhundert in Deutschland angesiedelt wurde. Es wird auch in Gehegen gehalten. Die Nahrung besteht vor allem aus Gräsern, Kräutern und Sträuchern. Die männlichen Tiere heißen Widder und tragen lange, schneckenartig nach außen gewundene Hörner (»Schnecken«), weibliche Schafe können manchmal auch kurze Stümpfe tragen. Die Körperlänge misst etwa 125 cm, das Körpergewicht beträgt 30–60 Kilogramm.

Das überhaupt nicht nach Schaf schmeckende helle Fleisch ist kurzfaserig, reich an Fettzellen und daher sehr saftig. Die Bratenstücke gelten bei Gourmets als Europas bestes Wildbret. Das Fleisch älterer Tiere sollte mariniert werden.

Das Fleisch der Wildschafe kann auch wie Reh und Lamm zubereitet werden.

Abb. links: Panierte Mufflonkoteletts
(Rezept Seite 111)

MUFFLONRÜCKEN MIT APFELSAUCE

- _ 2 kg Mufflonrücken
- _ gewürztes Salz (Seite 26)
- _ 1 Messerspitze Cayennepfeffer
- _ 1 TL gemahlener Koriander
- _ 2 EL Butter
- _ 1 große Zwiebel, geschält, gehackt
- _ 2 Knoblauchzehen, geschält, fein gehackt
- _ 2 Bund Suppengrün, geputzt, in Stücke geschnitten
- _ 150 ml trockener Weißwein

FÜR DIE SAUCE

- _ 40 g Butter
- _ 1 kg Äpfel, geschält, vom Kerngehäuse befreit, in große Stücke geschnitten
- _ Pfeffer
- _ je 1/3 TL Zucker und Zimt
- _ Saft von 1 Zitrone
- _ 150 ml trockener Weißwein
- _ 4 EL Wildextrakt oder -essenz (Seite 23/24)
- _ 4 EL Calvados

1

Den Ofen auf 225 °C vorheizen. Die Schwarte des Mufflonrückens auf der Oberseite in Rauten schneiden, dabei aber nicht das Fleisch verletzen. Gewürze und Koriander miteinander vermischen und den Rücken, vor allem die Oberseite, damit einreiben.

2

In einer Bratkasserolle die Butter zerlassen, den Rücken mit der Schwarte nach oben hineinlegen, das Gemüse danebenlegen und in der Butter wenden. In den Ofen schieben und 30 Minuten braten.

3

Die Temperatur auf 110 °C herunterschalten. Den Weißwein zugießen und den Rücken weitere 3 1/2 Stunden braten. Nach Belieben anschließend bei hoher Hitze kurz bräunen.

4

In einer großen Pfanne die Butter zum Schäumen bringen und die Apfelstücke darin von allen Seiten leicht anbraten. Die Hitze reduzieren, Pfeffer, Zucker, Zimt und Zitronensaft zugeben und so lange dünsten, bis die Äpfel gerade weich sind (sie sollen nicht zerfallen). Beiseitestellen und nicht ganz zugedeckt warm halten.

5

Den Rücken aus der Kasserolle nehmen und im abgeschalteten, halb geöffneten Ofen 20 Minuten warm stellen.

6

Den Bratfond eventuell entfetten, durch ein Sieb passieren, zurück in die Kasserolle gießen, den Wein zugießen und sämig einkochen. Wildextrakt und Calvados unterrühren, aufkochen, die Äpfel untermischen und kurz erhitzen.

BEILAGEN: Bratkartoffeln oder Kartoffelkroketten, Zwiebel- oder Champignonpüree, Rotkohl.

VARIATION

Bei der Zubereitung der Sauce eine Handvoll Rosinen mit den Apfelstücken mitdünsten.

MUFFLONKEULE

- _ 1 Mufflonkeule
- _ 750 ml Marinade mit Roséwein (Seite 22)
- _ 4 EL Öl

ZUM EINREIBEN

- _ 1 große Zwiebel, geschält und sehr fein gehackt
- _ 2 TL Thymian
- _ 1 TL gehackter Rosmarin
- _ 1 TL Wacholderbeeren, zerdrückt
- _ 4–5 Knoblauchzehen, geschält, durchgepresst
- _ 3 TL gewürztes Salz (Seite 26)
- _ 5 EL Olivenöl
- _ 1 1/2 EL scharfer Senf

FÜR DIE SAUCE

- _ 1 EL Cognac
- _ 5 EL Madeira
- _ Pfeffer und Salz

1

Von der Keule den untersten Knochen abschlagen und aufbewahren. Die Keule in ein passendes Geschirr legen, mit der Marinade begießen, zudecken und für 24 Stunden kühl stellen. Während dieser Zeit einige Male in der Marinade wenden.

2

Den Ofen auf 240 °C vorheizen. Die Keule aus der Marinade nehmen und abtrocknen. Die Zutaten zum Einreiben gut vermischen und die Keule damit dick einstreichen.

3

In einer passenden Kasserolle das Öl verlaufen lassen, die Keule hineinlegen, den abgeschlagenen Knochen daneben. 20 Minuten im Ofen anbraten.

4

Die Marinade sieben, die festen Bestandteile neben die Keule legen und 175 ml von der Flüssigkeit dazugießen. Die Temperatur auf 120 °C herunterschalten und die Keule 5 Stunden braten. Auf 175 °C schalten und in 30 Minuten fertig braten.

5

Inzwischen die restliche Marinade auf die Hälfte einkochen. Die Keule aus dem Bratgeschirr nehmen (den Knochen wegwerfen) und im abgeschalteten Ofen noch 20 Minuten ruhen lassen.

6

Den Bratfond und das Gemüse durch ein feines Sieb in einen Topf passieren (das Gemüse gut durchdrücken), die eingekochte Marinade zugießen und sämig einkochen. Cognac und Madeira zugeben, mit Pfeffer und Salz abschmecken, noch kurz kochen und getrennt zur Keule servieren.

BEILAGEN: Gedünstetes Gemüse, Kartoffeln, Polenta, Reis, weiße Bohnen, Pilze, Maronenpüree.

PANIERTE MUFFLON-KOTELETTS

- _ 4 Mufflonkoteletts
- _ Salz und Pfeffer
- _ 4 EL zerlassene Butter
- _ 6 EL Paniermehl
- _ 2 EL Butter, 2 EL Öl
- _ 8 Tomaten
- _ 2 EL Olivenöl

1

Die Koteletts auf beiden Seiten mit etwas Salz und Pfeffer würzen, in der zerlassenen Butter und anschließend im Paniermehl wenden.

2

Butter und Öl in einer Pfanne erhitzen, die Koteletts darin 2 Minuten auf jeder Seite anbraten und bei reduzierter Hitze in weiteren 3 Minuten goldbraun braten.

3

Inzwischen die Tomaten – nach Belieben im Ganzen oder halbiert – in dem Olivenöl rundum anbraten, die Temperatur herunterschalten und weich dünsten.

BEILAGE: Champignonpüree.

GEGRILLTE MUFFLON-KOTELETTS

- _ 4 Mufflonkoteletts
- _ Pfeffer
- _ 2 EL Balsamico-Essig
- _ 3 EL Olivenöl
- _ 8 Artischockenböden
- _ 1/4 l kochendes Wasser, vermischt mit 1 EL Zitronensaft
- _ 2 EL Butter
- _ 100 g feine grüne Erbsen (tiefgefroren)
- _ Salz

1

Die Koteletts auf beiden Seiten mit Pfeffer, Essig und Olivenöl einreiben und 2 Stunden einziehen lassen.

2

Die Artischockenböden in das kochende Zitronenwasser einlegen und in 15–20 Minuten bei reduzierter Hitze nicht ganz weich kochen. Herausnehmen und gut abtropfen lassen. 1 EL Butter in einer Kasserolle zerlassen, die Artischockenböden darin wenden und 5 Minuten dünsten.

3

Inzwischen den Ofengrill vorheizen. Die restliche Butter in einem Topf zerlassen und die Erbsen mit 3 EL Wasser darin 10 Minuten zugedeckt dünsten. Mit Zucker und Salz abschmecken und in die Artischockenböden füllen. Warm halten.

4

Die Koteletts auf jeder Seite 7 Minuten grillen. Mit Salz und Pfeffer würzen.

BEILAGEN: Pariser Kartoffeln und mit Estragon abgeschmeckte Tomatensauce.

GRATINIERTE MUFFLONKOTELETTS

- _ 4 EL Öl
- _ 4 Mufflonkoteletts
- _ 2 EL Butter
- _ Salz und Pfeffer
- _ 150 g Champignons, geputzt, fein gehackt
- _ 300 ml Mornaysauce (Seite 230)

1

Das Öl in einer Pfanne erhitzen und die Koteletts darin auf jeder Seite 3 Minuten braten, herausnehmen.

2

Den Ofen auf 230 °C vorheizen. Eine feuerfeste, flache Schale mit der Butter ausstreichen und die Koteletts nebeneinander hineinlegen, mit Salz und Pfeffer bestreuen. Die Champignons unter die Mornaysauce mischen und die Koteletts damit überziehen. Im Ofen 8 Minuten überbacken.

BEILAGEN: Zwiebelpüree, Madeirasauce.

VARIATION

Das Zwiebelpüree (Beilage) zusammen mit den Champignons unter die Mornaysauce ziehen und die Koteletts damit überbacken.

Hase

Der Feldhase *(Lepus europaeus)* ist in ganz Mitteleuropa anzutreffen. Er ist an seiner Körpergröße, den langen Hinterbeinen sowie den schwarzen Spitzen an den langen Ohren (»Löffeln«) deutlich von dem kleineren Wildkaninchen zu unterscheiden. Der Hase bevorzugt Gebiete mit lichtem Waldbestand und Feldgehölzen in niedrigen Lagen und mit schweren Böden, er ernährt sich von den dort anzutreffenden Pflanzen. Die Körperlänge misst 50–70 cm, das Körpergewicht beträgt 2,5–6 Kilo. Der Großteil der heute im Handel angebotenen Hasen und Hasenteile kommt tiefgefroren aus Argentinien.

Das besonders von jungen Tieren zarte braunrote Fleisch hat ein vorzügliches Aroma. Das anhaftende Fett sollte vor der Zubereitung (und vor der Lagerung!) entfernt werden. Rücken und Keulen (Schlegel, Hinterläufe) sind die besten Stücke und werden in der Regel im Ganzen gebraten. Die Blätter (Vorderläufe mit den Schultern) und die übrigen Fleischteile werden zu Ragout und Hasenpfeffer verarbeitet. Kleine Hasen werden auch im Ganzen gebraten, wobei der Rücken in den letzten 30 Minuten mit Alufolie abgedeckt werden sollte, da er schneller durchgegart ist.

Abb. links: Gespickter Hasenrücken

HASENRÜCKEN MIT PILZEN

- 1 Hasenrücken, gehäutet, gespickt
- 300 ml Weißweinmarinade (Seite 22), jedoch ohne Wasser und Essig
- 1 EL Öl, 2 EL Butter
- 4 EL Cognac
- 60 g Sahne
- Pfeffer

FÜR DIE SAUCE

- 3 TL scharfer Senf
- Salz, Pfeffer, Cayennepfeffer
- 3 EL Zitronensaft

- 2 EL Butter
- 250 g kleine Champignons (oder Pfifferlinge), geputzt
- 1 EL gehackte Petersilie
- Pfeffer und Salz

1

Den Rücken in ein passendes Geschirr legen, mit der Marinade begießen und zugedeckt 8–12 Stunden kühl marinieren. Zwischendurch einige Male wenden. Herausnehmen und trockentupfen. Die Marinade durchsieben.

2

Den Ofen auf 175 °C vorheizen. In einer Kasserolle Öl und Butter erhitzen und den Rücken darin beidseitig anbraten. Mit dem

Cognac ablöschen, die Marinade sowie die Sahne zugießen und mit Pfeffer bestreuen. Im Ofen 40 Minuten unter öfterem Begießen braten. Den Rücken herausnehmen, warm halten.

3

Den Senf in den Bratfond rühren, sämig einkochen und die Sauce mit Salz, Pfeffer, Cayennepfeffer und Zitronensaft abschmecken.

4

Die Butter in einem Topf zerlassen, die Pilze darin anbraten und weich dünsten, die Petersilie untermischen, mit Pfeffer und Salz abschmecken.

5

Die Filets sorgfältig vom Knochen lösen, quer in dicke Scheiben schneiden und auf eine vorgewärmte Platte legen. Mit der Sauce begießen und mit den Pilzen garnieren.

BEILAGEN: Spätzle, pochierte Birnen, gefüllt mit Preiselbeeren.

HASENRÜCKEN MIT KAPERN

- **2 Hasenrücken, gehäutet**
- **600 ml Weißweinmarinade (Seite 22)**
- **3 EL Butter, 3 EL Öl**
- **300 ml Wildkraftbrühe (Seite 23)**
- **Pfeffer und Salz**
- **8 EL Kapern**
- **500 g saure Sahne**

1

Die Rücken in ein passendes Geschirr legen, mit der Marinade begießen und 12 Stunden im Kühlschrank zugedeckt und unter öfterem Wenden marinieren. Herausnehmen und trockentupfen. Die Marinade durchsieben und auf 100 ml einkochen.

2

Den Ofen auf 175 °C vorheizen. Die Butter und das Öl in einer passenden Kasserolle erhitzen und die Rücken rundum anbraten. Mit den großen Filets nach oben legen, die Marinade und die Hälfte der Brühe zugießen, zum Kochen bringen und unbedeckt 45 Minuten im Ofen schmoren. Dabei öfter mit dem Schmorfond begießen. Die Rücken herausnehmen, warm halten.

3

Die restliche Brühe in die Kasserolle gießen, dicklich einkochen, kräftig mit Pfeffer und Salz abschmecken. Die Kapern und die saure Sahne unterrühren, erhitzen, aber nicht mehr kochen. Nochmals abschmecken und 8 Minuten durchziehen lassen.

4

Die großen und kleinen Filets auslösen, in dicke Scheiben schneiden und mit der Sauce begießen.

BEILAGE: Kartoffelklöße, Kartoffelpüree oder Nudeln.

HASENRÜCKEN IN MADEIRA

- **2 Hasenrücken, gehäutet**

FÜR DIE MARINADE

- **300 ml Madeira**
- **1 Möhre, geschält, in Scheiben geschnitten**
- **1 Zwiebel, geschält, in Scheiben geschnitten**
- **½ TL Thymian**
- **½ TL Rosmarin**
- **2 Lorbeerblätter**
- **15 Wacholderbeeren, zerdrückt**
- **½ TL Pfeffer**

- **4 EL Butter, 2 EL Öl**
- **350 g Sahne**
- **Salz und Pfeffer**
- **4 EL Madeira**

1

Die Rücken in ein passendes Geschirr legen. Die Zutaten für die Marinade vermischen, über die Rücken gießen und 12 Stunden zugedeckt im Kühlschrank unter mehrmaligem Wenden marinieren. Herausnehmen, trockentupfen.

2

Den Ofen auf 170 °C vorheizen. Butter und Öl in einer großen Kasserolle erhitzen und die Rücken von allen Seiten schnell anbraten. Mit der Oberseite nach oben legen, die Marinade zugießen, zum Kochen bringen, in den Ofen schieben und unter öfterem Begießen etwa 45 Minuten braten. Die Rücken herausnehmen und warm halten. Den Bratfond durch ein Sieb passieren und zurück in die Kasserolle gießen.

3

Die Sahne zugießen, unter Rühren dicksämig einkochen und mit Salz und Pfeffer abschmecken. Den Madeira unterrühren und noch etwas einkochen.

4

Die großen und kleinen Filets vom Knochen lösen, in dicke Scheiben schneiden.

BEILAGEN: Croûtons, Kartoffelpüree, Rotkohl.

HASENRÜCKEN MIT ROTE-BETE-GEMÜSE

- _ 1 Hasenrücken, gehäutet
- _ 300 ml Rotweinmarinade (Seite 22)
- _ 2 EL Butter, 2 EL Öl
- _ 4 EL durchwachsener Räucherspeck, in ½ cm große Würfel geschnitten
- _ 1 kleine Zwiebel, geschält, gehackt
- _ 1 Knoblauchzehe, geschält, gehackt
- _ Pfeffer
- _ ½ TL Koriandersamen, zerstoßen
- _ 200 ml Wildkraftbrühe (Seite 23) oder Fleischbrühe

FÜR DAS GEMÜSE

- _ 1 große Rote Bete
- _ 1 EL Butter
- _ 2 TL Essig
- _ 1 Messerspitze Ingwerpulver
- _ Pfeffer und Salz
- _ 1 Messerspitze gemahlene Nelken

FÜR DIE SAUCE

- _ 2 EL Tomatenketchup
- _ 200 g Sahne
- _ Salz und Pfeffer
- _ 3 EL Madeira
- _ 1 EL Zitronensaft

1

Den Hasenrücken in ein passendes Geschirr legen, mit der Marinade begießen und für 6 Stunden zugedeckt in den Kühlschrank stellen, zwischendurch mehrmals wenden. Herausnehmen, abtropfen und trockentupfen. Die Marinade auf 100 ml einkochen.

2

Den Ofen auf 170 °C vorheizen. In einer Kasserolle, die den Rücken fasst, Butter und Öl erhitzen und den Speck darin leicht bräunen. In dem heißen Fett den Rücken schnell von allen Seiten anbraten. Mit der gewölbten Seite nach oben legen, Zwiebel und Knoblauch zugeben und glasig dünsten. Den Rücken mit Pfeffer und Koriander bestreuen, die Marinade mit dem Gemüse und den Gewürzen sowie die Brühe zugießen und zugedeckt im Ofen unter öfterem Begießen mit dem Schmorfond 45–50 Minuten schmoren.

3

Inzwischen die Rote Bete ungeschält weich kochen, etwas abkühlen lassen, schälen und nicht zu fein hacken. In einem Topf die Butter zerlassen, die Rote Bete zugeben, mit Essig, Ingwer, Pfeffer, Salz und Nelke abschmecken und 10 Minuten dünsten.

4

Den Rücken herausnehmen und warm stellen. Den Schmorfond durch ein feines Sieb drücken und wieder in die Kasserolle gießen. Tomatenketchup und Sahne einrühren und sämig einkochen. Mit Salz, Pfeffer, Madeira und Zitronensaft kräftig abschmecken.

5

Die Filets von den Knochen lösen, in dicke Scheiben schneiden und mit etwas Sauce begießen. Das Gemüse und die restliche Sauce getrennt servieren.

HASENRÜCKEN MIT TRAUBENSAUCE UND BANANEN

- _ 1 Hasenrücken, gehäutet, gespickt
- _ 300 ml Weißweinmarinade (Seite 22), jedoch ohne Essig und Wasser
- _ 2 EL Butter, 1 EL Öl
- _ Pfeffer und Salz
- _ 2 Zwiebeln, geschält, gehackt

FÜR DIE SAUCE

- _ 500 g kernlose grüne Weintrauben
- _ 1 EL Butter, 2–3 TL Zucker
- _ 100 ml Wildgrundbrühe (Seite 22) oder Fleischbrühe
- _ 1 EL Zitronensaft
- _ 1 EL Zucker
- _ 4 EL Madeira
- _ Salz und Pfeffer
- _ 1 Messerspitze Cayennepfeffer

FÜR DIE BANANEN

- _ 3–4 EL Butter
- _ 2 Bananen, geschält, in 1 cm dicke Scheiben geschnitten

1

Den Rücken in eine Schüssel legen und mit der Marinade begießen. Zugedeckt im Kühlschrank unter mehrmaligem Wenden marinieren. Herausnehmen, abtropfen, trockentupfen. Die Marinade durchsieben.

2

Den Ofen auf 170 °C vorheizen. Butter und Öl in einer passenden Kasserolle erhitzen und den Rücken schnell darin anbraten. Die Zwiebeln neben dem Rücken verteilen und mitbräunen. Die Oberseite mit Pfeffer und Salz bestreuen, die Marinade zugießen und in den Ofen schieben. 45–55 Minuten unter öfterem Begießen mit dem Fond braten.

3

Inzwischen die Trauben 5 Minuten in kochendes Wasser legen, abgießen, mit kaltem Wasser abschrecken und vorsichtig die Haut abziehen. In einem Topf Butter und Zucker schmelzen und die Trauben darin ganz leicht wenden, bis der Saft verkocht ist.

4

Den Hasenrücken aus der Kasserolle nehmen und warm halten.

5

Die Brühe, Zitronensaft, Zucker und den Bratfond in die Kasserolle füllen und sämig einkochen. Den Madeira zufügen und mit Salz, Pfeffer und Cayennepfeffer abschmecken. Die Trauben vorsichtig untermischen.

6

In einer Pfanne die Butter zerlassen und die Bananenscheiben darin beidseitig anbraten, sie dürfen nicht zerfallen.

7

Die großen und kleinen Filets von den Knochen lösen, in schöne, dicke Scheiben schneiden, auf eine vorgewärmte Platte legen, mit der Sauce begießen und die Bananen herumlegen.

BEILAGE: Kartoffelkroketten.

VARIATION

Rote Trauben verwenden und die Sauce mit 2 EL Preiselbeeren und Crème fraîche verfeinern. Brokkoli dazuservieren.

HASENRÜCKEN MIT GRAPEFRUIT-SAUCE

- 2 EL Butter, 2 EL Olivenöl
- 1 Hasenrücken, küchenfertig
- Pfeffer
- 50 ml Wildgrundbrühe (Seite 22) oder Fleischbrühe

FÜR DIE SAUCE

- 2 EL in feine Julienne geschnittene Grapefruitschale
- 2 Grapefruits
- 100 ml Weißwein
- 100 ml Wildgrundbrühe (Seite 22)
- 3 EL Wildextrakt oder -essenz (Seite 23/24)
- Salz und Pfeffer

1

Den Ofen auf 170 °C vorheizen. Butter und Öl in einer Kasserolle erhitzen und den Rücken beidseitig anbraten, ohne dass das Fett verbrennt. Mit der Oberseite nach oben legen, mit Pfeffer bestreuen, die Brühe zugießen, in den Ofen schieben und zugedeckt unter öfterem Begießen mit dem Bratfond 40–45 Minuten braten.

2

Inzwischen die Grapefruitjulienne 5 Minuten in Wasser kochen, abgießen, kalt abschrecken. Die Grapefruits halbieren und die Segmente mit einem spitzen Messer aus den Zwischenhäuten herauslösen. Den verbleibenden Saft in ein Glas gießen.

3

Den fertig gebratenen Rücken aus der Kasserolle nehmen und warm halten. Den Fond mit dem Weißwein ablöschen und den Bratsatz losschaben. Die Brühe zugießen und dick einkochen. Den Grapefruitsaft und den Wildextrakt zugeben und sämig einkochen. Die Julienne und die ausgelösten Segmente unterrühren, mit Salz und Pfeffer abschmecken und noch 5 Minuten ziehen lassen. Ein wenig von der Sauce über den Rücken gießen, den Rest getrennt servieren.

BEILAGE: Rotkohl, mit etwas Johannisbeergelee vermischt.

HASENRÜCKEN MIT MARTINI ROSSO

- 2 Hasenrücken, küchenfertig
- 250 ml Martini Rosso
- 1 Lorbeerblatt
- 1/4 TL zerriebener Rosmarin
- 2 EL Butter, 1 EL Öl
- gewürztes Salz (Seite 26)
- 1 Zwiebel, geschält, fein gehackt

FÜR DIE SAUCE

- 150 g Crème fraîche
- 1 TL fein gehackte Zitronenmelisse
- Salz und Pfeffer

1

Die Hasenrücken in ein sie gerade fassendes Gefäß legen, mit dem Martini begießen, das Lorbeerblatt und den Rosmarin zufügen und 2–3 Stunden marinieren. Die Hasenrücken herausnehmen und trockentupfen.

2

Den Ofen auf 170 °C vorheizen. Butter und Öl in einer passenden Kasserolle erhitzen und die Hasenrücken rundum schnell anbraten. Auf die Unterseite legen, mit gewürztem Salz bestreuen, die Zwiebel danebenlegen und goldgelb anschwitzen. Mit der Marinade aufgießen, aufkochen und 40–45 Minuten im Ofen garen, dabei öfter mit dem Fond beschöpfen. Die Rücken herausnehmen und im abgestellten, halb geöffneten Ofen warm halten.

3

Crème fraîche in den Fond rühren, sämig einkochen, mit Zitronenmelisse, Salz und Pfeffer abschmecken. Den Hasenrücken anrichten und mit der Sauce servieren.

BEILAGEN: Kartoffelkroketten und Rotkohl.

GEFÜLLTE HASENKEULEN

- 2 Hasenkeulen, küchenfertig
- 200 ml Buttermilch
- 4 Wacholderbeeren, zerdrückt

FÜR DIE FÜLLUNG

- 100 g Schweinefleisch, durchgedreht
- 1 Scheibe Weißbrot ohne Rinde, in 2 EL Sahne geweicht
- ½ Knoblauchzehe, geschält, fein gehackt
- 2 EL fein gehackte Gewürzgurke
- 1 EL fein gehackte Petersilie
- ½ TL gewürztes Salz (Seite 26)
- 1 Eigelb
- 2 EL Madeira

- 2 EL Öl, 2 EL Butter
- 1 Zwiebel, geschält, fein gehackt
- 1 Bund Suppengrün, geputzt, fein gehackt
- 6 Wacholderbeeren, zerdrückt
- 200 ml Rotwein, 100 g Crème fraîche
- 1 EL Johannisbeergelee

1

Die Hasenkeulen in eine Schüssel legen, mit der Buttermilch übergießen, die Wacholderbeeren zugeben und 24 Stunden zugedeckt im Kühlschrank marinieren. Herausnehmen, abwaschen und abtrocknen. Auf der Innenseite bis zum Knochen aufschlitzen und vorsichtig Knochen und Sehnen entfernen. Die Knochen klein hacken. Das Fleisch leicht klopfen, die Innenseiten beider Keulen aufeinanderlegen und bis auf eine Seite mit Küchengarn zusammennähen.

2

Alle Zutaten für die Füllung gut miteinander vermischen und in die genähte Tasche füllen, zunähen.

3

In einer passenden Kasserolle Öl und Butter erhitzen und die Keulen rundherum schnell anbraten. Knochen, Zwiebel und Suppengrün zugeben und ebenfalls anbraten. Die Hitze zurücknehmen, die Wacholderbeeren zufügen, den Rotwein zugießen und zugedeckt 60 Minuten ganz leicht schmoren. Die Keulen herausnehmen und warm stellen.

4

Die Sauce durch ein feines Sieb passieren, zurück in die Kasserolle gießen und dicklich einkochen. Crème fraîche und Johannisbeergelee unterrühren und kräftig abschmecken.

BEILAGE: Sauerkraut.

HASENKEULEN MIT MARONENPÜREE

- 4 Hasenkeulen, gehäutet, der unterste Knochen ausgelöst
- 500 ml Weißweinmarinade (Seite 22)
- 2 EL Butter
- 2 EL Öl
- Salz und Pfeffer
- 200 ml Pfeffersauce (Seite 229)
- 500 g Maronenpüree (Seite 226)

1

Die Hasenkeulen in eine Schüssel legen, mit der Marinade begießen und 12 Stunden marinieren. Herausnehmen und abtrocknen. Die Marinade auf 60 ml einkochen und durchsieben.

2

Butter und Öl in einer Kasserolle erhitzen und die Hasenkeulen von beiden Seiten schnell anbraten. Die Keulen salzen, pfeffern, die Marinade zugießen und bei reduzierter Hitze fast zugedeckt 30 Minuten weiterbraten, dabei einmal umdrehen. Herausnehmen und warm stellen.

3

Den Bratsatz mit der Pfeffersauce loslösen, vom Topfboden schaben und ein wenig Sauce über die Keulen gießen. Den Rest sowie das Maronenpüree getrennt servieren.

GESCHMORTE HASENKEULEN

- 4 Hasenkeulen, küchenfertig
- Salz und Pfeffer
- 2 EL Butter, 2 EL Öl
- 2 Bund Suppengemüse, geputzt, grob gehackt
- 1 EL Johannisbeergelee
- 125 ml Rotwein
- 1 Lorbeerblatt
- 1 Rosmarinzweig
- 2 Thymianzweige
- 5 Wacholderbeeren, zerdrückt
- 5 Pfefferkörner
- 2 Gewürznelken
- 400 ml Wildfond (Seite 22)

1

Die Hasenkeulen mit Salz und Pfeffer einreiben. Butter und Öl in einer Kasserolle erhitzen und die Keulen darin rundum anbraten. Herausnehmen.

2

Den Ofen auf 170 °C vorheizen. Das Suppengemüse mit dem Johannisbeergelee in der Kasserolle verteilen und leicht karamellisieren. Den Rotwein zugießen und um die Hälfte einkochen. Kräuter, Gewürze und den Wildfond hinzufügen, aufkochen und die Hasenkeulen einlegen. Zugedeckt etwa 1 Stunde im Ofen schmoren.

3

Die Keulen herausnehmen und warm halten. Den Fond durchsieben und sämig einkochen. Über die Keulen gießen.

BEILAGEN: Schupfnudeln, Rosenkohl, in Butter und Zucker karamellisierte Apfelspalten, Rumtopffrüchte.

Geschmorte Hasenkeulen

HASENMEDAILLONS

- 1 Hasenrücken, gehäutet
- 15 Spitzmorcheln
- 4 EL Butter
- 8 EL Cognac
- Pfeffer
- 8 EL Madeira
- 100 g gepökelte Rinderzunge, in 1 cm große Würfel geschnitten
- 2 EL Wildextrakt oder -essenz (Seite 23/24)
- Pfeffer und Salz

1

Die Filets sorgfältig vom Knochen lösen und quer in 3 cm dicke Scheiben schneiden. Aus den zerhackten Knochen und Abgängen einen Extrakt (Seite 24) kochen. Die Morcheln 30 Minuten in lauwarmem Wasser einweichen, das Wasser abgießen und die Morcheln in feine Streifen schneiden.

2

Die Butter in einer Kasserolle erhitzen und die Medaillons beidseitig schnell anbraten. Mit dem Cognac ablöschen und auf niedrigere Temperatur schalten. Mit Pfeffer bestreuen, 4 EL Madeira zugießen, Morcheln und Zunge beigeben und zugedeckt 15 Minuten schmoren. Die Medaillons herausnehmen und warm stellen.

3

Den Extrakt und den restlichen Madeira in den Schmorfond rühren, etwas einkochen, mit Pfeffer und Salz abschmecken.

BEILAGE: Champignonpüree, in Blätterteigpastetchen angerichtet.

FLAMBIERTE HASEN-MEDAILLONS MIT ROSENKOHL

FÜR DEN ROSENKOHL

- 750 g Rosenkohl, geputzt
- 6 EL geriebener Parmesan
- 6 EL zerlassene Butter

- 4 Hasenfilets, gehäutet
- 4 EL Öl, 3 EL Butter
- Salz und Pfeffer
- 3 EL Cognac
- 2 TL scharfer Senf
- 3 EL Zitronensaft
- 200 g Sahne

1

Den Ofen auf 225 °C vorheizen. Den Rosenkohl in Salzwasser fast gar kochen. Abgießen, in eine feuerfeste Form legen, mit Parmesan bestreuen und mit der Butter begießen. Im Ofen braun überbacken.

2

Die Hasenfilets quer in 3 cm dicke Stücke schneiden. Öl und Butter in einer Pfanne zum Schäumen bringen und die Filets darin von beiden Seiten schnell anbraten. Die Hitze reduzieren und die Filets auf beiden Seiten weitere 4 Minuten braten, das Fleisch soll durchgebraten sein. Mit Salz und Pfeffer bestreuen, mit Cognac ablöschen, anzünden und die Pfanne ein wenig hin- und herrütteln. Das Fleisch herausnehmen und warm stellen.

3

Senf und Zitronensaft mit der Sauce verrühren, die Sahne zugießen und sämig einkochen. Abschmecken. Die Filets mit der Sauce übergießen. Den Rosenkohl getrennt servieren.

VARIATION

In Speck und Butter gedünstete Pfifferlinge separat zu den flambierten Medaillons servieren; nach Belieben auch in die Sauce rühren.

HASENFILET MIT ÄPFELN

- 2 EL Butter, 2 EL Öl
- die kleinen und großen Filets von 1 gehäuteten Hasenrücken
- 1 Zwiebel, geschält, gehackt
- 80 ml heißer Wildfond (Seite 22)
- 8 Wacholderbeeren, zerdrückt
- 1 großes Lorbeerblatt
- 1 Thymianzweig
- 1/4 TL Pfeffer

FÜR DIE SAUCE

- 2–3 EL Calvados
- 4 EL Wildextrakt oder -essenz (Seite 23/24)
- 150 g Sahne
- Salz und Pfeffer

FÜR DIE ÄPFEL

- 4 EL Butter
- 2 große säuerliche Äpfel, Kerngehäuse entfernt, in 1 cm dicke Scheiben geschnitten
- etwa 10 TL Preiselbeerkonfitüre

1

Den Ofen auf 165 °C vorheizen. Butter und Öl in einer Kasserolle erhitzen und die Filets rundherum kurz anbraten. Die Zwiebel zugeben und glasig schwitzen. Den Wildfond zugießen, Kräuter und Pfeffer zugeben und zugedeckt 20 Minuten unter öfterem Begießen mit dem Fond im Ofen garen. Die Filets herausnehmen und warm stellen.

2

Die Sauce durch ein feines Sieb passieren und wieder in die Kasserolle gießen. Mit dem Calvados, Wildextrakt und der Sahne vermischen, sämig einkochen, mit Salz und Pfeffer abschmecken.

3

Während des Einkochens der Sauce in einer Pfanne die Butter erhitzen und die Apfelscheiben darin sanft von beiden Seiten weich braten.

4

Die Filets in Scheiben schneiden, auf eine vorgewärmte Platte legen, mit der Sauce begießen und mit den Apfelscheiben, in deren Mitte je 1 TL Preiselbeerkonfitüre gefüllt wird, garnieren.

BEILAGE: Kartoffelkroketten.

HASENFILETS MIT ROSINEN UND NÜSSEN

FÜR DIE SAUCE

- 3 leicht gehäufte EL Zucker
- 6 EL Weinessig
- 300 ml Wildfond (Seite 22)
- 3 EL Tomatenketchup
- 3 EL Wildextrakt oder -essenz (Seite 23/24)
- 3/4 TL Pfeffer
- Salz
- 1 EL Speisestärke, in etwas kaltem Wasser verrührt
- je 3–4 EL Rosinen und/oder Korinthen, in Wasser gequollen und abgegossen
- 3–4 EL Pinienkerne, im Ofen geröstet

- 1 Hasenrücken, gehautet
- 3 EL Butter
- 1 EL Öl

1

In einer Kasserolle den Zucker schmelzen lassen, bis er zu einem goldgelben, flüssigen Karamell geworden ist. Mit dem Essig ablöschen, den Fond zugießen und auf etwa 100 ml einkochen. Tomatenketchup, Extrakt und Pfeffer zugeben und mit Salz abschmecken. Die Speisestärke einrühren und aufkochen, die Sauce soll etwas sämig sein. Rosinen, Korinthen und Pinienkerne untermischen.

2

Die großen Filets der Oberseite sowie die kleinen der Unterseite des Hasenrückens sorgfältig vom Knochen ablösen. Die großen Filets quer in 3–4 dicke Stücke schneiden und mit der Hand etwas flach drücken. Butter und Öl in einer Pfanne bei mittlerer Temperatur erhitzen und alle Filetscheiben sowie die verbliebenen kleinen Filets von beiden Seiten je 4 Minuten braten; sie dürfen nicht anbrennen, sollen aber durchgebraten sein. Auf einer Platte anrichten und mit der Sauce begießen.

BEILAGE: Sellerie- oder Linsenpüree.

HASENPFEFFER

- 1 Hase, küchenfertig – in Stücke geteilter Rücken, Keulen und Schultern
- 750 ml Rotweinmarinade (Seite 22)
- 250 g magerer Räucherspeck, in kleine Würfel geschnitten
- 1 EL Butter
- 1–2 Zwiebeln, geschält, fein gehackt
- 1 Knoblauchzehe, geschält, fein gehackt
- 4 EL Mehl
- 300 ml Wildfond (Seite 22)
- 3 EL Cognac
- 1 EL Johannisbeergelee
- 50 g glacierte Zwiebeln (Seite 223)
- 2 EL Butter
- 500 g kleine Champignons, geputzt
- 1 Hasenleber (wenn vorhanden), gehäutet und in feine Scheiben geschnitten
- 3 EL Zitronensaft
- Pfeffer und Salz

1

Die Hasenteile in eine Schüssel legen, die Marinade darübergießen und zugedeckt 12–24 Stunden im Kühlschrank marinieren. Herausnehmen und trockentupfen. Die Marinade durchsieben.

2

Den Ofen auf 165 °C vorheizen. In einer Kasserolle den Speck in der Butter knusprig anbraten, herausschöpfen und beiseitestellen. Das Fleisch in dem heißen Fett schnell rundherum anbraten. Zwiebeln und Knoblauch zufügen, glasig schwitzen, mit dem Mehl bestauben und unter Rühren leicht bräunen. Mit der Marinade und dem Wildfond aufgießen, Cognac und Johannisbeergelee zufügen, aufkochen, den Deckel auflegen, im Ofen 90 Minuten schmoren.

3

Inzwischen die glacierten Zwiebeln zubereiten. 2 EL Butter in einer Kasserolle erhitzen und die Champignons darin rundherum anbraten. Zwiebeln, Champignons und den Speck zum Hasen geben und noch 30 Minuten weiterschmoren.

4

Zuletzt die Hasenleber hinzufügen und weitere 5 Minuten bei schwacher Hitze schmoren. Mit Zitronensaft, Pfeffer und Salz kräftig abschmecken.

BEILAGE: Kartoffelpüree, Semmelknödel oder in Butter gebratene Weißbrotscheiben.

VARIATION

Weich gekochte Linsen mit dem Speck und den Pilzen zum Fleisch geben. Mit kleinen, halbierten Eierkuchen servieren.

HASE IM TOPF

- 4 EL Butter
- 120 g durchwachsener Räucherspeck, in kleine Würfel geschnitten
- 6 Hasenkeulen, gehäutet, vom Knochen gelöst, Sehnen entfernt, in nicht zu kleine Stücke geschnitten
- 2 Zwiebeln, geschält, gehackt
- 1 Knoblauchzehe, geschält, gehackt
- 1 Möhre, geschält, in dünne Scheiben geschnitten
- 4 EL Mehl
- 4 EL Cognac
- 600 ml warme Wildgrundbrühe (Seite 22) oder Fleischbrühe
- 1 ½ TL gewürztes Salz (Seite 26)
- 600 g Sahne

1

Den Ofen auf 165 °C vorheizen. In einer Kasserolle die Butter zerlassen und den Speck darin leicht anbraten. Das Fleisch zugeben und braun anbraten. Zwiebeln, Knoblauch und Möhre hinzufügen, hell andünsten, mit dem Mehl bestauben und unter Rühren anschwitzen.

2

Mit dem Cognac ablöschen und die Brühe zugießen. Gewürztes Salz einstreuen und alles mit der Sahne übergießen. Zugedeckt im Ofen 3 Stunden schmoren. (In der Zwischenzeit aus den zerhackten Knochen einen Extrakt, Seite 24, auf Vorrat kochen.) Abschmecken, eventuell noch nachwürzen.

GESCHMORTES HASENFLEISCH

- 4 Hasenkeulen, gehäutet, vom Knochen gelöst, Sehnen entfernt, in 2–3 cm große Stücke geschnitten
- ½ TL Pfeffer, ½–1 TL Salz
- 10 Wacholderbeeren, zerdrückt
- 2 Lorbeerblätter
- 1 TL Thymian
- 4 TL gehackter Majoran
- 2 TL gehackter Kerbel
- 4 Scheiben Roggenbrot, zerbröselt
- 500 g Schweinebauch ohne Knochen und Schwarte, in 1 ½ cm große Würfel geschnitten
- 4 EL Johannisbeergelee, mit 1 TL scharfem Senf, 1 EL geriebener Zitronenschale und 80 ml Weinessig vermischt
- 400 ml herber Rotwein
- ½ l warmer Wildfond (Seite 22) oder Fleischfond

1

Den Ofen auf 250 °C vorheizen. In einen feuerfesten Topf mit Deckel eine Schicht Hasenfleisch legen, mit einem Teil der Gewürze, Kräuter und Roggenbrotbrösel bestreuen, darauf eine Schicht Schweinebauch legen und so fortfahren, bis die Zutaten aufgebraucht sind.

2

Auf der Oberfläche das vermischte Johannisbeergelee verteilen, den Rotwein und Fond zugießen und zugedeckt in den Ofen stellen. Nach 20–25 Minuten, wenn die Flüssigkeit leicht kocht, die Ofenhitze auf 165 °C herunterschalten und noch 2 ½ Stunden schmoren. Abschmecken. (Aus den zerhackten Knochen und Abgängen einen Extrakt, Seite 24, kochen und für das nächste Gericht aufbewahren.)

BEILAGE: Kartoffelklöße oder Croûtons.

Hasenpfeffer

HASENRÖLLCHEN IN ROTWEINSÜLZE

_ 2 Hasenkeulen, gehäutet
_ 2 TL Sardellenpaste
_ Pfeffer und Salz
_ 4 EL magerer Räucherspeck, in kleine Würfel geschnitten
_ 2 EL gehackte Kapern
_ 2 EL fein gehackte Essiggurke
_ 300 ml Wildfond (Seite 22) oder Fleischfond
_ 200 ml herber Rotwein, 1 EL Essig

FÜR DIE GARNITUR

_ 2 hart gekochte Eier, geschält, in Scheiben geschnitten
_ 2 Tomaten, gehäutet, in Scheiben geschnitten, 4 Stängel Petersilie
_ ½ Zitrone, in Schnitze geschnitten

1

Die Keulen auf der Innenseite einschneiden, die Sehnen und Knochen vorsichtig herauslösen. 2 schöne Schnitzel aus jeder Keule zuschneiden und flach klopfen. Auf der Innenseite mit Sardellenpaste bestreichen, pfeffern und wenig salzen. Den Speck, Kapern und Essiggurke mischen und je 1 Löffel auf ein Schnitzel setzen, zusammenrollen und zusammenbinden oder mit einem Holzspießchen zusammenstecken.

2

Fond und Rotwein zum Kochen bringen, die Röllchen darin auf kleiner Hitze in 60–70 Minuten garen. Der Fond soll nur leicht köcheln. Abkühlen lassen. Die Röllchen herausnehmen, Garn oder Spießchen entfernen.

3

Die Brühe mit Essig abschmecken und ein Gelee (Seite 25) daraus zubereiten. In eine kalt ausgespülte Form eine ½ cm dicke Schicht Gelee gießen, abkühlen und erstarren lassen. Die Röllchen darauflegen, den Rest des Gelees darübergießen und erstarren lassen. Die Sülze auf eine Platte stürzen und mit Eierscheiben, Tomaten, Zitronenschnitzen und Petersilie garnieren.

BEILAGEN: Bratkartoffeln und Remouladensauce oder Toast, Butter und Cumberlandsauce.

HASENKUCHEN

Für 4–5 Personen

_ 500 g rohes Hasenfleisch, gehäutet, Sehnen entfernt, durchgedreht
_ 250 ml dick eingekochte Béchamelsauce (Seite 230), abgekühlt
_ 4 Eigelb
_ 1 TL abgeriebene Zitronenschale
_ 2 EL Zitronensaft
_ 12 Wacholderbeeren, zerdrückt
_ 6 EL Wildextrakt oder -essenz (Seite 23/24)
_ 6 TL gehackte Kapern oder Gewürzgurken
_ 8 EL Madeira
_ 1 Knoblauchzehe, geschält, fein gehackt
_ ½ TL fein gehackter Majoran
_ 2 EL fein gehackte Petersilie
_ 2 Messerspitzen Zimt
_ 1–2 TL Salz
_ ¼ TL Pfeffer
_ etwas Cayennepfeffer
_ 1 EL Butter zum Einfetten

1

Alle Zutaten bis auf die Butter gut miteinander vermischen. Eine feuerfeste Form mit Butter einfetten und die Masse einfüllen.

2

Den Ofen auf 185 °C vorheizen. Die Form in eine größere, mit kochendem Wasser gefüllte Form stellen, sodass sie zu drei Vierteln ihrer Höhe im Wasser steht. Im Ofen 1 Stunde backen. Der Kuchen kann kalt oder warm gegessen werden.

BEILAGEN: Salate, Gemüse, Tomatensauce, mit Madeira aromatisiert, Champignonsauce.

HASENPASTETE AUF DEM BACKBLECH

Für 6–8 Personen

_ 300 g rohes Hasenfleisch, gehäutet, Sehnen entfernt
_ 120 g frischer fetter Speck, in Stücke geschnitten

FÜR DIE MARINADE

_ 200 ml herber Rotwein
_ 4 EL Cognac
_ 1 Messerspitze Nelkenpulver
_ 1 Lorbeerblatt
_ Pfeffer

FÜR DIE FÜLLUNG

_ 4 EL Butter, 3 EL Öl
_ 1 Knoblauchzehe, geschält, gehackt
_ 60 g roher geräucherter Schinken, in kleine Würfel geschnitten
_ 1 Zwiebel, geschält, gehackt
_ 1 Möhre, geschält, grob gehackt
_ 150 g Champignons, geputzt, blättrig geschnitten
_ 6 Wacholderbeeren, zerdrückt
_ 4 EL Rosinen, eingeweicht und abgetropft
_ 2 EL Tomatenketchup oder -püree
_ 1 EL Johannisbeergelee
_ 1 EL Zitronensaft
_ 1 Apfel, geschält, grob gehackt
_ 1 gehäufter EL Crème fraîche
_ 2 EL Wildextrakt oder -essenz (Seite 23/24)
_ 6 EL gehackte Hasel- oder Walnusskerne
_ 4 EL Paniermehl
_ 2 EL Cognac
_ Salz, Pfeffer, Cayennepfeffer
_ Nelkenpulver

_ 500 g Tiefkühlblätterteig
_ 1 Eigelb, leicht verrührt

1

Das Fleisch und den Speck mit allen Zutaten für die Marinade in eine passende Schüssel füllen und für 5 Stunden zugedeckt in den Kühlschrank stellen. Das Fleisch und den Speck abtropfen, trockentupfen und grob hacken oder in kleine Würfel schneiden. Das Lorbeerblatt fortwerfen.

2

Für die Füllung Butter und Öl in einer Pfanne erhitzen und das Fleisch, den Speck, Knoblauch und Schinken darin bei mittlerer Hitze so lange braten, bis der Speck ausgelassen ist. In eine Schüssel füllen. Im verbliebenen Fett die Zwiebel, Möhre und die Champignons 5 Minuten dünsten, zum Fleisch in die Schüssel geben. Alle anderen Zutaten für die Füllung und die Marinade miteinander vermischen, ebenfalls zum Fleisch geben, würzig abschmecken, abkühlen lassen.

3

Den Ofen auf 220 °C vorheizen. Die Hälfte des Teiges ½ cm dick zu einem Rechteck ausrollen und auf das mit kaltem Wasser abgespülte Backblech legen. Die Füllung so darauf verstreichen, dass rundum ein Teigrand von 3–4 cm frei bleibt. Nun die andere Hälfte des Teiges ausrollen und so über die Füllung legen, dass die Ränder der unteren Platte etwas überstehen. Diese mit Eigelb bestreichen, über die obere Teigplatte klappen und gut zusammendrücken, damit die Füllung fest eingeschlossen ist. Mit einem spitzen Messer ein Muster in die Oberfläche ritzen, in der Mitte einen 2 cm langen Schlitz für den Dampfabzug anbringen. Die Oberfläche mit Eigelb bestreichen. In den Ofen schieben und 30 Minuten backen. Bis zum Anschneiden 15 Minuten ruhen lassen.

HINWEIS

Natürlich kann man auch mehrere kleine oder mittelgroße Pasteten herstellen. Der Teig sollte dann nur etwa 3–4 mm dick ausgerollt werden. Bei den kleineren Pasteten legt man die Ränder bündig aufeinander und drückt sie mit den Gabelzinken zusammen.

HASENTERRINE

Für 6–8 Personen

- **1 Hasenrücken, gehäutet, davon 200 g großes Filet für die Einlage**
- **1 EL Butter**

FÜR DIE FARCE TEIL 1

- **200 g restliches Hasenfleisch, von Haut, Sehnen und Knorpeln befreit, zweimal durchgedreht mit 10 Wacholderbeeren, 1 geschälten Knoblauchzehe, 1 kleinen geschälten, geviertelten Zwiebel und 3 Scheiben entrindetem, in 3 EL Madeira geweichtem Weißbrot**
- **300 g Schweinefleisch, zweimal durchgedreht**
- **200 g frischer fetter Speck, zweimal durchgedreht**
- **100 g geräucherter Schinken, in ½ cm große Würfel geschnitten**
- **2 EL Cognac, 3 EL Madeira**
- **2 TL gewürztes Salz (Seite 26)**

FÜR DIE FARCE TEIL 2

- **2 EL Butter**
- **100 g Geflügelleber, von Fett und Sehnen befreit, in 1 cm große Würfel geschnitten**
- **100 g Champignons, geputzt, gehackt**

FÜR DIE FERTIGSTELLUNG

- **300 g frischer fetter Speck, in ganz dünne Scheiben geschnitten**
- **1 Lorbeerblatt**
- **1 EL Mehl**

1

Die großen und kleinen Filets vom Knochen lösen und von dem großen Filet die dicken Stücke abschneiden, je etwa 100 g, und beiseitelegen. Von den Knochen und Abgängen einen Extrakt herstellen (Seite 24).

2

Alle Zutaten für die Farce Teil 1 gut vermischen und zugedeckt 12 Stunden im Kühlschrank durchziehen lassen.

3

Für die Farce Teil 2 die Butter erhitzen und die Leber darin nur eben fest werden lassen, beiseitestellen. Die Farce Teil 1 kräftig mit einem Holzlöffel durcharbeiten und Leber und Champignons unterziehen.

4

In einer Pfanne die Butter erhitzen und die dicken Filetstücke schnell darin rundum anbraten. Für die Einlage beiseitestellen.

5

Eine feuerfeste Terrinenform mit Deckel mit den Speckscheiben auslegen, sie sollen sich leicht überlappen und oben ein Stück über den Rand hängen. Die Hälfte der Farce einfüllen, die Filetstücke in die Mitte längs hineinlegen und mit dem Rest der Farce bedecken. Keine Hohlräume lassen, deshalb die Form fest auf die Arbeitsfläche stoßen. Die Speckscheiben über die Farce klappen und die Oberfläche ganz mit dem Speck bedecken. In die Mitte das Lorbeerblatt legen.

6

Den Ofen auf 175 °C vorheizen. Das Mehl mit etwas kaltem Wasser zu einer Paste verrühren, auf den Formrand streichen und den Deckel auflegen. Die Terrinenform in einen mit heißem Wasser gefüllten Topf oder eine Kasserolle (je nach Terrinenform) stellen, sie soll zu etwa drei Vierteln ihrer Höhe darin stehen. In den Ofen schieben und in etwa 90 Minuten garen. Der ausfließende Saft soll klar und nicht blutig sein. Aus dem Ofen nehmen, etwas abkühlen lassen.

7

Den Deckel lösen. Falls vorhanden, Wildextrakt (Seite 24) eingießen und die Terrine mit einem Brett und einem Gewicht von 700–1000 g beschweren, bis sie abgekühlt ist. Mit Alufolie bedecken und für mindestens 24 Stunden in den Kühlschrank stellen. Richtig aromatisch schmeckt die Terrine erst nach 2–3 Tagen. Sie kann bis zu 1 Woche aufbewahrt werden.

Wildkaninchen

Das Wildkaninchen *(Oryctolagus cuniculus)* ist kleiner als der Feldhase, die Hinterläufe sind kürzer, und den Ohren fehlen die schwarzen Spitzen. Die Körperlänge misst etwa 37 cm, das Körpergewicht beträgt 1,5–2 Kilogramm. Der Lebensraum des Wildkaninchens ist ganz West-, Mittel- und Südeuropa (sowie Australien), ursprünglich stammt es aus Nordafrika und Spanien. Es liebt warme Gebiete mit leichten Böden, Fichtenwald, Büschen und Feldern. Wildkaninchen sind nicht wählerisch in ihrer pflanzlichen Nahrungsaufnahme.

Das helle, leicht rosafarbene Fleisch schmeckt herber und pikanter als das des Hauskaninchens. Alles anhaftende Fett, das den feinen Geschmack verändern wurde, sollte vor der Zubereitung (und Lagerung!) entfernt werden. Junge Kaninchen kann man im Ganzen braten oder zu Frikassee verarbeiten, ältere werden geschmort oder für Suppen, Pasteten und Farcen verwendet.

Abb. links: Wildkaninchen mediterran
(Rezept Seite 131)

Wildkaninchen mit Sauerkirschen und Schokolade

WILDKANINCHEN MIT SAUERKIRSCHEN UND SCHOKOLADE

- _ 1 Wildkaninchen, küchenfertig, in Stücke geteilt
- _ 300 ml Weißweinmarinade (Seite 22)
- _ 4 EL Butter
- _ 100 ml Essig
- _ 300 ml Kraftsauce (Seite 228)
- _ 1–1 ½ Tassen Sauerkirschen (aus dem Glas)
- _ 4 EL Kochschokolade, gerieben

1

Das Fleisch in die Marinade legen, abdecken, kühl stellen, zwischendurch einige Male wenden. Nach 24 Stunden aus der Marinade nehmen, abtrocknen. Die Marinade durchsieben.

2

In einer Kasserolle die Butter zerlassen und die Fleischstücke darin rundherum anbraten. Mit dem Essig ablöschen, 80 ml Marinade und die Kraftsauce zugießen, aufkochen, 50 Minuten auf kleiner Hitze zugedeckt schmoren. Das Fleisch herausnehmen und warm stellen.

3

Die abgetropften Kirschen in die Sauce rühren, die Sauce sämig einkochen. Die Schokolade zugeben und unter Rühren schmelzen. Abschmecken und über das Fleisch gießen.

WILDKANINCHEN MIT ZWIEBELN UND CHAMPIGNONS

- _ 3 EL Öl, 5 EL Butter
- _ 1 junges Wildkaninchen, küchenfertig, in Stücke geteilt
- _ 1 EL Thymian
- _ 2 Lorbeerblätter
- _ Pfeffer und Salz
- _ 1 Zwiebel, geschält, fein gehackt
- _ 400 g kleine Champignons, geputzt, geviertelt
- _ 4 EL Zitronensaft
- _ 200 ml trockener Weißwein
- _ 250 ml Wildfond (Seite 22)
- _ 1 EL Tomatenmark
- _ 2 EL fein gehackte Petersilie
- _ 2 EL fein gehackter Estragon
- _ 1 TL fein gehackter Kerbel

- _ 4 EL Butter
- _ 6 Scheiben Weißbrot, entrindet

1

Den Ofen auf 165 °C vorheizen. Das Öl und 3 EL Butter in einer großen Kasserolle erhitzen und die Kaninchenstücke darin schnell von allen Seiten anbraten. Thymian und Lorbeerblätter zugeben, mit Pfeffer und Salz bestreuen und im Ofen unter öfterem Wenden zugedeckt 1 Stunde braten.

2

Inzwischen in einem Topf die restliche Butter zerlassen und die Zwiebel darin hell anschwitzen. Die Champignons zugeben und unter Rühren mitschwitzen. Mit dem Zitronensaft, Weißwein und dem Wildfond aufgießen, das Tomatenmark einrühren und auf die Hälfte einkochen. 5 Minuten vor Ende der Bratzeit des Fleisches die Kräuter unter die Sauce mischen und vor dem Servieren über das Kaninchen gießen.

3

In einer Pfanne die Butter erhitzen und die Weißbrotscheiben darin beidseitig goldgelb ausbacken. Getrennt servieren.

WILDKANINCHEN MIT PAPRIKA

- _ 1 junges Wildkaninchen, küchenfertig, in Stücke geteilt
- _ 3 EL Öl, 3 EL Butter
- _ Salz und Pfeffer
- _ ½ EL gehackter Rosmarin
- _ 2 Lorbeerblätter
- _ 1 große Knoblauchzehe, geschält, fein gehackt
- _ 1 TL Thymian, 4 EL Essig
- _ 70 ml trockener Weißwein
- _ 70 ml Wildgrundbrühe (Seite 22)
- _ 1 EL Wildextrakt oder -essenz (Seite 23/24)

- _ 4 EL Olivenöl
- _ je 3 grüne und rote Paprikaschoten, von Samen und Scheidewänden befreit, in Streifen geschnitten
- _ ⅓ TL Pfeffer
- _ 2 EL Essig

1

Das Fleisch von den Knochen lösen und in gleichmäßige Stücke teilen. (Aus den Knochen und Fleischresten einen Extrakt, Seite 24, kochen und als Vorrat einfrieren.)

2

Öl und Butter in einer Kasserolle erhitzen und die Fleischstücke darin von allen Seiten goldbraun anbraten. Mit Salz und Pfeffer bestreuen, Rosmarin, Lorbeerblätter, Knoblauch und Thymian zum Fleisch geben. Den Essig darüberträufeln und umrühren. Weißwein und Brühe zugießen, kurz aufkochen und auf niedrige Temperatur schalten. Zugedeckt 1 Stunde unter gelegentlichem Wenden schmoren. Den Wildextrakt unterrühren.

3

Inzwischen in einer anderen Kasserolle das Olivenöl erhitzen, die Paprikaschoten darin anbraten, mit dem Pfeffer bestreuen, mit dem Essig beträufeln und zugedeckt bei niedriger Temperatur weich dünsten. Zum Kaninchen geben, vermischen, 5 Minuten ziehen lassen.

BEILAGE: Polenta.

KANINCHENKEULEN IN SAUERAMPFER-SAUCE

- 4 Möhren, geschält, in Stücke geschnitten
- 2 Lauchstangen, geputzt, in Stücke geschnitten
- 2 Stücke Knollensellerie, geschält, grob gewürfelt
- 4 Thymianzweige
- 2 Knoblauchzehen, ungeschält
- 4 Lorbeerblätter
- 4 Nelken
- 1 TL Salz, Pfeffer
- ½ l Wildgrundbrühe (Seite 22)
- 4 Kaninchenkeulen

FÜR DIE SAUCE

- 2 EL Butter
- 4 Handvoll Sauerampfer, in feinste Streifen geschnitten
- 300 g Sahne, auf die Hälfte eingekocht
- 2 Eigelb, mit 3 EL Sahne verrührt
- 1 Prise Zucker

1

Das Gemüse mit allen Würzzutaten 30 Minuten in der Brühe kochen. Die Kaninchenkeulen einlegen und bei reduzierter Hitze in gut 1 Stunde weich garen. Herausnehmen und warm halten. Die Brühe auf 200 ml einkochen und durchsieben.

2

In einer Kasserolle die Butter zerlassen und den Sauerampfer darin andünsten. 100 ml Kaninchenbrühe zugießen, kurz aufkochen und die eingekochte Sahne einrühren. Die Sauce mit der Eigelbsahne legieren, abschmecken und die Kaninchenkeulen einlegen.

BEILAGE: Reis, Teigwaren oder einfach frisches Weißbrot.

Kaninchenkeulen in Sauerampfersauce

KANINCHENKEULEN IN SENFSAUCE

- 4 Kaninchenkeulen
- Salz und Pfeffer
- edelsüßes Paprikapulver
- 3 EL Öl
- 50 g durchwachsener Räucherspeck, in kleine Würfel geschnitten
- 120 g Schalotten, geschält, in Stücke geschnitten
- je 80 g Möhre, Petersilienwurzel und Staudensellerie, geputzt, in Stifte geschnitten
- 200 g Tomaten, gehäutet, in Würfel geschnitten
- ½ l Wildfond (Seite 22)
- 1 EL mittelscharfer Senf
- 1 EL fein gehackte Petersilie

1

Den Ofen auf 190 °C vorheizen. Die Kaninchenkeulen mit Salz, Pfeffer und Paprika einreiben.

2

Das Öl in einer Kasserolle erhitzen und die Keulen darin rundum anbraten. Speck und Gemüse (außer den Tomaten) kurz mitbraten und die Hälfte des Fonds zugießen. Im Ofen 30–35 Minuten schmoren. Den restlichen Fond auf ein Drittel einkochen und nach 15 Minuten, mit dem Senf verrührt, über die Keulen gießen. In den letzten 10 Minuten die Tomatenwürfel zufügen. Mit der Petersilie bestreuen.

WILDKANINCHEN PROVENZALISCH

- 1 Wildkaninchen, küchenfertig, in 8 Teile zerlegt
- Salz und Pfeffer, 5 EL Olivenöl
- 1 frische grüne Chilischote
- 1 große grüne Paprikaschote, von Samen und Scheidewänden befreit, in schmale Streifen geschnitten
- 1 ½ kg Tomaten, gehäutet, in Würfel geschnitten
- 4 Knoblauchzehen, geschält, gehackt
- 1 Würfelzucker
- je 1 Zweig Thymian und Rosmarin
- 1 Lorbeerblatt
- bei Bedarf 150 ml Wildfond (Seite 22), auf die Hälfte eingekocht
- je 50 g schwarze und grüne Oliven ohne Stein
- 1 EL gehacktes Basilikum

1

Die Kaninchenteile mit Salz und Pfeffer einreiben. In einer Kasserolle 3 EL Olivenöl erhitzen, die Chilischote zugeben und die Kaninchenteile darin beidseitig anbraten. Herausnehmen und beiseitestellen.

2

Das restliche Olivenöl in die Kasserolle geben und die Paprikastreifen kurz darin anbraten. Tomaten, Knoblauch und den Würfelzucker hinzufügen, salzen und pfeffern. Die Kräuterzweige, das Lorbeerblatt und die Kaninchenteile einlegen, aufkochen und zugedeckt bei reduzierter Hitze 35 Minuten schmoren, dabei mehrmals wenden. Bei Bedarf den Wildfond zugießen. Nach 20 Minuten die Oliven dazugeben. Die Kräuterzweige, das Lorbeerblatt und die Chilischote entfernen. Abschmecken und das Basilikum untermischen.

WILDKANINCHEN MEDITERRAN

- 1 Wildkaninchen, küchenfertig, in 6 Teile zerlegt
- Salz und Pfeffer
- 3 EL Olivenöl
- 80 g durchwachsener Räucherspeck, in kleine Würfel geschnitten
- 1 Zwiebel, geschält, in dünne Scheiben geschnitten
- 2 Knoblauchzehen, geschält, gehackt
- 400 g Tomaten, gehäutet, in Achtel geschnitten
- je ½ gelbe und rote Paprikaschote, von Samen und Scheidewänden befreit, in schmale Streifen geschnitten
- 1 Stange Staudensellerie, geputzt, in dünne Scheiben geschnitten
- 125 ml trockener Weißwein
- je 1 Zweig Rosmarin und Thymian
- 1 Lorbeerblatt
- 250 ml Wild- oder Geflügelfond (Seite 22/24)
- 40 g schwarze Oliven ohne Stein

1

Die Kaninchenteile mit Salz und Pfeffer einreiben. In einer Kasserolle das Olivenöl erhitzen und die Kaninchenteile darin beidseitig anbraten, herausnehmen und beiseitestellen.

2

Speck, Zwiebel und Knoblauch in der Kasserolle anschwitzen. Tomaten, Paprika und Sellerie untermischen, den Weißwein zugießen, die Kräuter und die Kaninchenteile einlegen, aufkochen und zugedeckt bei reduzierter Hitze 45 Minuten schmoren. Den Fond nach und nach dazugießen. 10 Minuten vor Ende der Garzeit die Oliven zugeben. Abschmecken.

BEILAGE: Polentascheiben.

Wildkaninchen mit frischen Dicken Bohnen und schwarzen Oliven

WILDKANINCHEN MIT DICKEN BOHNEN UND OLIVEN

- _ 1 Wildkaninchen, küchenfertig
- _ Salz und Pfeffer
- _ 30 g Butterschmalz oder Öl
- _ 200 g Zwiebeln, geschält, fein gehackt
- _ 2 Knoblauchzehen, geschält, fein gehackt
- _ ½ Bund frisches Bohnenkraut, die Blättchen fein gehackt
- _ 400 ml heißer Wildfond (Seite 22)
- _ 500 g frische Dicke Bohnen, bei Bedarf gehäutet
- _ 100 g sonnengetrocknete Tomaten in Öl, in grobe Streifen geschnitten
- _ 100 g schwarze Oliven, entsteint

1

Von dem Kaninchen die Vorder- und Hinterläufe abtrennen, die Hinterläufe einmal durchschneiden. Die Bauchlappen abtrennen und in gleichmäßige kleine Stücke schneiden. Den Rücken in 4 Teile hacken. Das gesamte Fleisch mit Salz und Pfeffer einreiben.

2

Das Butterschmalz oder Öl in einer Kasserolle erhitzen und das Fleisch darin rundum anbraten. Zwiebeln und Knoblauch zugeben, die Hälfte des Bohnenkrauts einstreuen und alles unter Wenden kurz mitbraten. Mit 125 ml heißem Wildfond ablöschen.

3

Das Kaninchen zugedeckt bei niedriger Hitze 30 Minuten schmoren. Die Bohnen untermischen, den restlichen Wildfond zugießen und das Kaninchen weitere 30 Minuten schmoren. Kurz vor Ende der Schmorzeit den Ofen auf 225 °C vorheizen.

4

Die Tomatenstreifen unter die Bohnen mischen. Die Kaninchenstücke wenden, die Oliven unterrühren. Die Kasserolle unbedeckt in den Ofen schieben und alles noch 15–20 Minuten garen. Mit dem restlichen Bohnenkraut bestreuen.

BEILAGE: Frisch aufgebackenes Baguette.

WILDKANINCHENFILET IN TOMATENSAUCE MIT OLIVEN

- _ 1 Wildkaninchenrücken
- _ 4 EL Olivenöl
- _ 200 ml trockener Weißwein
- _ 500 g Tomaten, gehäutet, gehackt
- _ 4 Sardellen, gewässert, gehackt
- _ 1 Knoblauchzehe, geschält, fein gehackt
- _ ¼ TL Pfeffer
- _ 1 TL Salz
- _ 1 Messerspitze Zucker
- _ 75 g schwarze Oliven, entsteint
- _ 75 g grüne Oliven, mit rotem Paprika gefüllt
  3 EL gehacktes Basilikum

- _ 3 EL Butter
- _ 4 Scheiben Weißbrot, entrindet

1

Die großen und die kleinen Filets vom Rücken lösen und in dicke Scheiben schneiden. Das Öl in einer flachen Kasserolle erhitzen und die Filetscheiben darin von beiden Seiten schnell anbraten. Den Weißwein zugießen, den Bratsatz losschaben, aufkochen und zugedeckt bei ganz niedriger Temperatur 30 Minuten schmoren.

2

Die Tomaten, Sardellen, Knoblauch, Pfeffer, Salz und Zucker zugeben und weitere 15 Minuten schmoren. Die Oliven untermischen und noch 15 Minuten leicht köcheln. Abschmecken. Das Basilikum einrühren.

3

In einer Pfanne die Butter heiß werden lassen und die Weißbrotscheiben rasch von beiden Seiten braten. Getrennt servieren.

PANIERTE WILDKANINCHENFILETS

- _ Die großen und kleinen Filets von 1 Wildkaninchenrücken, in 3 cm breite Stücke geschnitten
- _ 4 EL Mehl
- _ 2 Eier, leicht verschlagen
- _ 10 EL Paniermehl, mit 4 EL geriebenem Parmesan, je 1 TL zerriebenem Thymian und Rosmarin, je 2 EL gehacktem Basilikum und Petersilie, ½ TL Salz und ¼ TL Pfeffer vermischt
- _ 4 EL Butter
- _ Zitronenschnitze

1

Die Fleischstücke im Mehl wenden, durch das Ei ziehen und in der Paniermehlmischung wenden.

2

Die Butter in einer Pfanne erhitzen und die Filetstücke darin beidseitig goldbraun und knusprig braten. Abtropfen lassen und mit den Zitronenschnitzen garnieren.

BEILAGEN. Grüner, gemischter oder Tomatensalat, Nudeln mit Tomatensauce.

WILDKANINCHEN-FRIKASSEE

- 1 Wildkaninchen, küchenfertig
- ½ l leicht gesalzenes Wasser
- 250 ml trockener Weißwein
- 250 ml Fleischbrühe
- 1 Zwiebel, geschält, gehackt
- 3 Thymianzweige
- 2 Lorbeerblätter
- 3 Stängel Petersilie

FÜR DIE SAUCE

- 10 g Butter
- 10 g Mehl
- 250 g Sahne
- 1–2 EL Zitronensaft
- Pfeffer und Salz
- 1 Eigelb, mit etwas Fleischbrühe verrührt
- 1 EL gehackte Petersilie

1

Das Fleisch vom Knochen lösen, Haut, Sehnen und Knorpel entfernen, in möglichst große Würfel schneiden.

2

Das Wasser zum Kochen bringen und die Fleischwürfel 3–4 Minuten darin kochen, herausnehmen und abtropfen lassen. In einen Topf legen, den Weißwein und die Fleischbrühe zugießen, zum Kochen bringen. Zwiebel, Thymian, Lorbeerblätter und Petersilie zugeben und in 50 Minuten zugedeckt bei kleiner Hitze weich kochen. Die Fleischstücke herausnehmen und warm halten. Die Brühe auf etwa 200 ml einkochen und durchsieben.

3

Die Butter in einer Kasserolle zerlassen, das Mehl darin hell anschwitzen. Mit der Kochbrühe aufgießen und 10 Minuten kochen. Die Sahne einrühren, kurz aufkochen. Mit Zitronensaft, Pfeffer und Salz abschmecken, mit dem Eigelb legieren. Das Fleisch wieder einlegen, durchwärmen und mit der Petersilie bestreuen.

BEILAGEN: Reis, feine grüne Erbsen.

WILDKANINCHEN-RAGOUT MIT CURRY

- 1 junges Wildkaninchen, küchenfertig, in Stücke geteilt
- 4 EL Mehl
- 3 EL Öl
- 1 Zwiebel, geschält, fein gehackt
- Pfeffer und Salz
- 250 ml trockener Weißwein
- 250 ml Wildfond (Seite 22)
- 1 großer, säuerlicher Apfel, geschält, Kerngehäuse entfernt, in Stücke geschnitten
- 2 TL Currypulver
- 250 g Sahne
- 2 EL Zitronensaft

1

Die Kaninchenstücke mit dem Mehl bestauben. Das Öl in einer Kasserolle erhitzen, die Zwiebel und die Fleischstücke schnell darin von allen Seiten leicht bräunen. Mit Pfeffer und Salz bestreuen und mit dem Weißwein ablöschen. Den Wildfond zugießen, aufkochen und auf niedrige Temperatur schalten. Den Apfel, Currypulver und die Sahne untermischen und zugedeckt 1 Stunde schmoren. Das Fleisch herausnehmen und warm halten.

2

Die Sauce sämig einkochen, Zitronensaft zugeben und abschmecken. Das Fleisch wieder einlegen, umrühren und in 5 Minuten durchwärmen.

BEILAGE: Reis.

WILDKANINCHENTOPF

- 30 g Butter, 2 EL Öl
- 1 junges Wildkaninchen, küchenfertig, in Portionsstücke geteilt
- Salz und weißer Pfeffer
- 1 EL Mehl
- 2 EL Cognac
- 100 ml Wildfond (Seite 22)
- 200 ml trockener Weißwein
- 1 Knoblauchzehe, geschält, mit etwas Salz zerdrückt
- ½ TL Kümmel
- 1 Lorbeerblatt
- ½ TL Thymian
- 100 g magerer durchwachsener Speck, fein gewürfelt
- 10 Schalotten, geschält
- 1 Möhre, geschält, in dünne Scheiben geschnitten
- 1 Kartoffel, geschält, fein gerieben
- 1 Stange Lauch, geputzt, gewaschen, in Ringe geschnitten
- 3 Tomaten, gehäutet und grob gehackt
- einige Tropfen Tabasco

1

In einer Kasserolle die Butter und das Öl erhitzen und die Kaninchenstücke darin rundum anbraten. Mit etwas Salz und Pfeffer würzen, mit dem Mehl bestauben und unter Wenden bräunen. Mit dem Cognac ablöschen, den Wildfond und den Weißwein zugießen. Knoblauch, Kümmel, Lorbeerblatt und Thymian zugeben, zum Kochen bringen, die Hitze reduzieren und zugedeckt 30 Minuten ganz leicht schmoren.

2

Inzwischen den Speck in einer Pfanne auslassen und die Schalotten darin rundherum bräunen. Mit der Möhre und der Kartoffel zum Fleisch geben und dieses weitere 15 Minuten ganz leicht schmoren.

3

Lauch und Tomaten untermischen und weitere 10 Minuten schmoren. Das Lorbeerblatt entfernen. Mit Salz, Pfeffer und Tabasco abschmecken.

KANINCHENSALAT

_ 300 g gegarte Kaninchenfleischreste, in gleichmäßige Streifen geschnitten
_ 3 Möhren, geschält, gekocht, in feine Scheiben geschnitten
_ 2 Äpfel, geschält, Kerngehäuse entfernt, in Streifen geschnitten
_ 1/4 Sellerieknolle, geschält, grob gerieben
_ 2 EL gehackter Estragon
_ 2/3 Tasse Haselnusskerne, grob gehackt
_ 1 Tasse Champignons, geputzt, in feine Scheiben geschnitten
_ 1/2 Essiggurke, in kleine Würfel geschnitten
_ 2 hart gekochte Eier, grob gewürfelt
_ 1 festes Salatherz, in feine Streifen geschnitten

FÜR DIE SALATSAUCE

_ 1 1/2 TL scharfer Senf
_ 3 EL Zitronensaft
_ 1/2 TL Salz
_ Pfeffer
_ 6 EL Öl

1

Fleisch, Möhren, Äpfel, Sellerie, Estragon, Haselnüsse, Champignons, Essiggurke, Eier und das Salatherz in einer Schüssel locker vermischen.

2

Senf, Zitronensaft, Salz und Pfeffer mit einem kleinen Schneebesen so lange schlagen, bis das Salz vollständig gelöst ist. Das Öl kräftig unterrühren. Die Sauce über den Salat gießen, alles vermischen und abschmecken, bei Bedarf nachwürzen.

TERRINE VON WILDKANINCHEN

Für 8 Personen

_ 1 Wildkaninchen, küchenfertig
_ 200 ml Weißwein
_ 1 EL Cognac
_ 1 Messerspitze Pfeffer
_ 1 EL gehackter Estragon

FÜR DIE FARCE

_ Das restliche Kaninchenfleisch
_ 2 Weißbrotscheiben, entrindet, in 20 ml Fleischbrühe geweicht
_ 200 g Schweinefleisch, zweimal durchgedreht
_ 200 g frischer fetter Speck, zweimal durchgedreht
_ 1 EL Zitronensaft
_ 2 Eier
_ 2 TL gewürztes Salz (Seite 26)
_ 1 EL Butter
_ 1 Zwiebel, geschält, fein gehackt
_ 1 Knoblauchzehe, geschält, fein gehackt
_ 125 g Champignons, geputzt, gehackt
_ 150 g magerer gekochter Schinken, in 1 cm große Würfel geschnitten
_ 2 EL Cognac

_ 2 EL Butter
_ Kaninchenleber
_ 300 g fetter Speck, in sehr dünne Scheiben geschnitten
_ 1 Lorbeerblatt

1

Die Filets vom Knochen lösen. Weißwein, Cognac, Pfeffer und Estragon in einer Schüssel vermischen, die Filets darin wenden und zugedeckt für 12 Stunden in den Kühlschrank stellen. Die Leber beiseitelegen.

2

Das Fleisch der Keulen und die anderen größeren Teile ablösen und die Sehnen herauslösen, in Stücke schneiden und zweimal durchdrehen. Zusammen mit den Weißbrotscheiben, dem durchgedrehten Schweinefleisch und dem Speck in eine Schüssel füllen. Zitronensaft, Eier und gewürztes Salz untermischen. Die Butter zerlassen, Zwiebel, Knoblauch und Champignons 5 Minuten darin dünsten, abkühlen lassen und zu der Farce geben, ebenso den Schinken und den Cognac. Alles gut vermischen und 12 Stunden zugedeckt im Kühlschrank durchziehen lassen.

3

Die Knochen und Fleischabgänge in Stücke hacken und einen Extrakt (Seite 24) herstellen. Das Filet aus der Marinade nehmen und abtrocknen. Die Butter in einer Pfanne erhitzen, Filets und Leber darin rundherum anbraten, auf einem Teller beiseitestellen.

4

Die Marinade in die Pfanne gießen, den Bratsatz losschaben und einkochen. Abkühlen lassen, mit dem abgekühlten Extrakt zu der Farce geben und luftig schlagen. Die Leber in 1/2 cm große Würfel schneiden und unter die Farce ziehen.

5

Fertigstellung wie bei Terrine vom Reh (Seite 63).

Fasan

Der Fasan *(Phasianus colchicus)* ist in Asien beheimatet und wurde erst im 18. Jahrhundert in Europa eingebürgert. Er gehört zu den Feldhühnern und ist ein Bodenbrüter. Fasane benötigen Feldhecken, dichtes Gebüsch, Wald (Bäume als Schlafbäume) sowie kleine Wasserstellen. Der farbenprächtige Hahn ist etwa 80 cm lang, seine 50 cm langen Schwanzfedern (»Stoß«) eingeschlossen, und unterscheidet sich stark von der kleineren braungrauen Henne, die einschließlich 30 cm Stoß nur 60 cm lang ist. Das Gewicht beträgt je nach Alter 700–1300 Gramm. Der Fasan ernährt sich von Schnecken, Regenwürmern, Insekten sowie von Pflanzen, Sämereien und Früchten. Fasane werden viel in großen Fasanerien aufgezogen und später zur Ergänzung der frei lebenden Bestände ausgewildert.

Das hocharomatische helle Fleisch von jungen Vögeln ist besonders wohlschmeckend. Sie werden meist mit Speck umbunden und gebraten. Ältere Tiere werden geschmort, zu Suppen und Farcen verarbeitet.

Fasane können auch wie Rebhuhn zubereitet werden.

Abb. links: Gebratener Fasan mit Mirabellen

Fasan mit Steinpilzen
in Sahnesauce

FASAN MIT STEINPILZEN IN SAHNESAUCE

- 1 junger Fasan, bratfertig
- Salz
- 100 g durchwachsener Räucherspeck, in dünne, breite Streifen geschnitten
- 50 ml Weißwein

ZUM EINSTREICHEN

- 4 EL zerlassene Butter
- 1 Bund Petersilie, fein gehackt
- 1 kleine Zwiebel, geschält, fein gehackt
- 1 TL edelsüßes Paprikapulver
- ½ TL mittelscharfer Senf
- ½ TL frisch gemahlener Pfeffer

FÜR DIE SAUCE

- 3 EL Butter
- ½ Zwiebel, geschält, gehackt
- 250 g Steinpilze oder halb Steinpilze, halb Champignons, geputzt, in Scheiben geschnitten
- 1 Tomate, gehäutet, Samen entfernt, grob gehackt
- Salz und Pfeffer
- 1 EL fein gehackte Petersilie
- 60 ml trockener Weißwein
- 200 g Sahne

1

Den Ofen auf 220 °C vorheizen. Zunächst die Buttermischung zum Einstreichen zubereiten. Dafür alle Zutaten miteinander vermischen.

2

Den Fasan innen etwas salzen und außen sorgfältig mit der Buttermischung bestreichen. Die Speckscheiben über Brust und Bauch legen, Flügel und Schenkel darunterstecken und das Ganze mit Küchengarn zusammenbinden. Den Fasan in eine Kasserolle legen und 20 Minuten im Ofen braten. Die Temperatur auf 170 °C reduzieren. Den Fasan mit dem Weißwein begießen und weitere 30 Minuten braten, dabei öfter mit dem Bratfond begießen.

3

Inzwischen in einer Pfanne die Butter zerlassen und die Zwiebel darin hellgelb anschwitzen. Die Pilze zugeben und zugedeckt 10 Minuten dünsten. Die Tomate untermischen, 5 Minuten mitdünsten. Mit Salz und Pfeffer abschmecken, die Petersilie einstreuen. Warm halten.

4

Den Speck vom Fasan ablösen und klein geschnitten später mitservieren. Den Fasan mit dem Bratfond begießen und in weiteren 10 Minuten braun werden lassen. Herausnehmen, warm halten.

5

Den Bratfond entfetten, den Weißwein zugießen und auf die Hälfte einkochen. Die Sahne einrühren und sämig einkochen. Unter die Pilze mischen, abschmecken.

BEILAGE: Kartoffelpüree, Herzoginkartoffeln oder Kroketten.

FASAN BURGUNDER ART

- 1 junger Fasan, bratfertig
- Salz und Pfeffer
- 4 EL zerlassene Butter
- 3 dünne Scheiben frischer fetter Speck, 10 x 20 cm
- 150 g glacierte Zwiebeln (Seite 223)
- 50 ml herber Rotwein
- 3 EL Butter
- 150 g Champignons, geputzt, in dicke Scheiben geschnitten oder halbiert
- 60 g magerer Räucherspeck, in ½ cm große Würfel geschnitten

FÜR DIE SAUCE

- 3 EL Cognac
- 100 ml herber Rotwein
- 1 EL fein gehackte Petersilie
- 2 EL Wildextrakt oder -essenz (Seite 23/24)
- Salz und Pfeffer
- 1 TL Speisestärke, in wenig kaltem Wasser verrührt

1

Den Ofen auf 220 °C vorheizen. Den Fasan innen und außen mit Salz und Pfeffer einreiben und mit der zerlassenen Butter einpinseln. Schenkel und Flügel an den Körper drücken, die Speckscheiben über die Brustseite legen und das Ganze dreimal mit Küchengarn umbinden. Den Fasan mit der Brustseite nach oben in eine Kasserolle legen und im Ofen 20 Minuten braten, dabei ab und zu mit dem Bratfett begießen.

2

Inzwischen die glacierten Zwiebeln zubereiten. Die Ofentemperatur auf 170 °C reduzieren. Den Fasan mit dem Rotwein übergießen und weitere 30 Minuten braten.

3

In der Zwischenzeit die Butter in einer Kasserolle zerlassen und die Champignons darin 5 Minuten unter Rühren weich dünsten. Warm stellen.

4

Die Speckscheiben abnehmen (nach Geschmack klein geschnitten mitservieren) und den Fasan noch weitere 15 Minuten braten.

5

Während dieser Zeit die Speckwürfel in einer Pfanne auslassen und knusprig braten. Warm stellen. Den Fasan aus der Kasserolle nehmen und im abgeschalteten, etwas geöffneten Ofen warm halten.

6

Die Sauce entfetten, mit dem Cognac ablöschen und den Rotwein zugießen. Die Petersilie einrühren, die Sauce etwas einkochen und den Wildextrakt unterrühren. Mit Salz und Pfeffer kräftig abschmecken und mit der Speisestärke binden.

7

Den Fasan tranchieren und mit den Champignons, Zwiebeln und Speck garnieren.

FASAN MIT ÄPFELN

- 1 junger Fasan, bratfertig
- Salz und Pfeffer
- 3 EL zerlassene Butter
- 2 dünne Scheiben frischer fetter Speck, 10 x 20 cm
- 1 Zwiebel, geschält, fein gehackt
- 5 EL Calvados
- 1 großer Apfel, Kerngehäuse entfernt, gehackt
- 50 ml Weißwein
- 2 EL Butter
- 2 mittelgroße säuerliche Äpfel, geschält, Kerngehäuse ausgestochen, in 3 cm dicke Scheiben geschnitten
- 150 g Sahne

1

Den Ofen auf 220 °C vorheizen. Den Fasan innen und außen mit Salz und Pfeffer einreiben und mit der zerlassenen Butter einpinseln. Schenkel und Flügel an den Körper drücken, die Speckscheiben über die Brustseite legen und das Ganze dreimal mit Küchengarn umbinden. Den Fasan mit der Brustseite nach oben in eine Kasserolle legen und 15 Minuten im Ofen braten. Die Zwiebel neben dem Fasan verteilen, im Bratfett wenden und weitere 10 Minuten braten, dabei mit dem Bratfett begießen.

2

Die Ofentemperatur auf 170 °C herunterschalten. Die Kasserolle auf die Herdplatte stellen und den Fasan mit 3 EL Calvados flambieren. Den gehackten Apfel zugeben, etwas Pfeffer darüberstreuen, den Weißwein zugießen, zum Kochen bringen und noch 30 Minuten zugedeckt im Ofen schmoren.

3

In der Zwischenzeit die Butter in einer Pfanne zerlassen, die Apfelscheiben darin beidseitig leicht anbraten und weich dünsten, sie dürfen nicht zerfallen. Warm halten.

4

Den Speck abnehmen, den Fasan mit der Sahne begießen und noch weitere 10 Minuten braten. Herausnehmen, warm stellen. Den restlichen Calvados in die Sauce gießen, durchkochen, mit Salz und Pfeffer abschmecken.

5

Den Fasan tranchieren, mit der Sauce begießen und mit den Apfelscheiben umkränzen.

BEILAGE: Weißbrotscheiben, in Butter gebraten.

FASAN MIT INGWER

- 1 junger Fasan, bratfertig
- Salz und Pfeffer
- 4 EL zerlassene Butter
- 3 dünne Scheiben frischer fetter Speck, 10 x 20 cm
- 1 Zwiebel, geschält, fein gehackt
- 2 große Möhren, geschält, klein gewürfelt
- 1 Knoblauchzehe, geschält, fein gehackt
- 8 Wacholderbeeren, zerdrückt
- 2 Stücke Ingwer (in Sirup), fein gehackt
- 100 ml herber Rotwein
- 3 EL Crème fraîche

FÜR DIE SAUCE

- 50 ml herber Rotwein
- 2 EL Crème fraîche
- 1 EL Wildextrakt oder -essenz (Seite 23/24)
- 4 Stücke Ingwer (in Sirup), fein gehackt
- 1 EL Ingwersirup
- 1 TL Speisestärke, in etwas kaltem Wasser verrührt
- 1 TL Chilipüree oder etwas Tabasco oder Cayennepfeffer
- 2 EL Zitronensaft
- Pfeffer und Salz

1

Den Ofen auf 220 °C vorheizen. Den Fasan innen und außen mit Salz und Pfeffer einreiben und mit der zerlassenen Butter einpinseln. Schenkel und Flügel andrücken, die Speckscheiben über die Brustseite legen und das Ganze dreimal mit Küchengarn umbinden. Den Fasan auf dem Rücken in eine Kasserolle legen, in den Ofen schieben und 15 Minuten braten.

2

Die Zwiebel, Möhren, Knoblauch, Wacholderbeeren und Ingwer neben den Fasan legen und im Bratfett wenden. Weitere 20 Minuten braten. Die Speckscheiben entfernen und warm halten, wenn sie später klein geschnitten mitserviert werden sollen.

3

Den Rotwein über das Gemüse gießen. Die Crème fraîche auf den Fasan streichen und etwas in die Bauchhöhle geben. Die Temperatur auf 175 °C reduzieren und den Fasan noch 25 Minuten im Ofen lassen, ab und zu mit der Flüssigkeit begießen. Herausnehmen, warm stellen.

4

Die Sauce durch ein feines Sieb passieren, das Gemüse gut durchdrücken und zurück in die Kasserolle gießen. Rotwein, Crème fraîche, Wildextrakt, Ingwer und Ingwersirup einrühren, etwas einkochen und mit der Speisestärke binden. Mit Chilipüree, Zitronensaft, Pfeffer und Salz abschmecken.

BEILAGEN: Rotkohl, gegebenenfalls süßsauer abgeschmeckt, und Weißbrotscheiben, in Butter gebraten; oder Karotten oder Kartoffelpüree.

FASAN MIT SPECK UND TOMATEN

- 1 Fasan, bratfertig, mit der Leber
- gewürztes Salz (Seite 26)
- 2 dünne Scheiben durchwachsener Räucherspeck

FÜR DIE FÜLLUNG

- 10 g getrocknete Morcheln
- 70 g durchwachsener Räucherspeck, gewürfelt
- ½ EL gehackte Kräuter (Petersilie, Thymian)
- 1 EL Cognac

- 20 g Butter, 1 EL Öl
- 1 Schalotte, geschält, gehackt
- 1 Möhre, geschält, in Streifen geschnitten

- 40 g Staudensellerie, geputzt, in Scheiben geschnitten
- 150 ml Geflügelfond (Seite 24)

1

Zunächst die Morcheln für die Füllung in lauwarmem Wasser einweichen. Den Fasan innen und außen mit gewürztem Salz einreiben.

2

Die Morcheln ausdrücken und grob hacken, das Morchelwasser sieben und beiseitestellen. Die Leber des Fasans und den Speck durch die feine Scheibe des Fleischwolfs drehen. Mit den Morcheln, Kräutern und dem Cognac vermischen und den Fasan mit der Masse füllen. Die Bauchhöhle mit Holzspießchen zustecken.

3

Den Ofen auf 225 °C vorheizen. Den Fasan mit den Speckscheiben belegen und mit Küchengarn festbinden. Butter und Öl in einer Kasserolle erhitzen, den Fasan auf dem Rücken hineinlegen und 20 Minuten im Ofen braten.

4

Die Temperatur auf 170 °C reduzieren, das Gemüse zugeben, im Bratfett wenden und kurz mitbraten. 50 ml Geflügelfond und das Morchelwasser zugießen und zugedeckt 40 Minuten garen. Die Speckscheiben entfernen, den Fasan noch kurz bräunen, aus der Kasserolle nehmen und warm halten.

5

Den restlichen Fond in die Kasserolle gießen und etwas einkochen. Abschmecken.

BEILAGEN: Reis und Tomatenhälften, mit Kräuterbutter belegt und überbacken.

Fasan mit Speck und Tomaten

GEFÜLLTER FASAN

- 1 junger Fasan, bratfertig
- 1/4 TL gewürztes Salz (Seite 26)

FÜR DIE FÜLLUNG

- 125 g durchwachsenes Schweinefleisch, durchgedreht, oder Bratwurstbrät
- 20 g Trüffeln oder Morcheln oder 100 g Champignons oder Steinpilze, geputzt, fein gehackt
- 50 g Mandelstifte
- 2 Wacholderbeeren, zerdrückt
- je 1 Messerspitze Salz und Pfeffer
- 2 EL Madeira

- 3 EL zerlassene Butter
- 4–6 Scheiben durchwachsener Räucherspeck, 15–20 cm lang
- 2 EL Butter
- 200 ml heißer Geflügelfond (Seite 24) oder Fleischbrühe
- 2 EL Wildextrakt oder -essenz (Seite 23/24)
- 2 EL Madeira
- 2 EL pürierte Tomaten

1

Den Fasan innen und außen mit dem gewürzten Salz einreiben. Die Zutaten für die Füllung gut mischen, den Fasan damit füllen und 1 Tag in den Kühlschrank stellen. Mit Holzspießchen zustecken oder mit Küchengarn zunähen.

2

Den Ofen auf 220 °C vorheizen. Den Fasan mit der zerlassenen Butter bestreichen, die Speckscheiben über Brust, Schenkel und Flügel legen und das Ganze dreimal mit Küchengarn umbinden.

3

In einer den Fasan fassenden Bratkasserolle die Butter zerlassen, den Fasan auf dem Rücken hineinlegen und 20 Minuten im Ofen braten. Die Temperatur auf 170 °C reduzieren, 60 ml Geflügelfond zugießen und den Fasan weitere 35 Minuten zugedeckt garen, dabei einige Male mit dem Bratfond begießen.

4

Das Küchengarn und den Speck abnehmen, den Fasan noch 15 Minuten bräunen lassen. Den Fasan herausnehmen und im abgeschalteten, etwas geöffneten Ofen warm halten. Den Speck klein schneiden und ebenfalls im Ofen warm halten.

5

Den restlichen Geflügelfond, Wildextrakt, Madeira und die pürierten Tomaten in den Bratfond rühren und etwas einkochen.

6

Den Fasan tranchieren, die Füllung vorsichtig herausnehmen, in Scheiben schneiden und schuppenartig in die Mitte einer vorgewärmten Platte legen. Die Fasanenstücke darum herum anordnen, mit etwas Sauce begießen und die Speckstückchen obenauf legen.

BEILAGEN: Rotkohl oder Sauerkraut oder warmer Weißkrautsalat und Preiselbeeren.

VARIATIONEN

- Den gefüllten Fasan in Butter, Kräutern (Thymian, Wacholderbeeren, Nelke) und Malaga dünsten und mit in Butter gerösteten Weißbrotscheiben, bestrichen mit Trüffelpüree oder mit Scheiben von Gänseleberpastete und je 1 Trüffelscheibe belegt, servieren. Dazu Kartoffelpüree und Ananaskonfitüre reichen.
- Den Fasan folgendermaßen füllen: 2 EL Butter mit 1 Eigelb gut schaumig rühren. 4–5 EL Semmelbrösel, 1/2 Apfel, geschält und gerieben, 6 EL gemahlene Mandeln, 4 EL Sahne und 1 Eiweiß, verschlagen, untermischen, mit Salz und Pfeffer würzen. Als Beilage Essigfrüchte servieren.

Die Füllung in die Bauchhöhle des gewürzten Fasans geben, die Öffnung zustecken.

Räucherspeckscheiben über Brust, Schenkel und Flügel legen.

Wie einen Rollbraten mit Küchengarn binden, damit der Speck nicht verrutscht.

Gefüllter Fasan mit warmem Krautsalat und Preiselbeeren

FASAN MIT MARONENFÜLLUNG

- 1 junger Fasan, bratfertig
- Salz und Pfeffer

FÜR DIE FÜLLUNG

- 2 EL Butter
- 1 mittelgroße Zwiebel, geschält, fein gehackt
- 40 g Champignons, geputzt, fein gehackt
- 1 Scheibe Weißbrot, entrindet, in 3 EL Sahne eingeweicht
- 1 1/2 EL fein gehackte Petersilie
- 8 Maronen (Kastanien), geschält, gekocht (auch Konserve), fein gehackt
- 1 Messerspitze Pfeffer
- 1/4 TL Salz
- 1 Fasanenleber, fein gehackt

- 3 dünne Scheiben frischer fetter Speck, 10 x 20 cm
- 3 EL Butter
- 40 ml Rotwein
- 3 EL Cognac
- 2 EL Wildextrakt oder -essenz (Seite 23/24)

1

Den Ofen auf 225 °C vorheizen. Den Fasan innen und außen mit Salz und Pfeffer einreiben.

2

Die Butter in einer Kasserolle zerlassen und die Zwiebel darin glasig schwitzen. Die Champignons 1 Minute mitschwitzen. Vom Herd nehmen und mit den anderen Zutaten für die Füllung gut vermischen. Den Fasan damit füllen und die Bauchhöhle mit Holzspießchen zustecken. Die Speckscheiben über die Brustseite legen, Flügel und Schenkel mitbedecken und das Ganze mehrmals mit Küchengarn umbinden.

3

Die Butter in einer Kasserolle zerlassen, den Fasan auf dem Rücken hineinlegen und 25 Minuten im Ofen braten. Die Temperatur auf 170 °C reduzieren. Den Fasan mit dem Rotwein begießen und zugedeckt weitere 30 Minuten braten, dabei häufiger mit dem Bratfond begießen. Den Speck und das Küchengarn ablösen und den Fasan in weiteren 20 Minuten fertig braten.

4

Den Speck in Stücke schneiden und warm halten. Den Fasan auf einer Platte im abgeschalteten und halb geöffneten Ofen warm halten. Die Sauce entfetten, den Cognac und den Extrakt unterrühren, einkochen.

BEILAGE: Grüner Salat oder Brunnenkressesalat.

FASAN MIT FRISCHKÄSEFÜLLUNG

- 1 junger Fasan, bratfertig
- Salz und Pfeffer
- 3/4 TL Thymian
- 1 Knoblauchzehe, geschält, zerdrückt

FÜR DIE FÜLLUNG

- 150 g Doppelrahmfrischkäse
- 3 EL fein gehackte Petersilie
- 1/4 TL Salz
- 1/2 TL edelsüßes Paprikapulver

- 3 EL zerlassene Butter
- 3 dünne Scheiben frischer fetter Speck, 10 x 20 cm
- 1 Zwiebel, geschält, gehackt
- 4 Tomaten, gehäutet, gehackt
- 20 schwarze Oliven
- Pfeffer
- 100 ml trockener Weißwein
- Salz, Cayennepfeffer

- 2 EL Butter, 2 EL Olivenöl
- 350 g Zucchini, in feine Scheiben gehobelt
- 1 EL fein gehackte Petersilie
- 1/2 TL Zitronensaft

1

Den Ofen auf 220 °C vorheizen. Den Fasan innen und außen mit Salz, Pfeffer, Thymian und Knoblauch einreiben. Alle Zutaten für die Füllung vermischen. Den Fasan füllen und mit Holzspießchen zustecken oder mit Küchengarn zunähen. Außen mit 2 EL der zerlassenen Butter einpinseln. Die Speckscheiben über die Brustseite legen, Flügel und Schenkel darunterstecken und alles gut zusammenbinden.

2

Die restliche zerlassene Butter in einer Kasserolle erhitzen, den Fasan mit der Bauchseite nach oben hineinlegen und 20 Minuten im Ofen braten. Die Zwiebel neben den Fasan legen, die Temperatur auf 170 °C herunterschalten und den Fasan weitere 15 Minuten braten. Mit dem Bratsaft begießen. Die Tomaten, Oliven, Pfeffer und 50 ml Weißwein zugeben und zugedeckt noch 25 Minuten braten, dabei ab und zu begießen.

3

Inzwischen Butter und Öl in einer Kasserolle erhitzen und die Zucchini darin unter Rühren schnell von allen Seiten andünsten (sie sollen nicht braun werden). Bei reduzierter Hitze fast weich dünsten, mit der Petersilie und dem Zitronensaft vermischen.

4

Den Speck ablösen, warm stellen und den Fasan noch 15 Minuten bräunen lassen. Aus der Kasserolle nehmen und warm halten.

5

Die Sauce entfetten, den restlichen Weißwein zugießen und etwas einkochen. Mit Salz und Cayennepfeffer abschmecken. Den Fasan tranchieren, mit dem Gemüse umgeben und den in kleine Stücke geteilten Speck darauflegen.

BEILAGE: Polenta oder Tagliatelle.

FASAN MIT OBSTFÜLLUNG

- 1 junger Fasan, bratfertig
- Salz und Pfeffer
- 1 TL Thymian
- 1/4 TL edelsüßes Paprikapulver
- 2 EL zerlassene Butter
- 3 Scheiben frischer fetter Speck, 10 x 20 cm
- 2 EL Butter
- 40 ml Weißwein

FÜR DIE FÜLLUNG

- 1 Banane, geschält, klein gewürfelt
- 1 kleiner Apfel, geschält, vom Kerngehäuse befreit, klein gewürfelt
- 1 Kartoffel, gekocht, gepellt, klein gewürfelt
- 2 EL Rosinen
- 1 großes Salbeiblatt, fein gehackt
- 6 Majoranblättchen, fein gehackt
- 1 EL fein gehackte Petersilie

FÜR DIE SAUCE

- Saft von 1 Orange
- 1 EL Zitronensaft
- 100 ml Sherry
- 1 EL Wildextrakt oder -essenz (Seite 23/24)
- 1/3 TL Salz
- 1 Messerspitze Pfeffer
- 3 gehäufte EL Crème fraîche

1

Den Ofen auf 220 °C vorheizen. Den Fasan innen mit Salz, Pfeffer, Thymian und Paprika einreiben, außen mit der zerlassenen Butter einpinseln. Die Zutaten für die Füllung vermischen und den Fasan damit füllen, die restliche Fülle aufbewahren. Mit Holzspießchen zustecken oder zunähen. Die Speckscheiben über die Brustseite legen, Schenkel und Flügel darunterstecken und drei- bis viermal mit Küchengarn umbinden.

2

In einer Kasserolle die Butter zerlassen, den Fasan auf dem Rücken hineinlegen, die restliche Füllung danebengeben und im Ofen 25 Minuten braten. Mit dem Bratfond begießen, die Temperatur auf 170 °C reduzieren, den Wein zugießen und den Fasan zugedeckt weitere 35 Minuten braten. Die Fäden ablösen, den Speck abnehmen und warm halten. Den Fasan noch 20 Minuten in der offenen Kasserolle bräunen lassen. Aus der Kasserolle nehmen, im abgeschalteten, etwas geöffneten Ofen warm stellen.

3

Die Sauce entfetten. Orangen- und Zitronensaft, Sherry, Wildextrakt, Salz und Pfeffer einrühren und sämig einkochen. Crème fraîche untermischen, noch einmal kurz aufkochen. Den Fasan zerteilen, mit den Speckscheiben anrichten und mit der Sauce servieren.

BEILAGEN: Serviettenknödel, in Scheiben geschnitten und gebraten, oder Schupfnudeln, Weinsauerkraut (ohne Weintrauben).

GEFÜLLTER FASAN AM SPIESS

FÜR DIE FARCE

- 1 Schalotte und 1/2 Knoblauchzehe, geschält, gehackt
- 1 EL Butter
- die Fasanenleber, zusammen mit 1 Scheibe geräuchertem rohem Schinken und 50 g gegartem Kalbfleisch, fein gehackt
- 1 Scheibe altbackenes Weißbrot, in 1 EL Sahne geweicht
- 1 TL fein gehackte Petersilie
- 1 Eigelb
- gewürztes Salz (Seite 26)
- 1 EL Madeira

- 1 Fasan, bratfertig
- gewürztes Salz (Seite 26)
- 2 EL zerlassene Butter
- 2 dünne Scheiben frischer fetter Speck, 10 x 20 cm
- 4 EL Wildfond (Seite 22), bei Bedarf mehr
- 4 EL Madeira

1

Schalotte und Knoblauch in der Butter kurz anschwitzen und mit allen anderen Zutaten für die Farce in einer Schüssel gut vermischen.

2

Den Fasan mit der Farce füllen, zustecken oder mit Küchengarn zunähen, mit gewürztem Salz einreiben und mit der zerlassenen Butter einpinseln. Die Speckscheiben über Brust und Bauch legen, die Beine und Flügel darunterstecken und drei- oder viermal mit Küchengarn umschnüren.

3

Den Ofengrill vorheizen. Den Fasan auf den Spieß stecken, die Saftschale darunterschieben und den Fond sowie 2 EL Madeira hineingießen. 40–50 Minuten grillen und dabei immer wieder mit dem Fond begießen; bei Bedarf noch etwas Fond nachgießen. Den Speck ablösen, warm stellen und den Fasan noch 10 Minuten bräunen. Im abgeschalteten Ofen 10 Minuten ruhen lassen.

4

Inzwischen die Sauce entfetten und mit dem restlichen Madeira den Bratsatz lösen. Den Fasan zerteilen, mit den Speckscheiben anrichten und mit der Sauce begießen.

BEILAGE: Croûtons, mit einer Scheibe Gänseleberpastete belegt, und Brunnenkressesalat; oder Linsenpüree.

FASAN AUF WEINSAUERKRAUT

- 1 kg Weinsauerkraut mit Trauben (Seite 221)
- 1 junger Fasan, bratfertig
- 3 EL zerlassene Butter
- ½ Knoblauchzehe, geschält, zerdrückt
- 10 Wacholderbeeren, zerdrückt
- ⅓ TL Thymian, ¼ TL Pfeffer
- 1 Prise gemahlene Nelken
- 3 dünne Scheiben frischer fetter Speck, 10 x 20 cm

1

Das Weinsauerkraut zunächst ohne Trauben zubereiten und in einer den Fasan fassenden Kasserolle verteilen. Warm halten.

2

Den Ofen auf 250 °C vorheizen. Den Fasan innen und außen mit der Butter bepinseln. Knoblauch, Wacholderbeeren, Thymian, Pfeffer und Nelkenpulver vermischen und den Fasan innen und außen damit einreiben. Die Speckscheiben über Brust und Bauch legen, Flügel und Schenkel darunterstecken und alles mit Küchengarn zusammenbinden. In eine Kasserolle legen und 20 Minuten im Ofen braten.

3

Die Temperatur auf 160 °C reduzieren. Den Fasan mit dem Rücken auf das heiße Weinsauerkraut legen, mit dem abgetropften Bratfond begießen und zugedeckt weitere 40–50 Minuten im Ofen schmoren. Die Trauben unter das Kraut mischen und 5 Minuten mitschmoren. Das Küchengarn und den Speck vom Fasan entfernen.

BEILAGE: Kartoffel-, Sellerie- oder Linsenpüree.

FASAN IN WALNUSSSAUCE

- 1 junger Fasan, bratfertig
- 1 TL gehackter Rosmarin
- 3 Salbeiblätter, gehackt
- Salz und Pfeffer
- 1 EL Zitronensaft
- 1 TL abgeriebene Zitronenschale
- 2 EL zerlassene Butter
- 5–6 dünne Scheiben durchwachsener Speck, 3 x 10 cm

FÜR DIE SAUCE

- 40 g Butter
- 150 g Kalbsleber, gehäutet, in Stücke geschnitten
- 1 Fasanenleber, in Stücke geschnitten
- 8 EL Marsala
- 1 TL Mehl
- 80 ml Wildgrundbrühe (Seite 22) oder Fleischbrühe
- Saft von ¾ Zitrone
- Saft von ¾ Orange
- Salz und Pfeffer
- 60 g Walnusskerne, angeröstet und gemahlen

1

Den Ofen auf 250 °C vorheizen. Den Fasan innen und außen mit der Mischung aus Kräutern, Salz, Pfeffer, Zitronensaft und -schale einreiben, anschließend mit der Butter einpinseln. Über die Brust und Bauchseite die Speckscheiben legen und mehrere Male mit Küchengarn umbinden. 20 Minuten im Ofen braten.

2

Inzwischen 20 g Butter in einer Pfanne zerlassen, die Kalbs- und Fasanenleber darin beidseitig anbraten. Mit 4 EL Marsala begießen und die Flüssigkeit bei niedriger Temperatur fast ganz einkochen. Die Lebern durch ein feines Sieb passieren.

3

Die Ofentemperatur auf 160 °C reduzieren. Den Fasan mit dem restlichen Marsala begießen und weitere 45 Minuten braten, dabei ab und zu mit dem Bratfond begießen.

4

In einem Topf die restliche Butter zerlassen und das Mehl darin unter Rühren anschwitzen. Mit der Brühe aufgießen und 10 Minuten köcheln lassen. Zitronen- und Orangensaft einrühren, durchkochen, die Lebern darunterschlagen, mit Salz und Pfeffer abschmecken, erhitzen, aber nicht mehr kochen. Die Nüsse untermischen. Den Bratfond entfetten und unter die Sauce rühren.

FASANENBRÜSTCHEN

- 4 Fasanenbrüstchen, Knochen und Haut entfernt
- je 1 TL gehackter Thymian und Rosmarin
- Salz und Pfeffer
- 4 dünne Scheiben frischer fetter Speck, 10 x 20 cm
- 2 EL Butter
- 2 EL Wildextrakt oder -essenz (Seite 23/24)

1

Die Fasanenbrüstchen mit den Kräutern, Salz und Pfeffer bestreuen und in je 1 Speckscheibe einbinden.

2

In einer Pfanne die Butter zerlassen und die Fasanenbrüstchen etwa 10 Minuten unter Wenden bei niedriger Hitze braten. Den Speck ablösen und die Brüstchen kurz etwas bräunen lassen. Den Extrakt in den Bratfond rühren.

BEILAGEN: Maronenpüree oder gedünstete Champignons, Madeirasauce.

VARIATIONEN

- Den Bratsatz mit 2 EL Cognac oder Whisky ablöschen und losschaben. Mit 1–2 EL Wildextrakt und 100 g Sahne aufgießen, sämig einkochen, salzen und pfeffern.
- **Kalte Fasanenbrüstchen:** 1 cm dicke Apfelscheiben in Butter braten, abgekühlt auf einer Platte anrichten. Die gebratenen, abgekühlten Fasanenbrüstchen schräg aufschneiden, auf die Apfelscheiben legen und mit Gelee (Seite 25) bestreichen.

Fasanenbrüstchen
mit Maronenpüree

Rebhuhn

Das Rebhuhn *(Perdix perdix)* gehört ebenfalls zu den Feldhühnern, ist aber mit einem Gewicht von nur 400 Gramm wesentlich kleiner als der Fasan. Das Rebhuhn lebt im Tiefland in abwechslungsreicher Landschaft mit Feldern, Äckern, Büschen und Feldrainen, welche Deckung bieten. Es ernährt sich vor allem von Sämereien und Pflanzenteilen. Flurbereinigung und die moderne Wirtschaftsweise in der Landwirtschaft haben jedoch zum Verlust der natürlichen Lebensbedingungen geführt, sodass Rebhühner in freier Wildbahn kaum noch anzutreffen sind und deshalb in Farmen gezüchtet werden.

Das Fleisch junger Tiere ist zart und hocharomatisch. Junge Rebhühner werden meist im Ganzen gebraten, ältere geschmort oder zu Suppen und Farcen verarbeitet.

Rebhühner können auch wie Fasan, Wachtel und Taube zubereitet werden. Dabei sind jedoch die Größenunterschiede zu beachten!

Abb. links: Rebhuhn im Ausbackteig
(Rezept Seite 154)

REBHÜHNER MIT SAHNESAUCE

- 3 Rebhühner, bratfertig
- Salz und Pfeffer
- 3 EL zerlassene Butter
- 3 dünne Scheiben durchwachsener Räucherspeck, 10 x 20 cm
- 1 Zwiebel, geschält, fein gehackt
- 8 Wacholderbeeren, zerdrückt
- 50 ml Geflügelgrundbrühe (Seite 24)

FÜR DIE SAUCE

- 100 ml trockener Weißwein
- 250 ml Geflügelgrundbrühe (Seite 24)
- 150 g Crème fraîche
- Salz, Pfeffer und Cayennepfeffer

1

Den Ofen auf 220 °C vorheizen. Die Rebhühner innen und außen salzen und pfeffern und mit zerlassener Butter bestreichen. Die Speckscheiben über die Brustseiten, Flügel und Schenkel legen und mit Küchengarn zusammenbinden.

2

Den Rest der zerlassenen Butter in einer passenden Kasserolle verlaufen lassen. Die Rebhühner auf dem Rücken hineinlegen und 15 Minuten im Ofen braten. Die Temperatur auf 175 °C reduzieren. Zwiebel und Wacholderbeeren neben die Rebhühner legen, im Fett wenden und weitere 10 Minuten braten. Die Brühe zugießen, den Speck ablösen und noch 20 Minuten unter häufigem Begießen mit dem Bratfond weiterbraten. Die Rebhühner warm stellen.

3

Den Bratfond entfetten, passieren, Wein und Brühe einrühren und auf ein Drittel einkochen. Crème fraîche unterrühren, mit Salz, Pfeffer und Cayennepfeffer abschmecken, noch einmal aufkochen, servieren.

BEILAGEN: Rotkohl, Grünkohl, Sellerie- oder Linsenpüree, Sauerkraut und Kartoffelpüree, mit kleinen gerösteten Weißbrotwürfeln bestreut.

REBHÜHNER MIT PFIRSICHEN

- 2 junge Rebhühner, bratfertig
- Salz und Pfeffer
- 2 EL zerlassene Butter
- 2 dünne Scheiben durchwachsener Räucherspeck, 10 x 20 cm
- 3 EL Butter, 1 EL Öl
- 30 ml trockener Weißwein
- 2 reife Pfirsiche, gehäutet, halbiert, entsteint (oder aus der Dose)

FÜR DIE SAUCE

- 100 ml Weißwein, 1 EL Essig
- 3 EL Wildextrakt (Seite 24)
- 2 EL Johannisbeergelee

1

Den Ofen auf 220 °C vorheizen. Die Rebhühner innen und außen salzen und pfeffern und mit der zerlassenen Butter bepinseln. Mit den Speckscheiben auf der Brustseite belegen und mit Küchengarn umbinden.

2

In einer die beiden Rebhühner fassenden Kasserolle 1 EL Butter und das Öl erhitzen. Die Rebhühner mit dem Speck nach oben hineinlegen und 30 Minuten im Ofen braten, dabei öfter mit dem Fett begießen. Den Weißwein zugießen.

3

Inzwischen die Pfirsichhälften in der restlichen Butter weich dünsten und warm halten.

4

Die Speckscheiben ablösen, warm halten und später klein geschnitten mitservieren. Die Rebhühner unter mehrmaligem Begießen mit dem Bratfond noch 10–15 Minuten bräunen, warm stellen.

5

Den Bratfond mit dem Weißwein und Essig aufgießen, sämig einkochen. Wildextrakt und Johannisbeergelee untermischen und abschmecken.

VARIATION

Statt der Pfirsichhälften Mangoscheiben verwenden.

REBHÜHNER MIT PILZEN

- 2 junge Rebhühner, bratfertig
- gewürztes Salz (Seite 26)
- 3 EL zerlassene Butter
- 4 dünne Scheiben durchwachsener Räucherspeck, 10 x 20 cm
- 1 EL Butter
- 4 Schalotten, geschält, fein gehackt
- 200 g Champignons oder Morcheln oder Steinpilze, geputzt, in Scheiben geschnitten
- 1 1/2 TL fein gehackter Kerbel
- 2 EL fein gehackter Estragon
- 2 Knoblauchzehen, geschält, fein gehackt
- 2 EL Cognac
- 150 ml Geflügelgrundbrühe (Seite 24)
- 50 ml trockener Weißwein
- 4 EL Wildextrakt (Seite 24)
- Pfeffer und Salz

1

Den Ofen auf 220 °C vorheizen. Die Rebhühner innen und außen mit gewürztem Salz einreiben und mit zerlassener Butter bepinseln. Je 2 Speckscheiben auf die Brustseite legen, die Flügel und Schenkel daruntersteckenund mit Küchengarn umbinden.

2

Die restliche zerlassene Butter in einer passenden Kasserolle verlaufen lassen. Die Rebhühner mit der Brustseite nach oben hineinlegen und 30 Minuten im Ofen braten, dabei öfter mit dem Bratfett begießen.

3

Inzwischen in einem Topf den Esslöffel Butter zerlassen und die Schalotten darin hell anschwitzen. Die Champignons zugeben und 7 Minuten bei geringer Hitze zugedeckt dünsten. Kerbel und Estragon untermischen.

4

Den Speck von den Rebhühnern lösen, warm halten und klein geschnitten später mitservieren. Die Temperatur auf 175 °C reduzieren, den Knoblauch einrühren und die Rebhühner in 15 Minuten unter öfterem Begießen fertig braten.

5

Den Cognac über die Rebhühner gießen und sofort anzünden. Aus der Kasserolle nehmen und im abgeschalteten, leicht geöffneten Ofen warm halten.

6

Die Sauce entfetten, die Brühe und den Weißwein zugießen und sämig einkochen. Den Wildextrakt und die Pilzmischung unterrühren, mit Pfeffer und Salz abschmecken.

Rebhühner
mit Oliven und Salbei

REBHÜHNER AUF SPANISCHE ART

- 2 junge Rebhühner, bratfertig
- Salz und Pfeffer
- 3 EL zerlassene Butter
- 2–4 Scheiben durchwachsener Räucherspeck, 10 x 20 cm

FÜR DIE SAUCE

- 4 große Knoblauchzehen, geschält
- dünn abgeschälte Schale von 2 Orangen, in Stücke geschnitten
- 125 ml kräftige Geflügelgrundbrühe (Seite 24)
- 4 EL pürierte Tomaten
- Saft von 2 Orangen, 3 EL Sherry
- Pfeffer und Salz

1

Den Ofen auf 210 °C vorheizen. Die Rebhühner innen und außen mit Salz und Pfeffer einreiben und mit zerlassener Butter einpinseln. Die Speckscheiben über die Brustseiten legen, die Flügel und Schenkel darunterstecken und mit Küchengarn umbinden.

2

Die restliche zerlassene Butter in einer passenden Kasserolle verlaufen lassen. Die Rebhühner mit der Brustseite nach oben hineinlegen und 30 Minuten unter öfterem Begießen mit dem Bratfett im Ofen braten.

3

Inzwischen in wenig Wasser den Knoblauch und die Orangenschale weich kochen, abgießen und durch ein feines Sieb passieren.

4

Die Speckscheiben von den Rebhühnern lösen und nach Belieben später klein geschnitten mitservieren. Die Rebhühner weitere 15 Minuten braten und ab und zu begießen. Warm stellen.

5

Den Bratfond entfetten, mit der Brühe aufgießen, etwas einkochen, mit den pürierten Tomaten und dem Orangen-Knoblauch-Püree binden. Den Orangensaft und Sherry unterrühren, etwas einkochen. Mit Pfeffer und Salz abschmecken. Über die Rebhühner gießen.

REBHÜHNER MIT OLIVEN UND SALBEI

- 2 junge Rebhühner, bratfertig
- Salz und weißer Pfeffer
- 2 Zucchini (250 g), 3 EL Öl, 30 g Butter
- 6 mittelgroße frische Salbeiblätter
- 1 Zweig frischer Thymian
- 1 kleine Zimtstange
- 10–15 entsteinte schwarze Oliven
- 250 ml trockener Weißwein, angewärmt
- Saft von 1/2 Zitrone

1

Die Rebhühner in vier Teile schneiden, mit Salz und Pfeffer bestreuen. Die Zucchini waschen und in dicke Scheiben schneiden.

2

Den Ofen auf 200 °C vorheizen. Das Öl und die Butter in einer Kasserolle erhitzen, die Rebhuhnteile darin rundum goldbraun anbraten. Herausnehmen und warm halten.

3

Die Zucchinischeiben im verbliebenen Bratfett kurz anbraten und die Rebhuhnteile darauflegen. Die Salbeiblätter, den Thymianzweig, die Zimtstange und die Oliven dazwischen verteilen. Den angewärmten Wein und den Zitronensaft zugießen. In den Ofen schieben und 30–35 Minuten garen. Das Gericht kann auch auf der Herdplatte bei niedriger Temperatur im geschlossenen Topf gegart werden.

GEKOCHTE REBHÜHNER AUF ERBSENPÜREE

- 2 ältere Rebhühner, bratfertig
- 1/2 l leicht gesalzenes Wasser
- 1 Bund Suppengrün, geputzt, in Stücke geschnitten
- 1 Zwiebel, geschält, geviertelt
- 1 Messerspitze Thymian
- 1 Lorbeerblatt, Pfeffer
- 2 EL Wildextrakt oder -essenz (Seite 23/24), 2 EL Sherry
- 250 g Püree von grünen Erbsen (Seite 227)

1

Die Rebhühner in einen gerade passenden Topf legen und mit dem Wasser aufgießen, sodass sie eben bedeckt sind. Zum Kochen bringen und die Hitze so weit reduzieren, dass das Wasser bei geschlossenem Topf nur ganz leicht köchelt. Abschäumen, bis das Wasser ziemlich klar bleibt. Jetzt Suppengrün, Zwiebel, Kräuter und Pfeffer zugeben und in 1 Stunde weich garen.

2

Die Rebhühner aus der Brühe nehmen, die Brühe auf 100 ml einkochen. Das Fleisch von den Knochen und der Haut befreien, in Scheibchen und Stücke schneiden, warm halten.

3

Wildextrakt und Sherry in die Brühe rühren und kurz aufkochen. Das Fleisch auf das Erbsenpüree legen und mit der Sauce übergießen.

REBHÜHNER VOM GRILL

- 4 junge Rebhühner, bratfertig
- 4 EL Zitronensaft
- Salz und Pfeffer
- edelsüßes Paprikapulver
- 40 g Butter, zerlassen
- 1 Zitrone, in Spalten geschnitten
- 4 Stängel krause Petersilie

1

Die Rebhühner entlang dem Rückgrat aufschneiden und das Rückgrat herausschneiden. Brustbein und Rippen auslösen und die Rebhühner flach ausbreiten. Mit dem Zitronensaft einreiben, mit etwas Salz, Pfeffer und Paprika bestreuen und mit zerlassener Butter einpinseln.

2

Die Rebhühner auf einen Grillrost legen und 6 Minuten auf jeder Seite grillen, dabei ab und zu mit zerlassener Butter bepinseln. Mit Zitronenspalten und Petersilie garnieren.

BEIGABE: Teufelssauce.

REBHÜHNER AUF POLENTA-SCHEIBEN

- 2 Rebhühner, bratfertig
- Salz, Pfeffer und Cayennepfeffer
- 4 Scheiben durchwachsener Räucherspeck, 10 x 20 cm
- 2 EL Öl, 2 EL Butter
- 1 Zwiebel, geschält, gehackt
- 1 Knoblauchzehe, geschält, gehackt
- 1 Lorbeerblatt
- 100 ml herber Rotwein
- 50 g Sahne

- 50 g magerer Räucherspeck, in kleine Würfel geschnitten
- 2 EL Butter
- 150 g Champignons, geputzt, blättrig geschnitten
- 2 EL fein gehackte Petersilie
- Salz und Pfeffer

- 2 EL Wildextrakt oder -essenz (Seite 23/24)
- Polentascheiben (Seite 221)

1

Den Ofen auf 185 °C vorheizen. Die Rebhühner längs halbieren. Rückgrat, Brustbein und Rippenknochen auslösen. Die Rebhuhnhälften mit etwas Salz, Pfeffer und Cayennepfeffer würzen, in die Speckscheiben wickeln und mit Küchengarn zusammenbinden.

2

Öl und Butter in einer Kasserolle erhitzen und die Rebhühner darin von beiden Seiten zusammen mit Zwiebel und Knoblauch anbraten. Das Lorbeerblatt einlegen, den Rotwein und die Sahne zugießen. Im Ofen 15 Minuten unter öfterem Begießen braten. Den Speck entfernen und die Vögel noch bräunen lassen.

3

Inzwischen den Räucherspeck in einer Pfanne knusprig braten und auf einen Teller legen. Die Butter in der Pfanne zerlassen und die Champignons darin weich dünsten. Die Petersilie untermischen, salzen und pfeffern, warm halten.

4

Die Rebhühner aus der Sauce nehmen und warm halten, das Lorbeerblatt fortwerfen. Den Extrakt in die Sauce rühren, sämig einkochen, den Speck zugeben, abschmecken.

5

Die Champignons auf die angerichteten Polentascheiben verteilen, die Rebhuhnhälften darauflegen und mit der Sauce begießen.

REBHÜHNER IM KRAUTKOPF

- 1 Kopf Weißkohl von etwa 900 g
- 2 l Salzwasser
- 2 junge Rebhühner, bratfertig
- Salz und Pfeffer
- 3 EL zerlassene Butter
- 2 dünne Scheiben durchwachsener Räucherspeck, 10 x 20 cm
- 300 g roher geräucherter Schinken, in 1 cm große Würfel geschnitten
- 1 Zwiebel, geschält, gerieben
- 1 ½ TL fein gehackter Majoran
- 4 EL fein gehackte Petersilie
- 1 dünne Scheibe frischer fetter Speck, 15 x 15 cm
- 300 ml Wildkraftbrühe (Seite 23)
- 150 g Crème fraîche oder saure Sahne

1

Die äußeren Blätter von dem Kohlkopf entfernen. Das Salzwasser zum Kochen bringen, den Kohlkopf einlegen und zugedeckt bei niedriger Hitze fast weich kochen.

2

Den Ofen auf 220 °C vorheizen. Die Rebhühner innen und außen mit Salz und Pfeffer einreiben und mit zerlassener Butter einpinseln. Die Speckscheiben über die Brustseiten legen, Flügel und Schenkel darunterstecken und mit Küchengarn festbinden. Die restliche zerlassene Butter in einer passenden Kasserolle verlaufen lassen, die Rebhühner hineinlegen und 30 Minuten im Ofen braten.

3

Den Kohl herausnehmen, abtropfen und etwas abkühlen lassen. Aus der Unterseite keilförmig den Strunk herausschneiden und den Kohlkopf mit der Unterseite in eine feuerfeste, passende Form legen. Jetzt öffnet man vorsichtig den Kohlkopf von oben, indem man die Blätter auseinanderschiebt, sodass ein »Nest« entsteht.

4

Das Küchengarn von den Rebhühnern entfernen, den Speck beiseite legen und das Fleisch von den Knochen lösen, in größere Stücke schneiden. Den Kohl mit dem Rebhuhnfleisch, gemischt mit dem Schinken, füllen. Zwiebel, Majoran, Pfeffer und Petersilie darüberstreuen, mit der frischen Speckscheibe zudecken und die Brühe seitlich hinzugießen. In den Ofen schieben und 70 Minuten garen, bis der Kohl eine schöne braune Kruste hat, dabei ab und zu mit der Brühe begießen.

5

Den Speck herunternehmen, zusammen mit dem Speck vom Rebhuhn in kleine Stücke schneiden und auf die Füllung legen. Zum Schluss mit Crème fraîche begießen.

REBHÜHNER IM AUSBACKTEIG

- 6 junge Rebhühner, bratfertig
- 6 EL Zitronensaft
- Salz und Pfeffer
- Ausbackteig (Seite 28)
- Öl zum Ausbacken

1

Die Rebhühner längs halbieren, das Rückgrat herausschneiden, Rippen und Brustbein auslösen. Die Hälften mit der Hand flach drücken, mit Zitronensaft einreiben und mit etwas Salz und Pfeffer bestreuen.

2

Die Rebhuhnhälften im Ausbackteig wenden und in der Fritteuse oder in der Pfanne schwimmend im heißen Öl goldbraun ausbacken. Auf Küchenpapier abtropfen lassen.

BEILAGEN: Salate.

REBHÜHNER MIT TRAUBEN

- 4 junge Rebhühner, bratfertig
- Pfeffer
- 3 EL zerlassene Butter
- 32 grüne Weintrauben
- 4 dünne Scheiben frischer fetter Speck, 10 x 20 cm
- 3 EL Cognac
- 150 ml frisch gepresster Traubensaft
- 1 EL Wildextrakt oder -essenz (Seite 23/24)

1

Den Ofen auf 220 °C vorheizen. Die Rebhühner innen und außen mit Pfeffer einreiben und mit zerlassener Butter bepinseln. Die Weintrauben kurz in kochendes Wasser legen, abgießen und kalt abschrecken. Vorsichtig häuten, die Kerne entfernen und je 8 Stück in ein Rebhuhn stecken. Die Speckscheiben über die Brustseiten legen und zusammenbinden.

2

In einer die Rebhühner fassenden Kasserolle die restliche zerlassene Butter verteilen, die Rebhühner auf dem Rücken hineinlegen und 30 Minuten im Ofen braten, dabei öfter begießen. Die Speckscheiben lösen und nach Geschmack später mitservieren. Die Rebhühner weitere 15 Minuten braten und ab und zu begießen. Aus dem Ofen nehmen, mit dem Cognac beträufeln und anzünden. Die Rebhühner warm stellen.

3

Die Sauce entfetten, den Traubensaft und Extrakt einrühren und dabei den Bratsatz losschaben. Kurz aufkochen und über die Rebhühner gießen.

REBHÜHNER NACH ART DER KARTÄUSERMÖNCHE

- 4 junge Rebhühner, bratfertig
- Pfeffer
- 4 EL zerlassene Butter
- 4 dünne Scheiben durchwachsener Räucherspeck, 10 x 10 cm
- Salz
- 2 Köpfe Weißkohl, zusammen etwa 2,5 kg, von den äußeren Blättern befreit, senkrecht geviertelt
- 4 große Möhren, geschält (oder die Hälfte weiße Rüben)
- 200 g grüne Bohnen, geputzt
- 8 EL raumtemperierte Butter
- 150 g große grüne Erbsen, gedünstet
- 250 g Farce für Klößchen (Seite 27)

- 4 EL Butter, 4 EL Öl
- 4 Bund Suppengrün, geputzt und in Stücke geschnitten
- 2 Zwiebeln, geschält, gehackt
- 2 Knoblauchzehen, geschält, gehackt
- 2 Möhren, geschält, klein gewürfelt
- 2 TL Thymian
- 1 großes Lorbeerblatt
- 1 Messerspitze gemahlene Nelken
- 12 Wacholderbeeren, zerdrückt
- 8 Pfefferkörner
- 250 g magerer Räucherspeck
- 250 g Knoblauchwurst
- ½ l trockener Weißwein
- ½ l Geflügelfond (Seite 24)

1

Den Ofen auf 225 °C vorheizen. Die Rebhühner innen und außen pfeffern und mit einem Teil der zerlassenen Butter einpinseln. Die Speckscheiben über die Brust legen, Flügel und Schenkel darunterstecken und mit Küchengarn zusammenbinden.

2

Die restliche Butter in einer passenden Kasserolle verlaufen lassen, die Rebhühner mit der Speckseite nach oben hineinlegen und 25 Minuten im Ofen unter öfterem Begießen mit dem Bratfett braten.

3

Inzwischen in einem großen Topf leicht gesalzenes Wasser zum Kochen bringen und die Kohlköpfe darin 10 Minuten kochen; abgießen, kalt abschrecken und gut abtropfen lassen.

4

Die Möhren und die Bohnen in separaten Töpfen in wenig Wasser fast weich dünsten, abgießen, kalt abschrecken und abtropfen lassen. Die Bohnen in 3 cm lange Stücke, die Möhren in 3 cm lange und ½ cm dicke Stifte schneiden.

5

Die Rebhühner aus dem Ofen nehmen und etwas abkühlen lassen. Die Temperatur auf 200 °C reduzieren. Eine 3 l fassende Charlottenform gleichmäßig dick mit der raumtemperierten Butter ausstreichen und im Kühlschrank wieder etwas fest werden lassen.

6

Die Rebhühner halbieren, das Rückgrat herausschneiden, das Brustbein und die Rippenknochen vorsichtig mit der Hand auslösen und die Knochen zerhacken.

7

In einem großen Topf Butter und Öl erhitzen und die Knochen darin kurz anbraten. Die Zwiebeln, Knoblauch, Möhren, Kräuter und Gewürze zugeben und unter Wenden etwas anbraten. Den Speck und die Wurst darauflegen und anschließend die Weißkohlviertel darauf verteilen. Mit dem Weißwein und 400 ml Fond aufgießen. Den Bratsatz der Rebhühner mit dem restlichen Fond lösen und ebenfalls zum Kohl gießen. Zum Kochen bringen, den Topf gut verschließen und im Ofen 75 Minuten schmoren.

8

Inzwischen die Erbsen, Bohnen und Möhren abwechselnd in einem hübschen Muster in die vorbereitete Charlottenform drücken. Die Möhren und Bohnen schräg oder senkrecht an die Wandung stellen und dünn mit der Farce bestreichen. Dabei sehr vorsichtig vorgehen, damit das Muster nicht verrutscht.

9

Den Ofen wieder auf 225 °C vorheizen. Den Kohl aus dem Topf nehmen, jedes Viertel vom Strunk befreien und in 2–3 cm breite Streifen schneiden. Den Speck ohne Schwarte quer in ½ cm dicke Scheiben schneiden, die Wurst häuten und ebenso in Scheiben schneiden. Die Form mit einer dicken Schicht Kohl ausfüttern, die Hälfte der Wurst, die Rebhuhnhälften (mit dem Rücken nach unten) und den Speck hineinlegen, mit Kohl bedecken und dasselbe nochmals wiederholen. Die Form fest zudecken.

10

In eine die Charlottenform fassende Kasserolle kochendes Wasser füllen – die Form soll zur halben Höhe im Wasser stehen – und für 20 Minuten in den Ofen schieben.

11

Inzwischen den Kochsud durch ein feines Sieb passieren und das Gemüse gut durchdrücken. In eine Kasserolle gießen, mit Pfeffer und Salz abschmecken, erhitzen.

12

Die Form aus dem Ofen nehmen, abdecken, einen heißen, großen Teller oder eine Platte umgekehrt auflegen, stürzen und die Form sehr vorsichtig abheben, um das Muster nicht zu zerstören (notfalls die Teile wieder an ihre Stelle setzen). Die Sauce getrennt servieren.

BEILAGE: Petersilienkartoffeln.

REBHÜHNER MIT MORCHELN UND PÜRIERTER LEBER

- _ 2 junge Rebhühner, bratfertig
- _ gewürztes Salz (Seite 26)
- _ 3 EL zerlassene Butter
- _ 2–4 dünne Scheiben roher geräucherter Schinken, 10 x 20 cm
- _ 1 EL Butter
- _ 50 g getrocknete Spitzmorcheln, ½ Stunde in wenig kaltem Wasser geweicht, gewaschen und abgetropft, in feine Streifen geschnitten, das Morchelwasser gesiebt
- _ 1 Zwiebel, geschält, gehackt
- _ 1 Knoblauchzehe, geschält, gehackt
- _ 2 EL Cognac

FÜR DIE SAUCE

- _ 50 ml trockener Weißwein
- _ 100 ml Wildfond (Seite 22)
- _ 2 EL fein gehackte Petersilie
- _ die Rebhuhnlebern und eventuell noch 2 Geflügellebern, geputzt und fein gehackt
- _ Pfeffer und Salz

1

Den Ofen auf 220 °C vorheizen. Die Rebhühner innen und außen mit gewürztem Salz einreiben und mit zerlassener Butter bepinseln. Die Schinkenscheiben über Brust und Bauch legen, die Flügel und Schenkel darunterstecken und mit Küchengarn festbinden.

2

Die restliche zerlassene Butter in einer passenden Kasserolle verlaufen lassen, die Rebhühner mit dem Schinken nach oben hineinlegen und 15 Minuten im Ofen braten.

3

Inzwischen den Esslöffel Butter in einem kleinen Topf zerlassen und die Morcheln darin in 5 Minuten weich dünsten, warm halten.

4

Die Zwiebel und den Knoblauch neben die Rebhühner legen, im Fett wenden und kurz mitbraten. Das Morchelwasser zugießen und die Rebhühner weitere 15 Minuten braten, von Zeit zu Zeit mit dem Bratfond begießen. Die Speckscheiben ablösen und die Rebhühner in 10–15 Minuten unter öfterem Begießen fertig braten. Aus dem Ofen nehmen, mit dem Cognac übergießen und anzünden. Herausnehmen und im abgeschalteten, etwas geöffneten Ofen warm halten.

5

Den Bratfond mit dem Weißwein und dem Wildfond aufgießen, die Petersilie einrühren und auf etwa ein Drittel einkochen. Die Lebern dazugeben, kurz absteifen lassen, anschließend die Sauce durch ein feines Sieb passieren. Mit Pfeffer und Salz abschmecken. Die Morcheln untermischen und kurz durchwärmen.

REBHÜHNER MIT GRÜNEM PAPRIKAGEMÜSE

- _ 2 junge Rebhühner, bratfertig
- _ 1 Knoblauchzehe, geschält, zerdrückt
- _ Salz und Pfeffer
- _ 3 EL zerlassene Butter
- _ 2 Scheiben roher geräucherter Schinken, 10 x 20 cm

FÜR DAS GEMÜSE

- _ 3 EL Olivenöl, 2 EL Butter
- _ 1 Zwiebel, geschält, gehackt
- _ 2 grüne Paprikaschoten, von Samen und Scheidewänden befreit, in kleine Würfel geschnitten
- _ 1 TL Thymian
- _ Pfeffer
- _ 1 Messerspitze Cayennepfeffer
- _ 4 TL Rosinen
- _ 1 säuerlicher Apfel, geschält, Kerngehäuse entfernt, in kleine Würfel geschnitten
- _ 6 EL Crème fraîche

1

Den Ofen auf 220 °C vorheizen. Die Rebhühner innen und außen mit Knoblauch, Salz und Pfeffer einreiben und mit zerlassener Butter bepinseln. Die Schinkenscheiben auf die Brustseite und über Flügel und Schenkel legen, mit Küchengarn gut zusammenbinden.

2

Die restliche zerlassene Butter in einer Kasserolle verteilen, die Rebhühner mit der Brustseite nach oben hineinlegen und 30 Minuten im Ofen braten.

3

Inzwischen Olivenöl und Butter in einem Topf erhitzen und die Zwiebeln darin kurz anschwitzen. Die Paprikaschoten zugeben und unter Rühren ganz leicht anbraten. Die Hitze reduzieren, Thymian, Pfeffer und Cayennepfeffer untermischen und bei nicht ganz geschlossenem Topf fast weich dünsten. Ab und zu umrühren. Rosinen und Apfelwürfel unterrühren.

4

Das Paprikagemüse zu den Rebhühnern geben und die Crème fraîche darüber verteilen. Weitere 10–15 Minuten braten und dabei einige Male mit der Sauce begießen.

BEILAGE: Reis oder Nusskartoffeln.

Wachtel

Die Wachtel *(Coturnix coturnix)* ist das kleinste Feldhuhn. Sie ist so groß wie ein Star, ihr Gewicht beträgt maximal 130 Gramm. Sie ist ein Zugvogel und nur im Sommer bei uns anzutreffen. Eine Landschaft mit Wiesen und Feldern, Hecken und Gehölzen sagt ihr am meisten zu. Sie ernährt sich von Blattspitzen, Insekten und Sämereien. Die Wachtel ist ganzjährig geschont, im Handel aber ganzjährig aus Zuchtbetrieben zu bekommen.

Das Fleisch der Wachtel ist zart und aromatisch. Wachteln werden im Ganzen zubereitet.

Wachteln kann man auch wie Rebhuhn zubereiten, sie werden jedoch selten mit Speck umwickelt.

Abb. links: Wachteln auf griechische Art
(Rezept Seite 160)

WACHTELN IN WEINLAUB

- _ 4 junge Wachteln, bratfertig
- _ 4 EL zerlassene Butter, vermischt mit ½ TL Pfeffer und ½ TL Thymian, mit 1 Knoblauchzehe im Mörser zerrieben
- _ 4 Weinblätter ohne Stiel
- _ 4 dünne Scheiben durchwachsener Räucherspeck, 10 x 20 cm

FÜR DIE SAUCE

- _ 40 ml Weißwein
- _ 2 EL Armagnac
- _ Saft von je ½ Zitrone und Orange
- _ 2 EL Wildextrakt oder -essenz (Seite 23/24)

1

Den Ofen auf 210 °C vorheizen. Die Wachteln innen und außen mit der Butter einpinseln und dressieren. Je 1 Weinblatt und darüber eine Speckscheibe auf jede Wachtelbrust legen und zweimal fest umbinden. Auf dem Rücken in eine passende Kasserolle legen, mit der restlichen Butter beträufeln und 30 Minuten unter öfterem Begießen mit dem Bratfond im Ofen braten.

2

Speck und Weinblatt entfernen und warm halten. Den Weißwein zugießen und die Wachteln weitere 10 Minuten braten. Aus der Kasserolle nehmen und im abgeschalteten, halb geöffneten Ofen warm stellen.

3

Den Armagnac, Zitronen- und Orangensaft zum Bratfond gießen, etwas einkochen, den Extrakt unterrühren und die Sauce über die Wachteln gießen. Speck und Weinblatt klein schneiden und mitservieren.

BEILAGE: In Butter geschmorte Äpfel, mit Orangenmarmelade oder Preiselbeeren gefüllt.

VARIATION

40–50 gehäutete kernlose oder entkernte grüne Trauben vor dem Armagnac in den Bratfond geben und erwärmen. Dann ohne Apfelbeilage servieren.

WACHTELN AUF GRIECHISCHE ART

- _ 4 junge Wachteln, bratfertig
- _ 3 EL Olivenöl, mit ¼ TL Pfeffer und etwas Salz vermischt
- _ 4 kleine Rosmarinzweige
- _ 4 Lorbeerblätter
- _ 30 ml trockener Weißwein
- _ Pilawreis mit Safran von 1 Tasse Reis (Seite 220)

FÜR DIE SAUCE

- _ 150 ml Tomatensaft
- _ 100 ml trockener Weißwein
- _ 50 g grüne Oliven, gehackt
- _ 2 EL Wildextrakt oder -essenz (Seite 23/24)
- _ Salz und Pfeffer

1

Den Ofen auf 210 °C vorheizen. Die Wachteln innen und außen mit dem Öl einpinseln, je 1 Rosmarinzweig und Lorbeerblatt in die Bauchhöhle stecken und die Vögel dressieren. Nebeneinander auf dem Rücken in eine Kasserolle legen und 30 Minuten im Ofen braten, dabei öfter mit dem Bratfond begießen. Den Weißwein zugießen, noch 10 Minuten weiterbraten und begießen.

2

Inzwischen den Pilawreis mit Safran zubereiten. Die Wachteln aus der Kasserolle nehmen und im abgeschalteten, halb geöffneten Ofen warm stellen.

3

Den Tomatensaft, Wein, Oliven und Extrakt zum Bratfond geben, etwas einkochen, mit Salz und Pfeffer abschmecken.

WACHTELN AUF ITALIENISCHE ART

- _ 4 junge Wachteln, bratfertig
- _ 4 EL Olivenöl
- _ 1 Knoblauchzehe, mit 1 TL Koriandersamen im Mörser zerrieben
- _ Pfeffer
- _ 4 Scheiben roher geräucherter Schinken
- _ 80 ml Weißwein
- _ Salz und Pfeffer

FÜR DIE BEILAGEN

- _ Risotto von 1 Tasse Reis (Seite 220) mit ½ grünen Paprikaschote, gewürfelt, 100 g grünen Erbsen und 50 g rohem geräuchertem Schinken, klein gewürfelt
- _ 4 Tomaten
- _ 2 EL Olivenöl
- _ je 1 EL fein gehackte Petersilie oder wilder Fenchel

1

Den Ofen auf 210 °C vorheizen. Die Wachteln innen und außen mit 3 EL Olivenöl, vermischt mit dem zerriebenen Knoblauch (mit Koriander) und Pfeffer, einreiben, mit den Schinkenscheiben belegen und mit Küchengarn umbinden. Mit der Brustseite nach oben in eine passende Kasserolle legen und mit dem restlichen Öl beträufeln. 40 Minuten unter öfterem Begießen mit dem Bratfond im Ofen braten, nach 30 Minuten die Hälfte des Weißweins zugießen. Die Wachteln herausnehmen und im abgeschalteten, halb geöffneten Ofen ruhen lassen.

2

Den restlichen Weißwein in den Bratfond gießen, etwas einkochen, mit Salz und Pfeffer abschmecken.

3

Inzwischen den Risotto mit der Paprikaschote, Erbsen und Schinken zusätzlich zu den Zwiebeln des Risottorezepts zubereiten. Die Tomaten in dem Olivenöl unter Wenden weich braten und mit Petersilie oder Fenchel bestreuen.

PANIERTE WACHTELN

- 2 junge Wachteln, bratfertig
- 1 Ei, leicht geschlagen
- 3 EL Paniermehl
- 3 EL geriebener Parmesan
- 1 EL fein gehackte Petersilie
- 1 TL Thymian
- ½ TL abgeriebene Zitronenschale
- 60 g Butter
- 4 Zitronenspalten
- 6 kleine Pfeffergurken

1

Die Wachteln entlang dem Rückgrat aufschneiden (siehe S. 160). Das Rückgrat sowie die Rippen entfernen. Mit der Hand flach drücken und durch das Ei ziehen. Paniermehl, Parmesan, Petersilie, Thymian und Zitronenschale auf einem Teller vermischen und die Wachteln darin wenden.

2

Die Butter in einer Pfanne stark erhitzen, aber nicht verbrennen lassen, und die Wachteln von beiden Seiten darin goldbraun braten. Mit den Zitronenspalten und Pfeffergurken servieren.

BEILAGE: Kalte Teufelssauce.

WACHTELN NACH JÄGERART

- 4 EL geschälte, fein gehackte Schalotten
- 2 EL fein gehackte Petersilie
- gewürztes Salz (Seite 26)
- 1 EL abgeriebene Zitronenschale
- 4 junge Wachteln, bratfertig
- 4 EL zerlassene Butter
- 4 Wacholderbeeren, zerdrückt
- 50 ml herber Rotwein

FÜR DIE SAUCE

- 50 ml herber Rotwein
- 2 EL Madeira
- 2 EL Wildextrakt oder -essenz (Seite 23/24)
- 6 EL saure Sahne
- Salz und Pfeffer

1

Den Ofen auf 210 °C vorheizen. Schalotten, Petersilie, gewürztes Salz und Zitronenschale vermischen. Die Wachteln innen und außen mit 3 EL der zerlassenen Butter einpinseln, in der Kräutermischung wälzen und auch innen damit bestreichen. Je 1 Wacholderbeere in die Bauchhöhle stecken und die Vögel dressieren.

2

Die restliche Butter in einer die Wachteln fassenden Kasserolle verlaufen lassen, die Wachteln auf dem Rücken hineinlegen und 30 Minuten unter öfterem Begießen mit dem Bratfond im Ofen braten. Den Rotwein zugießen und weitere 10 Minuten unter Begießen braten. Die Wachteln herausnehmen und im abgeschalteten, halb geöffneten Ofen warm stellen.

3

Rotwein, Madeira und Extrakt in den Fond rühren und auf die Hälfte einkochen. Die saure Sahne zugeben und erhitzen, doch nicht mehr kochen. Mit Salz und Pfeffer abschmecken.

BEILAGEN: Pilawreis mit Tomatenmark, Kartoffelpüree mit Cumberlandsauce oder Pommes frites mit Preiselbeergelee oder Erbsenpüree und pochierte Birnen, gefüllt mit Johannisbeergelee.

WACHTELN MIT RAHMSAUCE

- 6 junge Wachteln, bratfertig
- 100 g Butter, zerlassen, mit 1 EL gewürztem Salz (Seite 26) vermischt

FÜR DIE SAUCE

- 3 EL Cognac
- 3–4 EL Wildextrakt oder -essenz (Seite 23/24)
- 6 EL Sahne
- 3 EL Zitronensaft
- Salz und Pfeffer

1

Den Ofen auf 210 °C vorheizen. Die Wachteln innen und außen mit etwas zerlassener Butter einpinseln, dressieren. Nebeneinander auf dem Rücken in eine Kasserolle legen und die restliche Butter über die Wachteln gießen. Im Ofen unter öfterem Begießen 40 Minuten braten. Die Wachteln herausnehmen und im abgeschalteten, halb geöffneten Ofen warm stellen.

2

Den Bratsatz mit dem Cognac ablöschen und losschaben. Den Extrakt und die Sahne unterrühren und durchkochen. Mit dem Zitronensaft, Salz und Pfeffer abschmecken.

BEILAGE: Kartoffelpüree mit Safran (1 TL Safranfäden in 40 ml Geflügelbrühe 10 Minuten kochen und unter das Püree mischen).

WACHTELN AUF GERÖSTETEN BROTSCHEIBEN

- 4 Wachteln, bratfertig
- gewürztes Salz (Seite 26)
- 8 Wacholderbeeren, zerdrückt
- 3 EL zerlassene Butter
- 4 dünne Scheiben durchwachsener Räucherspeck

- 2 EL Butter
- 4 Scheiben Weißbrot

1

Den Ofen auf 200 °C vorheizen. Die Wachteln mit dem gewürzten Salz einreiben und je 2 Wacholderbeeren in die Bauchhöhlen legen. Die Vögel mit der zerlassenen Butter einpinseln, mit dem Speck belegen und zweimal mit Küchengarn umbinden. Auf dem Rost (Fettpfanne darunter) in den Ofen schieben und 35–40 Minuten braten.

2

In einer Pfanne die Butter zerlassen und die Weißbrotscheiben auf beiden Seiten goldbraun braten. Die Wachteln auf die Brotscheiben setzen.

BEILAGE: Salate.

WACHTELN MIT SALBEI

- 4 Wachteln, bratfertig
- gewürztes Salz (Seite 26)
- 8 Salbeiblätter, 4 davon gehackt
- 1 kleine Knoblauchzehe, geschält, fein gehackt
- Lebern und Herzen der Wachteln
- 4 kleine Scheiben magerer Räucherspeck
- 4 dünne Scheiben frischer fetter Speck, 10 x 10 cm
- 2 EL Butter
- 2 Lorbeerblätter
- 40 ml Weißwein
- 2 große Kartoffeln, ungeschält, gewaschen

FÜR DIE SAUCE

- 8 EL Wildextrakt (Seite 24) oder Geflügelessenz (Seite 24)
- Salz und Pfeffer
- 4 EL Madeira

1

Den Ofen auf 210 °C vorheizen. Die Wachteln innen und außen mit etwas gewürztem Salz einreiben. Die gehackten Salbeiblätter, Knoblauch, Lebern und Herzen in die Räucherspeckscheiben wickeln und in die Bauchhöhlen stecken. 1 Salbeiblatt auf jede Wachtelbrust und darüber den fetten Speck legen, Schenkel und Flügel unter den Rücken stecken und mit Küchengarn zusammenbinden.

2

Die Butter in einer Kasserolle zerlassen, die Wachteln mit dem Speck nach oben hineinlegen, die Lorbeerblätter daneben, 40 Minuten unter häufigem Begießen mit dem Bratfett im Ofen braten. Nach 20 Minuten den Weißwein zugießen.

3

Die Kartoffeln ebenfalls in den Ofen legen und weich backen. Herausnehmen, halbieren, etwas aushöhlen. Die Wachteln herausnehmen und beides warm stellen.

4

Die Sauce entfetten, die Lorbeerblätter herausfischen, fortwerfen. Den Extrakt oder die Geflügelessenz zugießen und mit Salz und Pfeffer abschmecken. Den Madeira einrühren und nochmals erhitzen.

5

Den Speck von den Wachteln lösen, klein schneiden und auf die Kartoffelhälften legen. Die Wachteln darauf anrichten und mit der Sauce begießen.

WACHTELN IN ANANAS

- 6 Wachteln, bratfertig
- Salz und Pfeffer
- 3 TL zerlassene Butter
- 2 EL Butter zum Anbraten
- 3 EL Ananassaft (Dose)

FÜR DIE SAUCE

- 50 ml Geflügelessenz (Seite 24)
- 6 EL Ananassaft
- 300 g Ananasstückchen (Dose), grob gehackt

1

Den Ofen auf 210 °C vorheizen. Die Wachteln innen mit Salz und Pfeffer einreiben und je ½ TL zerlassene Butter in die Bauchhöhlen träufeln.

2

Auf dem Herd die Butter in einer Kasserolle zerlassen und die Wachteln rundum darin anbraten. Mit der Brust nach oben legen und mit Pfeffer bestreuen. Den Ananassaft in die Kasserolle gießen, in den Ofen schieben und 30 Minuten braten, ab und zu mit dem Bratfond begießen. Die Wachteln herausnehmen und warm stellen.

3

Den Bratfond mit der Essenz und dem Ananassaft aufgießen und den Bratsatz losschaben, sämig einkochen. Die Ananasstücke zugeben, noch kurz aufkochen und abschmecken.

WACHTELN MIT SAUERKIRSCHEN

- 4 Wachteln, bratfertig
- Pfeffer
- 4 EL Butter
- 3 EL zerlassene Butter
- 2 EL Cognac
- 4 EL Zitronensaft
- 125 ml Saft der Sauerkirschen
- 8 EL Wildextrakt oder Geflügelessenz (Seite 24)
- 250 g Sauerkirschen (aus dem Glas)
- Salz

1

Den Ofen auf 210 °C vorheizen. Die Wachteln innen und außen mit etwas Pfeffer würzen. Je 1 EL Butter in die Bauchhöhlen geben. Die Schenkel an den Körper binden, mit der Bauchseite nach oben in eine feuerfeste Kasserolle legen und mit der zerlassenen Butter begießen. In den Ofen schieben und unter häufigem Begießen mit dem Fett 30 Minuten braten.

2

Eine Herdplatte erhitzen, die Kasserolle daraufstellen, die Wachteln mit dem Cognac begießen und flambieren. Die Wachteln herausnehmen und warm halten.

3

Zitronensaft, Sauerkirschsaft und den Extrakt oder die Geflügelessenz in den Bratfond rühren, etwas einkochen, die Kirschen beifügen und mit Pfeffer und Salz abschmecken. Noch einmal kurz durchkochen.

WACHTELN MIT QUITTENGELEE

- 4 Wachteln, bratfertig
- 4 EL Cognac, mit 2 EL Quittengelee und ½ TL abgeriebener Zitronenschale vermischt
- 4 kleine Rosmarinzweige
- Salz und Pfeffer
- 5 EL zerlassene Butter
- 2 EL Geflügelessenz oder Wildextrakt (Seite 24)
- 2 EL Quittengelee

1

Die Wachteln in dem Cognac wenden und je 1 Rosmarinzweig in die Bauchhöhlen stecken. Zugedeckt 12 Stunden marinieren. Herausnehmen.

2

Den Ofen auf 210 °C vorheizen. Die Vögel innen und außen salzen und pfeffern und mit zerlassener Butter einpinseln. Die restliche Butter in einer Kasserolle verlaufen lassen, die Wachteln mit der Brustseite nach oben hineinlegen, die Marinade zugeben, in den Ofen schieben und unter öfterem Begießen 40 Minuten zugedeckt garen. Die Wachteln herausnehmen und warm stellen.

3

Die Sauce entfetten, Essenz oder Extrakt zugeben, den Bratsatz lösen und das Quittengelee einrühren. Mit Salz und Pfeffer abschmecken, erhitzen und über die Wachteln gießen.

BEILAGE: Frisch geröstete Weißbrotscheiben.

WACHTELN MIT SPARGEL UND MORCHELN

- 4 Wachteln, bratfertig
- Salz und Pfeffer
- 2 Knoblauchzehen, geschält, halbiert
- 4 kleine Rosmarinzweige
- 3 EL zerlassene Butter
- 1 EL Öl, 1 EL Butter
- 100 ml Weißwein

- 1 EL Öl
- 400 g grüner Spargel, geputzt, schräg in 1 cm dicke Scheiben geschnitten, blanchiert
- 200 g frische Morcheln, geputzt
- Salz und Pfeffer
- 1 EL fein gehackte Petersilie

1

Den Ofen auf 210 °C vorheizen. Die Wachteln innen und außen mit Salz und Pfeffer einreiben, ½ Knoblauchzehe und 1 Rosmarinzweig in jede Bauchhöhle stecken. Die Wachteln dressieren und mit der zerlassenen Butter einpinseln.

2

Öl und Butter in einer Kasserolle erhitzen und die Wachteln auf dem Rücken hineinlegen. 35 Minuten im Ofen braten, zwischendurch immer wieder mit dem Bratfett bepinseln.

3

Inzwischen in einer Pfanne das Öl erhitzen und den Spargel 2–3 Minuten braten. Anschließend die Morcheln 2 Minuten mitbraten. Mit Salz und Pfeffer abschmecken und mit Petersilie bestreuen.

4

Die Wachteln herausnehmen und auf vorgewärmten Tellern warm halten. Den Bratfond mit dem Weißwein ablöschen, etwas einkochen und über die Wachteln gießen. Spargel und Morcheln daneben anrichten.

WACHTELN MIT CHAMPIGNONS

- 4 junge Wachteln, bratfertig
- 6 EL zerlassene Butter, vermischt mit ½ TL gewürztem Salz (Seite 26) und ½ TL abgeriebener Zitronenschale
- 100 ml Geflügelfond (Seite 24)
- 1 EL Wildextrakt oder Geflügelessenz (Seite 24)
- 3 EL Cognac, 4 EL Sahne
- 1 EL fein gehackte Petersilie

FÜR DIE CHAMPIGNONS

- 2 EL Butter
- 250 g kleine Champignons, geputzt
- 2 EL Zitronensaft
- 1 Messerspitze Pfeffer, Salz

1

Den Ofen auf 210 °C vorheizen. Die Wachteln innen und außen mit einem Teil der Butter einpinseln, dressieren und auf dem Rücken in eine passende Kasserolle legen. Die restliche Butter über die Wachteln gießen und 20 Minuten im Ofen braten, dabei zweimal mit der Butter begießen. 50 ml Geflügelfond zugießen, die Kasserolle zudecken und weitere 20 Minuten schmoren.

2

Inzwischen die Butter in einem kleinen Topf zerlassen und die Champignons darin wenden. Zitronensaft, Pfeffer und Salz zugeben und zugedeckt 10 Minuten dünsten.

3

Die Wachteln herausnehmen und warm halten. Den restlichen Geflügelfond, Wildextrakt oder Geflügelessenz und den Cognac in den Bratfond rühren, etwas einkochen, die Sahne zugießen und durchkochen. Die Champignons untermischen, abschmecken und die Sauce zu den Wachteln servieren.

BEILAGE: Püree von grünen Erbsen.

VARIATION

In Butter gedünstete Artischockenböden (nach Belieben aus der Dose) in Stücken unter das Erbsenpüree (Beilage) mischen.

Perlhuhn

Das Perlhuhn *(Numida meleagris)* ist ein aus Afrika stammendes Buschhuhn und gehört zur Familie der Fasanen. Die perlenartigen weißen Punkte auf dem schiefergrauen Federkleid – der Sage nach die Tränen, die die in Vögel verwandelten Schwestern um den Tod ihres Bruders Meleager weinten – gaben ihm seinen Namen. Die bei uns angebotenen Tiere stammen vorwiegend aus Zuchtbetrieben mit Käfighaltung; Tiere aus Bodenhaltung sind entsprechend gekennzeichnet. Ein küchenfertiges Perlhuhn wiegt etwa 1400 Gramm.

Das Fleisch ist dunkel, zart und saftig, es ähnelt im Geschmack dem des Fasans. Junge Perlhühner sind eine Delikatesse und werden gebraten, ältere Tiere werden geschmort. Da das Fleisch verhältnismäßig trocken ist, sollte es mit Speckscheiben belegt und häufig mit Butter begossen werden.

Perlhühner können auch wie Fasan und Rebhuhn zubereitet werden.

Abb. links: Perlhuhn auf Risotto (Rezept Seite 168)

PERLHUHN AUF ITALIENISCHE ART

- 1 junges Perlhuhn, bratfertig
- Salz und Pfeffer
- 3 EL zerlassene Butter
- 2 dünne Scheiben frischer fetter Speck, 10 x 20 cm
- 3 Tomaten, gehäutet, fein gehackt
- 1 TL Thymian
- 60 ml trockener Weißwein

FÜR DEN RISOTTO

- Risotto aus 200 g Reis (Seite 220)
- 50 g Korinthen
- 20 g ungesalzene Pistazien, grob gehackt

FÜR DIE SAUCE

- 50 ml trockener Weißwein
- 4 EL Wildextrakt oder -essenz (Seite 23/24), Salz und Pfeffer

1

Den Ofen auf 220 °C vorheizen. Das Perlhuhn innen und außen mit Salz und Pfeffer einreiben und mit zerlassener Butter bepinseln. Die Speckscheiben über die Brustseite legen, die Flügel und Schenkel darunterstecken und mit Küchengarn umbinden.

2

Die restliche zerlassene Butter in einer passenden Kasserolle verlaufen lassen, das Perlhuhn mit der Brustseite nach oben hineinlegen und 25 Minuten im Ofen braten. Die Temperatur auf 160 °C reduzieren, Tomaten, Thymian und Weißwein zu dem Perlhuhn geben und weitere 45 Minuten unter öfterem Begießen mit dem Bratfond braten.

3

Inzwischen den Risotto mit den Korinthen zubereiten, zum Schluss die Pistazien untermischen.

4

Die Speckscheiben von dem Perlhuhn loslösen und, falls man sie später mitservieren will, klein schneiden und warm halten. Das Perlhuhn noch 15 Minuten bräunen, herausnehmen und im abgeschalteten, etwas geöffneten Ofen warm halten.

5

Weißwein und Wildextrakt in die Sauce rühren und einkochen. Mit Salz und Pfeffer abschmecken.

PERLHUHN AUF RISOTTO

- 1 junges Perlhuhn, bratfertig
- 2 EL Zitronensaft
- Salz und Pfeffer
- 2 EL zerlassene Butter
- 3 dünne Scheiben frischer fetter Speck, 10 x 20 cm
- 2 EL Butter
- 4 EL Cognac
- 50 ml trockener Weißwein
- 50 ml Geflügelfond (Seite 24)

FÜR DEN RISOTTO

- 1 EL Butter, 1 EL Öl
- 1 Knoblauchzehe, geschält, fein gehackt
- 250 g Champignons oder andere Waldpilze, geputzt, in Scheiben geschnitten
- 6 EL gehackte Petersilie
- 1 TL Thymian
- 50 ml Fleischbrühe
- 250 g feine Erbsen (auch tiefgefroren)
- Pfeffer und Salz
- Risotto aus 200 g Reis (Seite 220)
- 1 EL geriebener Parmesan

FÜR DIE SAUCE

- 100 ml trockener Weißwein
- Salz und Pfeffer
- 6 EL Crème fraîche

1

Den Ofen auf 220 °C vorheizen. Das Perlhuhn innen und außen mit Zitronensaft, Salz und Pfeffer einreiben und mit der Butter bepinseln. Die Speckscheiben auf die Brustseite legen, Flügel und Schenkel mitbedecken, mit Küchengarn zusammenbinden.

2

Die Butter in einer passenden Kasserolle zerlassen, das Perlhuhn mit dem Speck nach oben hineinlegen und 15 Minuten im Ofen braten. Mit dem Cognac begießen, die Temperatur auf 170 °C reduzieren, den Weißwein und Geflügelfond dazugeben und weitere 30 Minuten unter häufigem Begießen braten.

3

Inzwischen Butter und Öl in einer Kasserolle erhitzen und den Knoblauch darin anschwitzen. Die Champignons zugeben, rundum etwas anbraten, Petersilie und Thymian einstreuen, mit der Fleischbrühe auffüllen und die Champignons 10 Minuten dünsten. Die Erbsen untermischen, mit Pfeffer und Salz abschmecken. Warm halten. Den Risotto zubereiten. Nach 15 Minuten die Pilz-Erbsen-Mischung mit der Flüssigkeit unter den Reis rühren und noch 5 Minuten köcheln lassen.

4

Den Speck vom Perlhuhn entfernen, klein schneiden und warm halten. Das Perlhuhn noch 15 Minuten bräunen.

5

Die Sauce entfetten, den Weißwein zugießen und sämig einkochen. Mit Salz und Pfeffer abschmecken, Crème fraîche unterrühren und einmal aufkochen.

6

Zum Schluss den Parmesan unter den Risotto mischen und mit dem klein geschnittenen Speck bestreuen. Das Perlhuhn tranchieren, auf dem Risotto anrichten und mit der Sauce begießen.

PERLHUHN IN ROTWEIN

- 1 Perlhuhn, bratfertig, in 8 Stücke geteilt
- gewürztes Salz (Seite 26)
- 8 dünne Scheiben durchwachsener Räucherspeck
- 150 g Möhren, 1 Zwiebel und 1 Knoblauchzehe, jeweils geschält und gewürfelt
- 750 ml herber Rotwein
- 60 g Butterschmalz, 2 EL Mehl
- 150 ml Geflügelgrundbrühe (Seite 24)
- Schale von 1/2 Orange
- 200 g Schalotten, geschält
- 250 g kleine Champignons, geputzt
- Salz und Pfeffer
- 1 EL fein gehackte Petersilie

1

Die Perlhuhnstücke mit gewürztem Salz einreiben, mit dem Speck umbinden, zusammen mit dem gewürfelten Gemüse in eine Schüssel legen und mit dem Rotwein übergießen. Zugedeckt 12 Stunden marinieren. Herausnehmen und trockentupfen. Die Marinade durchsieben, das Gemüse gut abtropfen lassen.

2

Den Ofen auf 170 °C vorheizen. 20 g Butterschmalz in einer Kasserolle erhitzen und die Fleischstücke darin rundum anbraten, herausheben.

3

Weitere 20 g Butterschmalz in der Kasserolle zerlassen und das gewürfelte Gemüse darin andünsten. Die Perlhuhnstücke darauflegen, mit dem Mehl bestauben und unter Wenden hellbraun werden lassen. Mit 250 ml Marinade und der Brühe auffüllen, sodass das Fleisch fast bedeckt ist, die Orangenschale zugeben, aufkochen und zugedeckt im Ofen 50 Minuten schmoren.

4

Das restliche Butterschmalz in einer Pfanne erhitzen und die Schalotten darin weich dünsten. Die Champignons zufügen und 3 Minuten mitdünsten.

5

Die Perlhuhnstücke herausheben und warm halten. Die restliche Marinade in die Sauce gießen, sämig einkochen, mit Salz und Pfeffer abschmecken, die Orangenschale herausfischen und wegwerfen. Fleisch, Schalotten und Champignons unterheben und mit Petersilie bestreuen.

BEILAGEN: Serviettenknödel, Kartoffeln oder Croûtons und Salat.

GEFÜLLTES PERLHUHN MIT FEIGENSAUCE

FÜR DIE FÜLLUNG

- 1 Zwiebel, geschält, fein gehackt
- 50 g frischer fetter Speck, fein gehackt
- 1 EL Butter
- Perlhuhnleber, -magen und -herz, geputzt, fein gehackt
- 2 Scheiben Weißbrot, entrindet, in 4 EL Wildgrundbrühe (Seite 22) oder Fleischbrühe und 50 g Sahne geweicht
- 50 g durchwachsener Räucherspeck, fein gehackt
- 1 Ei
- 2 EL fein gehackte Petersilie
- 1 TL fein gehackter Salbei
- ½ TL Salz, ⅓ TL Pfeffer

- 1 junges Perlhuhn, bratfertig
- 3 EL zerlassene Butter
- 2 dünne Scheiben frischer fetter Speck, 10 x 20 cm
- 50 ml Weißwein

FÜR DIE SAUCE

- 15–20 getrocknete Feigen, in 100 ml Marsala einige Stunden geweicht
- 60 ml Wildfond (Seite 22)
- 5 EL Marsala
- 2 EL Wildextrakt oder -essenz (Seite 23/24)
- Pfeffer und Salz

1

Den Ofen auf 220 °C vorheizen. Die Zwiebel und den fetten Speck in der Butter leicht bräunen. Leber, Magen und Herz kurz mitbraten. Abkühlen lassen. Mit allen anderen Zutaten für die Füllung gut vermischen und das Perlhuhn damit füllen. Die Öffnung mit Holzspießchen zustecken oder zunähen. Mit zerlassener Butter bepinseln, die Speckscheiben auf die Brustseite legen, Schenkel und Flügel darunterstecken, mit Küchengarn umbinden.

2

Die restliche zerlassene Butter in einer passenden Kasserolle verteilen, das Perlhuhn mit dem Speck nach oben hineinlegen, im Ofen 25 Minuten braten.

3

Inzwischen in einem Topf die Feigen in dem Fond und dem Marsala bei niedriger Temperatur weich köcheln, anschließend in dünne Scheiben schneiden und in der Flüssigkeit warm halten.

4

Die Ofenhitze auf 170 °C reduzieren. Das Perlhuhn mit dem Weißwein begießen und weitere 50 Minuten unter gelegentlichem Begießen mit dem Bratfond braten. Die Speckscheiben abnehmen und klein geschnitten später mitservieren. Das Perlhuhn noch 15 Minuten bräunen lassen, herausnehmen und warm stellen.

5

Die Sauce entfetten, den Wildextrakt und den Marsalafond von den Feigen zugießen, etwas einkochen. Die Feigen einlegen, mit Pfeffer und Salz abschmecken.

BEILAGE: Maronen- oder Champignonpüree.

GEFÜLLTES PERLHUHN MIT CHAMPIGNONS

- 1 junges Perlhuhn, bratfertig
- Füllung wie im Rezept links
- 2 sehr dünne Scheiben frischer fetter Speck, 10 x 20 cm
- 1 EL Butter
- 40 ml Wildgrundbrühe (Seite 22)

FÜR DIE SAUCE

- 2 EL Butter
- 300 g Champignons, geputzt, in Scheiben geschnitten
- 3 EL Zitronensaft, 6 EL Madeira
- 2 EL Wildextrakt (Seite 24)
- 50 ml herber Rotwein
- 1 EL Johannisbeergelee
- Salz und Pfeffer

1

Den Ofen auf 220 °C vorheizen. Das Perlhuhn füllen und mit Holzspießchen zustecken. Die Speckscheiben über die Brustseite legen, die Flügel und Schenkel daruntersteсken und mit Küchengarn festbinden.

2

In einer passenden Kasserolle die Butter zerlassen, das Perlhuhn mit der Brustseite nach oben hineinlegen und im Ofen 25 Minuten braten. Die Ofentemperatur auf 170 °C reduzieren, die Brühe zugießen und das Perlhuhn unter häufigem Begießen mit dem Bratfond weitere 45 Minuten braten.

3

Inzwischen in einem Topf die Butter zerlassen und darin die Champignons mit dem Zitronensaft und 5 EL Madeira zugedeckt weich dünsten.

4

Die Speckscheiben vom Perlhuhn abnehmen und warm halten. Das Perlhuhn weitere 15 Minuten unter öfterem Begießen bräunen, herausnehmen und warm halten.

5

Die Sauce entfetten, Extrakt und Rotwein zugeben, sämig einkochen. Das Johannisbeergelee in die Sauce rühren. Den restlichen Madeira und die Champignons untermischen, mit Salz und Pfeffer würzig abschmecken. Den Speck klein schneiden und ebenfalls zugeben.

BEILAGE: In Butter gedünsteter Radicchio.

PERLHUHN MIT ESTRAGON

- 25 g Butter, 25 g Öl
- 1 Perlhuhn, bratfertig, in 6–8 Stücke geteilt
- 1 Möhre, geschält, in grobe Stücke geschnitten
- 4 Schalotten, geschält, in Stücke geschnitten
- 90 ml trockener Weißwein
- 150 ml Geflügelfond (Seite 24) oder Instantbrühe
- einige Estragonzweige
- 1/4 TL Pfeffer
- 1 Messerspitze Cayennepfeffer
- 180 g Sahne
- 2 EL Cognac
- 2 EL fein gehackter Estragon
- Salz und Pfeffer

1

Butter und Öl in einer Kasserolle erhitzen und die Perlhuhnstücke darin rundum anbraten. Das Gemüse zugeben und unter Wenden kurz mitbraten. Mit dem Weißwein ablöschen, den Fond zugießen, Estragonzweige einlegen, Pfeffer und Cayennepfeffer unterrühren, aufkochen und bei niedriger Temperatur 35 Minuten schmoren.

2

Fleisch und Gemüse herausheben und zugedeckt warm halten. Die Estragonzweige fortwerfen. Die Sahne in den Schmorfond rühren und sämig einkochen. Den Cognac zugießen, erhitzen, den gehackten Estragon unterziehen, nicht mehr kochen. Mit Salz und Pfeffer abschmecken und über die Perlhuhnstücke verteilen.

BEILAGE: Kartoffelpüree oder Reis.

Schnepfe

Die Schnepfe – Waldschnepfe – *(Scolopax rusticola)* ist ein Zugvogel. Sie brütet in Mitteleuropa und verbringt den Winter in Afrika. Sie lebt in feuchten Waldpartien am Boden. Früher bejagte man sie während ihrer Balzflüge (»Schnepfenstrich«) im Frühjahr. Heute ist sie eine Zufallsbeute bei herbstlichen Treibjagden, nachdem die Frühjahrsjagd auf sie verboten wurde. Die Schnepfe ernährt sich vor allem von Würmern und Insekten. Die Körperlänge misst etwa 35 cm, das Körpergewicht beträgt etwa 300 Gramm.

Die Schnepfe ist im Herbst am fleischigsten, das Fleisch ist dann besonders saftig. Jung wird sie meist gebraten, die älteren Vögel werden geschmort oder zu Farcen und Pasteten verarbeitet.

Für das links abgebildete Rezept werden 2 Schnepfen von Knochen und Haut befreit und in Würfel geschnitten. In 3 EL Öl und 30 g ausgelassenem Räucherspeck klein geschnittenes Gemüse (je 60 g Frühlingszwiebel, Lauch, Möhre, Paprika) anbraten, das Fleisch kurz mitbraten. Mit 150 ml Rotwein ablöschen, 1 EL Tomatenmark einrühren, salzen, pfeffern, einen Thymian- und Rosmarinzweig einlegen. 150 ml heiße Wildgrundbrühe zugießen und das Ragout 15 Minuten köcheln lassen.

Schnepfen können auch wie Fasan, Wachtel und Rebhuhn zubereitet werden.

Abb. links: Schnepfenragout mit Tagliatelle (Rezept siehe oben)

WALDSCHNEPFEN FÖRSTERINART

- _ 4 Waldschnepfen
- _ 1 Messerspitze Thymian
- _ Pfeffer und Salz
- _ 4 dünne Scheiben frischer fetter Speck, 10 x 20 cm
- _ 3 EL Butter, 170 ml herber Rotwein
- _ 8 EL Crème fraîche

FÜR DIE SAUCE

- _ 2 EL Butter
- _ 200 g Champignons, geputzt, in Scheiben geschnitten
- _ 2 EL fein gehackte Petersilie
- _ 2 EL Wildextrakt oder -essenz (Seite 23/24)

- _ 4 Scheiben Weißbrot, entrindet
- _ 4 EL Butter

1

Die Schnepfen wie auf Seite 14 beschrieben ausnehmen, den Magen fortwerfen, die Eingeweide hacken, durch ein feines Sieb passieren und aufbewahren.

2

Den Ofen auf 220 °C vorheizen. Die Schnepfen mit Thymian, Pfeffer und Salz einreiben, mit den Speckscheiben bardieren und dressieren. Die Butter in einer passenden Kasserolle zerlassen, die Schnepfen mit der Speckseite nach oben hineinlegen und 30 Minuten unter öfterem Begießen mit der Butter im Ofen braten. Den Speck abnehmen und beiseite stellen. Die Schnepfen mit dem Rotwein begießen, mit Crème fraîche bestreichen und weitere 15 Minuten braten, ab und zu mit dem Fond begießen.

3

Inzwischen in einer Pfanne die Butter erhitzen, die Champignons mit der Petersilie darin dünsten und beiseitestellen. Die Schnepfen herausnehmen und warm halten.

4

Die Sauce entfetten, sämig einkochen, die passierten Eingeweide und den Extrakt zugeben, aufkochen. Die Champignons einrühren und abschmecken.

5

Die Weißbrotscheiben beidseitig in der Butter goldbraun braten. Die Speckscheiben klein schneiden und darauflegen, darauf die Schnepfen anrichten. Die Sauce getrennt servieren.

GEBRATENE WALDSCHNEPFEN

- _ 2 Waldschnepfen, bratfertig und dressiert
- _ gewürztes Salz (Seite 26)
- _ 3 EL zerlassene Butter
- _ 2 EL Cognac

FÜR DIE SAUCE

- _ (die Eingeweide der Schnepfe ohne Magen, fein gehackt)
- _ 50 ml Geflügelfond (Seite 24)
- _ etwas Zitronensaft
- _ Pfeffer und Salz

1

Den Ofen auf 220 °C vorheizen. Die Schnepfen mit gewürztem Salz einreiben, mit der zerlassenen Butter rundum einpinseln. Mit der Brustseite nach oben in eine passende Kasserolle legen und 30 Minuten unter öfterem Begießen mit dem Bratfond im Ofen braten.

2

Die Kasserolle aus dem Ofen nehmen und auf eine heiße Kochplatte stellen. Die Schnepfen mit dem Cognac übergießen und anzünden. Die Schnepfen herausnehmen und im halb geöffneten Ofen warm halten.

3

Die Sauce etwas entfetten (die Eingeweide einrühren), den Fond zugießen, aufkochen und durch ein feines Sieb passieren. Mit Zitronensaft, Pfeffer und Salz würzig abschmecken und nochmals erhitzen. Die Schnepfen halbieren und die Sauce darübergießen.

GEFÜLLTE WALD-SCHNEPFEN

- 2 Waldschnepfen
- 2 Scheiben magerer durchwachsener Speck, 10 x 20 cm

FÜR DIE FÜLLUNG

- 1 Scheibe Weißbrot, entrindet, in 3 EL Sahne geweicht
- 1 TL fein gehackte Petersilie
- 1 Messerspitze abgeriebene Zitronenschale
- 1 Eigelb
- Herz und Leber der Schnepfen
- gewürztes Salz (Seite 26)
- 1 Messerspitze Paprikapulver

- 3 EL Butter, 2 EL Madeira
- 4 EL Crème fraîche
- 1 EL Wildextrakt oder -essenz (Seite 23/24)

1

Den Ofen auf 220 °C vorheizen. Die Schnepfen ausnehmen, Herz und Leber fein hacken.

2

Die Zutaten für die Füllung gut vermischen, in die Schnepfen füllen und diese mit Holzspießchen zustecken, dressieren und mit den Speckscheiben bardieren.

3

In einer passenden Kasserolle die Butter zerlassen, die Schnepfen mit der Speckseite nach oben hineinlegen und 30 Minuten unter öfterem Begießen mit der Butter im Ofen braten. Die Speckscheiben entfernen und die Schnepfen noch 10 Minuten bräunen. Mit dem Madeira begießen, mit Crème fraîche bestreichen und weitere 10 Minuten braten. Während der gesamten Bratzeit immer wieder mit dem Bratfond begießen.

4

Den Wildextrakt in die Sauce rühren, aufkochen und abschmecken. Die Schnepfen auf Reis oder in einen Reisring legen, mit der Sauce begießen, den Speck klein schneiden und darüberstreuen.

GRATINIERTES SCHNEPFENDRECK-BROT

- 20 g Butter
- 1 Schalotte, geschält, sehr fein gehackt
- 1 EL sehr fein gehackte Petersilie
- die Eingeweide von 2 Schnepfen, ohne Magen
- 1 Hühnerleber
- 40 g fetter frischer Speck, sehr fein gehackt
- 1 Prise gewürztes Salz (Seite 26)
- 1 EL Weiß-, Rot-, Portwein oder Madeira
- 1 EL Paniermehl, 1 EL Zitronensaft
- Salz und Pfeffer, 1 Eigelb

- 2 Weißbrotscheiben, entrindet, in 2 EL Butter goldbraun ausgebacken

1

Die Butter erhitzen und die Schalotte darin leicht anschwitzen. Petersilie, die Eingeweide, Hühnerleber, Speck und das gewürzte Salz zugeben und 5 Minuten durchschwitzen. Wein und Paniermehl unterrühren. Mit Zitronensaft, Salz und Pfeffer abschmecken, abkühlen lassen.

2

Das Eigelb untermischen und die Masse durch ein feines Sieb passieren. Auf die Weißbrotscheiben streichen und bei Oberhitze überbacken.

HINWEIS

In der traditionellen Wildküche wurde der Schnepfendreck immer verwendet und sogar als Spezialität serviert – wie hier das gratinierte Brot. Aus der heutigen Sicht ist die Zubereitung mit Schnepfeneingeweiden aber eher fragwürdig.

Wildtaube

Die häufigste und größte Wildtaube in Europa ist die Ringeltaube *(Columba palumbus)*. Sie ist weit verbreitet, etwa 30 cm lang und etwa 400 Gramm schwer. Ihr Lebensraum ist in Wäldern, an Waldrändern, doch auch in besiedelten Gebieten. Die kleinere, schlankere Türkentaube *(Streptopelia decaocto)* ist in Indien beheimatet und erst in den 1940er-Jahren in Mitteleuropa zugewandert. Sie wiegt nur etwa 220 Gramm und ist in der Nähe menschlicher Behausungen anzutreffen. Beide ernähren sich von grünen Blattspitzen und Sämereien. Die Jagd während der Balzzeit im Frühjahr ist verboten, sie wird heute im Herbst auf überwiegend feldernde Tauben ausgeübt. Die Türkentaube darf in Deutschland nicht im Handel angeboten werden.

Junge Tauben sind zart und sehr wohlschmeckend. Sie werden gebraten und geschmort, die älteren Tiere zu Suppen und Farcen verarbeitet. Tauben haben keine Galle.
Wildtauben können auch wie Rebhuhn zuberei tet werden.

Abb. links: Wildtaube mit Kräutern in Alufolie
(Rezept Seite 180)

WILDTAUBE WILDBRETART

Für 1 Person

- 1 Wildtaube, bratfertig
- gewürztes Salz (Seite 26)
- 1 dünne Scheibe durchwachsener Räucherspeck, 10 x 20 cm
- 1 EL Öl, vermischt mit 2 EL Rotwein
- 1 EL Butter
- 25 g durchwachsener Räucherspeck, fein gewürfelt
- 1 kleine Zwiebel und 1 Knoblauchzehe, geschält, fein gehackt
- 1 Bund Suppengrün, geputzt, fein geschnitten
- 50 ml heiße Wildkraftbrühe (Seite 23)

FÜR DIE FÜLLUNG

- 1 Scheibe entrindetes Weißbrot, in 3 EL konzentrierter Fleischbrühe geweicht
- die Taubenleber und das Taubenherz, fein gehackt
- 5 Wacholderbeeren, zerdrückt
- Salz und Pfeffer
- abgeriebene Schale von ½ Zitrone
- 2 EL saure Sahne
- 1 EL Cognac

FÜR DIE SAUCE

- 1 EL Zitronensaft
- 1 EL Johannisbeergelee
- 50 ml herber Rotwein
- Pfeffer und Salz

1

Den Ofen auf 225 °C vorheizen. Die Taube innen und außen waschen und trockentupfen. Die Zutaten für die Füllung gut vermischen, in die Taube füllen und diese mit Holzspießchen zustecken. Die Taube außen mit etwas gewürztem Salz einreiben, die Speckscheibe über die Brustseite legen, Schenkel und Flügel darunterstecken und mit Küchengarn zusammenbinden. Mit der Öl-Rotwein-Mischung rundum bestreichen.

2

In einer Kasserolle die Butter zerlassen, die Taube hineinlegen, den durchwachsenen Speck, Zwiebel, Knoblauch und Suppengrün danebenlegen und 25 Minuten im Ofen braten. Mit der Brühe aufgießen und bei 170 °C weitere 25 Minuten braten. Die Taube herausnehmen und warm stellen.

3

Die Sauce passieren und zurück in den Topf gießen. Zitronensaft, Johannisbeergelee und Rotwein zufügen, etwas einkochen und mit Pfeffer und Salz abschmecken.

GESCHMORTE WILDTAUBEN

- 4 Wildtauben, bratfertig
- gewürztes Salz (Seite 26)
- 6 EL zerlassene Butter
- 2 Zwiebeln, geschält, in feine Scheiben geschnitten
- 400 ml trockener Weißwein
- 200 ml Geflügelfond (Seite 24)
- 4 Tomaten, gehäutet, gehackt

FÜR DIE BEILAGE

- 4 Scheiben magerer geräucherter Schinken, in schmale Streifen geschnitten
- 2 EL Butter
- 500 g Champignons, geputzt, in feine Scheiben geschnitten
- 4 EL Zitronensaft
- 500 g feine grüne Erbsen
- 4 EL Madeira
- Salz und Pfeffer

1

Die Tauben innen und außen mit gewürztem Salz einreiben und mit zerlassener Butter einpinseln. Dressieren oder zusammenbinden.

2

Den Ofen auf 175 °C vorheizen. Die restliche zerlassene Butter in einer Kasserolle erhitzen und die Tauben darin rundherum anbraten. Die Zwiebeln zugeben und mitbraten. Sobald sie glasig sind, den Weißwein und den Fond zugießen und zum Kochen bringen. Die Tomaten einrühren und die Tauben 50 Minuten zugedeckt im Ofen schmoren, dabei immer wieder mit der Sauce begießen.

3

In einer Pfanne die Schinkenstreifen auf kleiner Hitze in 1 EL Butter braten, herausnehmen und beiseitestellen. Den verbleibenden EL Butter in der Pfanne zerlassen und die Champignons darin 10 Minuten dünsten. Den Zitronensaft einrühren und beiseitestellen. Die Erbsen weich dünsten.

4

Die Tauben in eine vorgewärmte Schüssel legen, das Küchengarn entfernen und warm halten. Den Schmorfond auf die Hälfte einkochen, den Madeira zugeben und nochmals etwas einkochen. Die Schinkenstreifen, Champignons und Erbsen untermischen, mit Salz und Pfeffer abschmecken. Nochmals erhitzen und 5 Minuten durchziehen lassen. Zu den Tauben servieren.

WILDTAUBEN MIT WEINTRAUBEN

- _ 4 Wildtauben, bratfertig
- _ gewürztes Salz (Seite 26)
- _ 4 EL zerlassene Butter
- _ 1 Möhre, geschält, in feine Scheiben geschnitten
- _ 150 ml heißer Geflügelfond (Seite 24)
- _ 100 ml trockener Weißwein
- _ 4–8 dünne Scheiben Frühstücksspeck
- _ 1 EL Öl
- _ Salz, Cayennepfeffer
- _ 250 g kernlose Weintrauben, gehäutet

1

Die Tauben innen und außen mit gewürztem Salz einreiben und außen mit zerlassener Butter einpinseln. Dressieren oder zusammenbinden.

2

Den Ofen auf 200 °C vorheizen. Die Tauben nebeneinander in eine Kasserolle legen, mit der restlichen zerlassenen Butter begießen und anbraten. Die Möhrenscheiben zugeben, in dem Bratfett wenden, in den Ofen schieben und die Tauben 45 Minuten braten. Nach 15 Minuten nach und nach jeweils die Hälfte des Geflügelfonds und des Weißweins zugießen.

3

Inzwischen die Speckscheiben in dem Öl kross ausbraten, auf Küchenpapier abtropfen lassen.

4

Die Tauben herausnehmen, mit den Speckscheiben belegen und warm halten. Den restlichen Fond und Wein in den Bratfond gießen, erhitzen, sämig einkochen, durch ein Sieb in einen Topf passieren. Mit Salz und Cayennepfeffer abschmecken. Die Weintrauben behutsam einrühren und kurz erhitzen.

BEILAGEN: Kartoffelkroketten oder -bällchen, Feldsalat.

WILDTAUBEN MIT ROSINENFÜLLUNG IN ALUFOLIE

FÜR DIE FÜLLUNG

- 2 EL Butter
- 4 EL fein gehackte Zwiebeln
- die Lebern und Mägen der Tauben, gehackt
- 4 EL roher geräucherter Schinken, fein gehackt
- 4 EL fein gehackte Petersilie
- 5 EL gehackte Mandeln (gehäutet)
- 4 Scheiben Weißbrot, entrindet, in 80 ml Wildfond (Seite 22) geweicht
- 1 Tasse Rosinen, in 150 ml Marsala eingeweicht
- ½ TL Pfeffer
- ½ TL Salz
- 8 EL Sahne

- 4 junge Wildtauben, bratfertig
- Pfeffer, 3 EL Zitronensaft
- 6 EL Butter zum Einfetten der Folien

- 3 EL Butter
- 4 Weißbrotscheiben, entrindet

1

Die Butter in einer Kasserolle zerlassen, die Zwiebeln, Lebern, Mägen, Schinken, Petersilie und Mandeln darin anbraten. Weißbrot und Rosinen samt Marsala zugeben und unter Rühren pastenartig einkochen. Vom Herd nehmen, Pfeffer, Salz und Sahne gründlich untermischen.

2

Die Tauben innen und außen mit Pfeffer und Zitronensaft einreiben, mit der Farce füllen und mit Holzspießchen zustecken.

3

Den Ofen auf 175 °C vorheizen. 4 Stück Alufolie, so groß, dass die Tauben gut darin verpackt werden können, innen dick mit Butter einfetten. Die Tauben mit dem Rücken auf die Folie legen, die Folie gut verschließen und die Vögel 90 Minuten im Ofen garen.

4

Die Butter in einer Pfanne erhitzen und die Weißbrotscheiben darin beidseitig goldbraun braten. Je 1 Taube auf 1 Scheibe Brot legen und servieren.

WILDTAUBE MIT KRÄUTERN IN ALUFOLIE

Für 1 Person

- 1 Wildtaube, bratfertig
- 1 Messerspitze Pfeffer
- je ¼ TL fein gehackter Rosmarin, Thymian und Salbei
- 1 EL fein gehackte Petersilie
- 1 Knoblauchzehe, geschält, fein gehackt
- 1 Messerspitze Salz
- 2 EL zerlassene Butter
- 2 EL weiche Butter für die Folie

1

Den Ofen auf 200 °C vorheizen. Die Taube innen und außen waschen und trockentupfen. Pfeffer, Kräuter, Knoblauch und Salz vermischen und die Taube innen und außen damit einreiben, mit der zerlassenen Butter einpinseln.

2

Ein Stück Alufolie, so groß, dass die Taube gut darin verpackt werden kann, zurechtlegen und, von einem breiten Rand abgesehen, mit der Butter bestreichen. Die Taube in die Mitte setzen, die Alufolie gut verschließen und die Taube in 45 Minuten im Ofen garen.

WILDTAUBEN MIT STEINPILZEN

FÜR DIE FARCE

- 4 Scheiben entrindetes Weißbrot, in 60 ml Fleischbrühe und 60 ml Sahne geweicht
- 2 EL fein gehackte Petersilie
- 2 EL fein geschnittener Schnittlauch
- die Taubenlebern, -mägen und -herzen, gehackt
- 125 g Kalbsleber, gehäutet, von Sehnen befreit, durchgedreht oder sehr fein gehackt
- ⅓ TL Pfeffer, ½ TL Salz
- 4 Eigelb
- 2 EL weiche Butter

- 4 Wildtauben, bratfertig
- Pfeffer, 4 EL Zitronensaft
- 30 g Butter
- 1 Knoblauchzehe, geschält, fein gehackt
- 3 EL Cognac
- 300 ml erwärmter Weißwein
- 2 EL Wildextrakt oder -essenz (Seite 23/24)
- 200 g Crème fraîche
- Salz

- 2 EL Butter
- 500 g Steinpilze, geputzt, in Scheiben geschnitten
- Pfeffer und Salz

1

Alle Zutaten für die Farce miteinander vermischen. Die Tauben innen und außen mit Pfeffer und Zitronensaft einreiben, mit der Farce füllen und mit Holzspießchen zustecken.

2

Den Ofen auf 175 °C vorheizen. Die Butter in einer passenden Kasserolle zerlassen und die Tauben darin rundherum nicht zu scharf anbraten. Den Knoblauch kurz mitbraten. Die Tauben auf den Rücken legen, mit dem Cognac beträufeln und die Hälfte des Weißweins zugießen. Zugedeckt 90 Minuten unter öfterem Begießen im Ofen schmoren.

3

Inzwischen die Butter in einem Topf zerlassen, die Steinpilze darin leicht anbraten und auf kleiner Hitze zugedeckt weich dünsten. Mit Pfeffer und etwas Salz abschmecken, warm halten.

4

Die Tauben herausnehmen und warm halten. Den Schmorfond entfetten, den restlichen Weißwein zugießen und sämig einkochen. Den Wildextrakt und Crème fraîche einrühren, erhitzen, mit Salz und Pfeffer abschmecken.

BEILAGE: Spätzle.

WILDTAUBEN AUF ITALIENISCHE ART

FÜR DIE FARCE

- 2 EL Butter
- 4 EL gehackter roher geräucherter Schinken
- 1 Zwiebel, geschält, fein gehackt
- 1 Knoblauchzehe, geschält, fein gehackt
- die Taubenlebern, gehackt
- 3 TL fein gehackte Petersilie
- ½ EL fein gehackter Rosmarin
- 1 TL Thymian
- 3 Scheiben entrindetes Weißbrot, in 30 ml Fleischbrühe und 3 EL Sahne geweicht
- 3 gestrichene EL frisch geriebener Parmesan
- Salz und Pfeffer
- 3 Eigelb
- 16 grüne, mit Paprika gefüllte Oliven, gehackt

- 4 junge Wildtauben, bratfertig
- Salz und Pfeffer
- 4 sehr dünne Scheiben durchwachsener Räucherspeck, 10 x 20 cm
- 2 EL Butter
- 50 ml Fleischbrühe
- 50 ml Weißwein
- 3 EL Marsala

1

Die Butter in einer Kasserolle zerlassen, Schinken, Zwiebel und Knoblauch darin glasig anschwitzen. Die Lebern und Kräuter 1 Minute unter Rühren mitschwitzen und abkühlen lassen. Mit allen anderen Zutaten für die Farce gut vermischen.

2

Den Ofen auf 200 °C vorheizen. Die Tauben innen und außen salzen und pfeffern, mit der Farce füllen und mit Holzspießchen zustecken oder zunähen. Die Speckscheiben über die Brustseite legen, Flügel und Schenkel darunterstecken und mit Küchengarn binden.

3

Die Butter in einer Kasserolle zerlassen und die Tauben mit der Brustseite nach oben hineinlegen. Die Kasserolle in den Ofen schieben und die Tauben 30 Minuten braten. Die Brühe und den Weißwein nach und nach zugießen und in weiteren 30 Minuten unter öfterem Begießen fertig braten.

4

Die Tauben herausnehmen und das Küchengarn entfernen. Den Marsala in die Sauce rühren, erhitzen und über die Tauben gießen.

BEILAGE: Gedünstetes Gemüse.

GEDÜNSTETE WILDTAUBE

Für 2 Personen

- 2 Wildtauben, bratfertig
- Salz und Pfeffer
- 2 EL zerlassene Butter
- 60 ml trockener Weißwein
- 4 EL Zitronensaft
- 1 EL Butter

FÜR DIE SAUCE

- 1 TL Butter
- 125 g Champignons, geputzt, grob gehackt
- 1 EL Mehl
- 80 ml Geflügelfond (Seite 24)
- 1 Eigelb, mit 2 EL kalter Fleischbrühe verrührt
- 2 EL Zitronensaft
- Salz und Pfeffer
- 2 EL Krebsbutter (Fertigprodukt)

1

Den Ofen auf 165 °C vorheizen. Die Tauben innen und außen mit Salz und Pfeffer einreiben und mit der zerlassenen Butter bepinseln.

2

In eine Kasserolle den Weißwein, Zitronensaft und die Butter erhitzen. Die Tauben hineinlegen, zum Kochen bringen, zugedeckt in den Ofen stellen und unter öfterem Begießen weich dünsten. Gesamte Garzeit: etwa 1 Stunde.

3

Inzwischen die Butter in einem Topf zerlassen und die Champignons 5 Minuten darin dünsten. Das Mehl darüberstreuen und unter Rühren leicht bräunen. Den Fond zugießen und 10 Minuten köcheln lassen. Beiseitestellen.

4

Die Tauben herausnehmen und warm halten. Den Fond zur Champignonsauce gießen und sämig einkochen. Etwas abkühlen lassen und mit dem Eigelb unter Rühren binden (nicht mehr kochen). Mit Zitronensaft, Salz und Pfeffer abschmecken und mit der Krebsbutter aufschlagen. Die Tauben halbieren und die Sauce darübergießen.

WILDTAUBE IN BLÄTTERTEIG

Für 1 Person

- _ 1 junge Wildtaube, bratfertig
- _ 1 EL Zitronensaft, mit 1 EL Orangensaft vermischt
- _ Pfeffer
- _ wenig Salz
- _ 1 TL Thymian
- _ 1 Scheibe geräucherter Schinken
- _ 3 EL zerlassene Butter
- _ 100 g Tiefkühlblätterteig
- _ 1 Eiweiß, leicht verschlagen
- _ 1 Eigelb, leicht verschlagen

1

Den Ofen auf 220 °C vorheizen. Die Taube innen und außen mit dem Zitrussaft, Pfeffer, Salz und dem Thymian einreiben, die Schinkenscheibe auflegen und mit Küchengarn zusammenbinden. Mit zerlassener Butter rundum bepinseln.

2

Die restliche zerlassene Butter in einer passenden Kasserolle verlaufen lassen, die Taube auf dem Rücken hineinlegen und 35 Minuten unter häufigem Begießen mit dem Bratfond im Ofen braten. Die Taube abkühlen lassen, das Küchengarn entfernen.

3

Den Blätterteig zu einem passenden Rechteck ausrollen, die Ecken quer abschneiden, die Taube in die Mitte legen. Die Ränder der Teigplatte mit Eiweiß bestreichen, die Taube in den Teig einpacken und die Ränder andrücken. Aus den abgeschnittenen Ecken kleine Verzierungen schneiden und mit Eiweiß aufkleben. Das Teigpaket ganz mit Eigelb bepinseln. In die Mitte einen etwa 2 cm langen Schlitz schneiden für den Dampfabzug.

4

Die Taube auf ein kalt abgespültes Backblech legen und 25 Minuten backen, bis die Oberfläche schön knusprig und goldbraun ist.

BEILAGEN: Salat, gegrillte Tomaten.

WILDTAUBEN MIT GEMÜSE

- _ 2 EL Butter
- _ 2 junge Wildtauben, bratfertig, halbiert
- _ 2 EL Cognac
- _ 2 Stangen Lauch, geputzt, in dünne Scheiben geschnitten
- _ 1 Zwiebel, geschält, gehackt
- _ 250 g Champignons, geputzt, in Scheiben geschnitten
- _ 1 EL Kapern
- _ 2 EL Schnittlauchröllchen
- _ 2 Salbeiblätter, fein geschnitten
- _ Salz und Pfeffer
- _ 125 ml Geflügelgrundbrühe (Seite 24)
- _ 100 ml trockener Weißwein

FÜR DIE SAUCE

- _ 100 g Sahne
- _ 3 EL Wildextrakt oder -essenz (Seite 23/24)
- _ Pfeffer und Salz
- _ etwa 2 EL Zitronensaft
- _ 2 EL gehackte Petersilie

1

Den Ofen auf 175 °C vorheizen. Die Butter in einer Kasserolle zerlassen und die Taubenhälften darin anbraten, mit dem Cognac ablöschen und herausnehmen.

2

Lauch, Zwiebel, Champignons, Kapern, Schnittlauch und Salbei in der Kasserolle verteilen, die Taubenhälften mit der Innenseite nach unten nebeneinander darauflegen, mit Salz und Pfeffer bestreuen, die Brühe und den Weißwein zugießen und zum Kochen bringen. Zugedeckt in den Ofen schieben und die Tauben in 50 Minuten weich garen, dabei ab und zu mit dem Fond begießen.

3

Die Taubenhälften auf eine vorgewärmte Platte legen, das Gemüse darum herum verteilen. Die Sahne und den Wildextrakt in den Schmorfond gießen und unter Rühren cremig einkochen. Mit Pfeffer, Salz und Zitronensaft abschmecken. Über die Tauben und das Gemüse gießen. Mit Petersilie bestreuen.

GEBRATENE WILDTAUBENBRÜSTCHEN

- _ 8 Wildtaubenbrüstchen
- _ 1 EL edelsüßes Paprikapulver
- _ Pfeffer
- _ 1 EL abgeriebene Zitronenschale
- _ 2 EL gehackte Petersilie
- _ 1 EL geriebene Zwiebel
- _ 8 dünne Scheiben frischer fetter Speck, 10 x 20 cm
- _ 50 g Butter

- _ 3 EL Butter
- _ 5 Scheiben Weißbrot, entrindet

1

Die Taubenbrüstchen sorgfältig häuten. Paprika, Pfeffer, Zitronenschale, Petersilie und Zwiebel vermischen, die Brüste damit einreiben und in je 1 Speckscheibe wickeln.

2

In einer großen Pfanne die Butter zum Schäumen bringen, die Brüstchen nebeneinander hineinlegen und anbraten. Die Hitze reduzieren, die Speckscheiben ablösen und die Taubenbrüstchen bräunen lassen.

3

Die Butter in einer Pfanne erhitzen und die Weißbrotscheiben darin beidseitig goldbraun braten. Die Brüstchen auf den Brotscheiben anrichten.

BEILAGE: Kurz geschmorte Tomaten, ausgehöhlt und mit Rührei gefüllt.

VARIATION

Gebratene Taubenbrüstchen mit Spargel und Morcheln: 500 g grünen Spargel in einem Sud aus 150 ml Wasser, 20 g Butter, Salz, Pfeffer und Zucker knapp gar kochen. Herausnehmen, die Köpfe abschneiden und warm halten. Die verbliebenen Stangen wieder einlegen, weich kochen, mit dem Sud pürieren und durch ein Sieb streichen. Mit 100 g Sahne verrühren, aufkochen und etwas einkochen.1 EL Butter in einer Pfanne zerlassen und 2 EL Schalottenwürfelchen darin glasig dünsten. 120 g gründlich gesäuberte Morcheln zugeben und 2–3 Minuten mitdünsten. Mit 40 ml Weißwein ablöschen, noch etwas köcheln lassen, mit Salz und Pfeffer abschmecken. Die gebratenen Taubenbrüstchen mit der Spargelsauce, den Spargelspitzen und den Morcheln anrichten.

WILDTAUBEN-PIE

Für 6 Personen

- _ 3 junge Wildtauben, bratfertig
- _ 4 EL Butter, 1 EL Öl
- _ 600 g Kartoffeln, geschält, in kleine Würfel geschnitten
- _ 2 Zwiebeln, geschält, in kleine Stücke geschnitten
- _ 1 Knoblauchzehe, geschält, fein gehackt
- _ 1/3 TL Thymian
- _ 300 g Artischockenherzen, in Scheiben geschnitten
- _ 150 g Champignons, geputzt, in Scheiben geschnitten
- _ 3 Tomaten, gehäutet, grob gehackt
- _ 6 EL fein gehackte Petersilie
- _ 2 EL Schnittlauchröllchen
- _ 120 g durchwachsener Räucherspeck, in feine Streifen geschnitten
- _ 100 g gepökelte Rinderzunge, in Streifen geschnitten
- _ Salz und Pfeffer
- _ 6 EL Madeira
- _ etwa 150 ml kräftige Wildgrundbrühe (Seite 22) oder Fleischbrühe

- _ 300 g Mürbeteig (Seite 28)
- _ 1 Eiweiß, leicht verschlagen
- _ 1 Eigelb, leicht verschlagen

1

Den Ofen auf 230 °C vorheizen. Die Tauben vierteln, das Rückgrat und die Rippen herauslösen. 1 EL Butter und das Öl in einer Pfanne erhitzen und die Taubenstücke darin anbraten, beiseitestellen.

2

Eine feuerfeste Schüssel mit breitem Rand mit der restlichen Butter einfetten. Gemüse, Kräuter, Speck und Zunge der Reihe nach einschichten, als Letztes die Taubenstücke darauflegen. Mit Salz und Pfeffer bestreuen. Madeira und Brühe zugießen. Die Form soll fast bis zum Rand gefüllt sein.

3

Den Teig zu einem passenden Deckel ausrollen. Den Schüsselrand mit Eiweiß bestreichen, den Teigdeckel auflegen und am Rand festdrücken. In der Mitte für den Dampfabzug eine runde Öffnung ausstechen und einen »Schornstein« aus Alufolie einsetzen. Aus den Teigresten schmale Streifen ausradeln und mit Eiweiß als Gitter auf der Oberfläche anbringen. Um die Öffnung herum eine Teigverzierung mit Eiweiß festkleben. Den ganzen Teigdeckel mit Eigelb bestreichen.

4

In den Ofen schieben und 30 Minuten backen. Die Temperatur auf 175 °C herunterschalten und in weiteren 40 Minuten fertig backen.

WARME WILDTAUBEN-PASTETE

Für 2–3 Personen

FÜR DIE FARCE

- _ 2 Wildtauben, küchenfertig
- _ etwa 300 g rohe Wildfarce (Seite 26)
- _ 100 g Kalbfleisch, zweimal durchgedreht
- _ die Herzen und Lebern der Tauben, zweimal durchgedreht
- _ 100 g gepökelte Rinderzunge, die Haut abgezogen, in 1/2 cm große Würfel geschnitten
- _ 2 EL Madeira
- _ 2 EL Butter
- _ 100 g Champignons, geputzt, geviertelt

- _ 2 EL weiche Butter zum Ausstreichen der Form
- _ 250 g Pastetenauslegeteig (Seite 28)
- _ 200 g dünne, möglichst breite Scheiben frischer fetter Speck
- _ 1 Eiweiß, leicht verschlagen
- _ 1 Eigelb, mit ganz wenig Wasser verquirlt

1

Die Taubenbrüste auslösen, die Haut entfernen, in den Kühlschrank stellen. Das übrige Fleisch von den Knochen lösen und zur Herstellung der Wildfarce mitverwenden, Haut, Sehnen und Knorpel entfernen.

2

Die Wildfarce zusammen mit dem Kalbfleisch, Herzen, Lebern, Zunge und Madeira vermischen und kräftig mit einem Holzlöffel schlagen, damit die Farce locker wird. Zugedeckt für 24 Stunden in den Kühlschrank stellen. Aus den Knochen und Abgängen der Tauben einen Extrakt (Seite 24) herstellen.

3

Die Butter in einer Pfanne zerlassen und die Taubenbrüste darin kurz von allen Seiten anbraten, auf einen Teller legen. Die Champignons in derselben Pfanne 5 Minuten dünsten. Den Extrakt und die Champignons zur Farce geben, alles gut vermengen.

4

Den Ofen auf 180 °C vorheizen. Eine passende rechteckige Pastetenform (die möglichst seitlich zu öffnen ist) mit der Butter einfetten. Drei Viertel des Teiges ausrollen. Die eine Seitenwand, den Boden und die andere Seitenwand der Form leicht auf den Teig drücken, anschließend auch die beiden kurzen Seiten der Form (jeweils von der Bodenmarkierung aus nach rechts und links) leicht in den Teig drücken. Unter Zugabe von 1 cm an jeder Kante den Teig mit einem Messer ausschneiden (am besten in einem Stück) und damit die Form auslegen. Den Teig leicht an die Form drücken und in den Ecken fest zusammendrücken, die überhängenden Oberkanten nach außen klappen.

5

Die Speckscheiben leicht überlappend hineinlegen, und zwar so, dass sie ebenfalls etwas über die Oberkante hängen. Eine Schicht Farce einfüllen und glatt streichen. Darüber in Längsrichtung die Hälfte der Taubenbrüste legen. Den Vorgang wiederholen und mit einer Schicht Farce enden.

6

Die Speckscheiben über die Farce legen, sie soll vom Speck bedeckt sein. Die überhängenden Teigkanten nach innen klappen. Aus dem restlichen Teig einen passenden Deckel ausrollen und mit Eiweiß auf die Kanten kleben. In die Mitte eine runde Öffnung für den Dampfabzug schneiden, diese mit einem Teigstreifen am Rand verstärken. Aus den Teigresten Verzierungen schneiden, die ebenfalls mit Eiweiß aufgeklebt werden. Die gesamte Oberfläche sorgfältig mit Eigelb bestreichen. Aus Alufolie einen Kamin rollen und in die runde Öffnung stecken, damit der Dampf entweichen kann. In 40 Minuten backen. Mit Madeirasauce (Seite 229) servieren.

HINWEIS

Soll die Pastete kalt serviert werden, kann nach dem Erkalten mit Madeira parfümiertes Gelee (Seite 25) in die Öffnung gegossen werden.

WILDTAUBENTOPF

- 2 Wildtauben, bratfertig
- 1 EL Öl, 2 EL Butter
- 60 g durchwachsener Räucherspeck, klein gewürfelt
- 1 Zwiebel, geschält, fein gehackt
- 1 Bund Suppengrün, geputzt, fein gehackt
- 1 ½ EL Mehl
- 100 ml trockener Weißwein
- 200 ml kräftige Geflügelgrundbrühe (Seite 24) oder Instantbrühe
- 150 g kleine Champignons, geputzt, halbiert
- Salz und Pfeffer
- 1 EL Mehl, mit 1 EL Butter verknetet
- 4 EL Wildextrakt (Seite 24)
- 1 Apfel, geschält, gerieben

1

Die Tauben innen und außen unter kaltem Wasser abwaschen, trockentupfen und längs halbieren. Das Rückgrat und die Rippen entfernen. In einer Pfanne Öl und Butter erhitzen und die Taubenhälften schnell darin anbraten, beiseitestellen.

2

Den Speck in der Pfanne auslassen, Zwiebel und Suppengrün zufügen und unter Wenden dünsten, bis die Zwiebel glasig ist. Mit dem Mehl bestauben und unter Rühren anschwitzen. Mit dem Weißwein ablöschen und mit dem Schneebesen glatt rühren. Die Brühe zugießen, zum Kochen bringen und in einen feuerfesten Topf umfüllen.

3

Den Ofen auf 220 °C vorheizen. Die Champignons in der Sauce verteilen, die Taubenhälften darauflegen und mit etwas Salz und Pfeffer bestreuen. Den Deckel auflegen und in den Ofen stellen. Sobald die Sauce kocht, die Hitze auf 180 °C reduzieren und das Gericht 30 Minuten schmoren. Die Taubenhälften herausnehmen und warm halten.

4

Die Mehlbutter in die Sauce rühren und 2 Minuten kochen. Den Extrakt und den Apfel zufügen, aufkochen und die Taubenhälften wieder einlegen.

Wildgans und Wildente

Wildgans

Die Graugans *(Anser anser)* ist die größte europäische Wildgans und Urahn unserer Hausgans. Sie ist ein Zugvogel und ernährt sich von Pflanzen. Das Körpergewicht beträgt etwa 3–5 Kilo. Wildgänse gibt es selten zu kaufen, doch werden sie auch aus Zuchtbetrieben gehandelt.

Das Fleisch der Wildgans ist dunkler, muskulöser und weniger fett als das der Hausgans. Es kann auch wie Ente zubereitet werden, wobei das höhere Gewicht zu beachten ist.

Wildente

Enten *(Anatinae)* werden nach Schwimm- und Tauchenten unterschieden. Die häufigsten Vertreter der Schwimmenten (Bürzel stets über Wasser) sind die Stockente, die Krick- und die Knäkente, zu den Tauchenten (Bürzel im Wasser) gehören Tafel- und Reiherente. Enten ernähren sich von Pflanzen und Tieren aus dem Wasser.

Das Fleisch von Wildenten ist aromatischer und magerer als das des vergleichbaren Hausgeflügels. Sichtbares Fett sollte entfernt werden, um einem tranigen Geschmack vorzubeugen. Ältere Tiere müssen gehäutet und das auf dem Fleisch vorhandene Fett muss sorgfältig entfernt werden. Junge Enten werden vorwiegend im Ganzen gebraten oder geschmort, ältere zu Suppen und Farcen verarbeitet.

Abb. links: Wildente mit Orangensauce
(Rezept Seite 194)

GEBRATENE WILDGANS MIT CRANBERRIES

- _ 1 Wildgans von etwa 2 kg, bratfertig
- _ Salz und Pfeffer
- _ 3 EL gehackte Kräuter (Petersilie, Zitronenthymian)
- _ 2 Stängel Petersilie, 2 Zweige Zitronenthymian, 2 Lorbeerblätter
- _ 2 EL zerlassene Butter
- _ 2 EL Gänseschmalz

FÜR DIE CRANBERRIES

- _ 250 g Cranberries, verlesen und gewaschen
- _ 100 g brauner Zucker
- _ 1 EL Zitronensaft
- _ 1 EL Rotwein
- _ Saft und abgeriebene Schale von ½ Orange
- _ je 1 Messerspitze Zimt-, Ingwer- und gelbes Senfpulver

FÜR DIE SAUCE

- _ 200 ml Wildfond (Seite 22)
- _ ¼ TL Speisestärke, mit wenig kaltem Wasser angerührt
- _ Salz und Pfeffer

1

Den Ofen auf 100 °C vorheizen. Die Gans innen und außen mit Salz, Pfeffer und den gehackten Kräutern einreiben, die ganzen Kräuter in die Bauchhöhle legen und die Gans mit Küchengarn in Form binden. Rundum mit der zerlassenen Butter einpinseln.

2

Das Gänseschmalz in einem Bräter erhitzen, die Gans auf dem Rücken hineinlegen und in den Ofen schieben. 6 Stunden braten, dabei immer wieder mit dem Bratfett begießen. In der letzten halben Stunde die Temperatur auf 175 °C erhöhen. Garprobe machen. Für eine schöne braune Farbe bei Bedarf noch kurz den Grill einschalten.

3

Die Cranberries mit dem Zucker und Zitronensaft in einem Topf aufkochen und 15 Minuten leise köcheln lassen. Die restlichen Zutaten zufügen und weitere 10 Minuten köcheln lassen.

4

Die Gans aus dem Bräter nehmen, das Küchengarn entfernen, warm halten. Das Fett aus dem Bräter abschöpfen. Die Sauce entfetten, den Fond zugießen, den Bratsatz lösen und etwas einkochen. Die Sauce mit der Speisestärke binden, mit Salz und Pfeffer abschmecken.

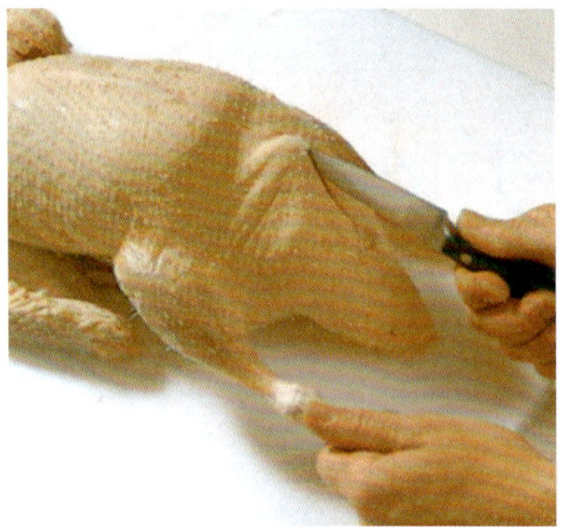

1 **Gans/Ente ausnehmen:** Mit einem scharfen Messer vom After aus ein kurzes Stück aufschneiden.

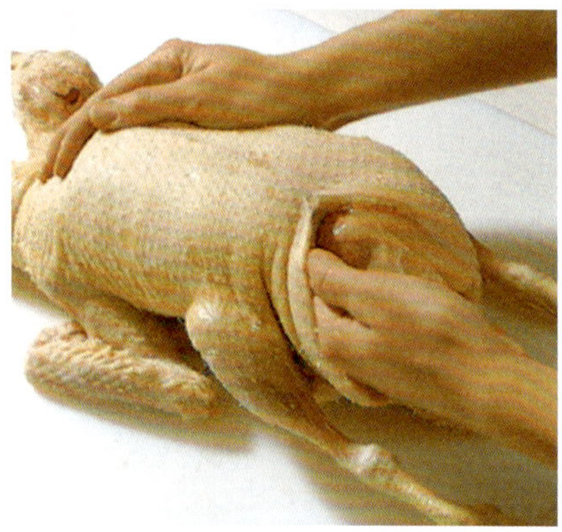

2 Mit der Hand vorsichtig seitwärts in die Bauchhöhle fahren bis hoch zum Ende des Brustkorbs.

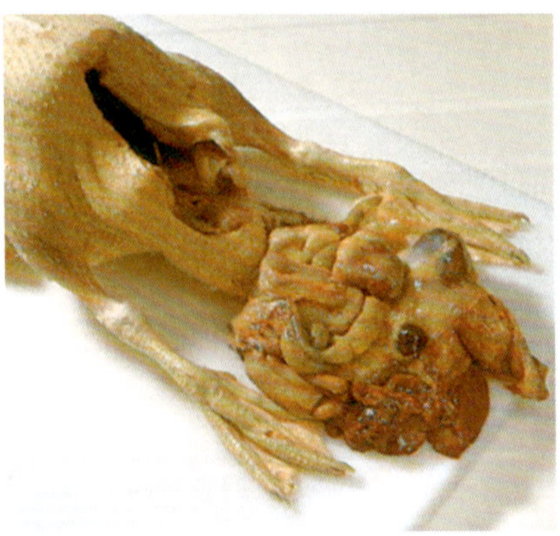

3 Dort die Finger um die Eingeweide herumlegen und diese zusammenhängend herausziehen.

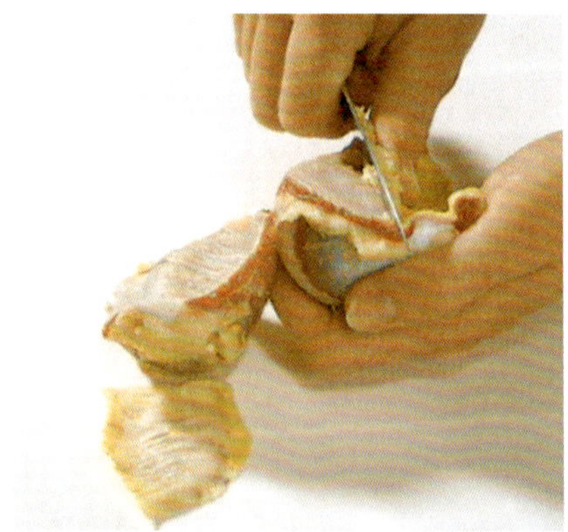

4 Den Magen entleeren und die feste gelbliche Innenhaut mit einem Messer entfernen.

5 Zuletzt die Füße im oder kurz unterhalb des Kniegelenks mit einem kräftigen Messer abschneiden.

Gebratene Wildgans
mit Cranberries

WILDGANS MIT APFELFÜLLUNG

- 1 junge Wildgans von 2 kg, bratfertig
- gewürztes Salz (Seite 26)
- 3–4 große, säuerliche Äpfel, geschält, Kerngehäuse entfernt, in grobe Stücke geschnitten und mit etwas zerriebenem Sternanis vermischt
- 3 EL zerlassene Butter
- 3 EL Gänseschmalz
- 3 Zwiebeln, geschält, gehackt
- 2 Bund Suppengrün, geputzt, in Stücke geschnitten
- 2 EL frisch gehackter Ingwer
- 2 Lorbeerblätter
- 50 ml trockener Weißwein
- 50 ml Geflügelfond (Seite 24)
- 5 EL Calvados, Pfeffer und Salz

1

Den Ofen auf 220 °C vorheizen. Die Gans innen und außen mit gewürztem Salz einreiben und mit den Äpfeln füllen. Mit Holzspießchen zustecken, dressieren und mit der zerlassenen Butter rundum einpinseln.

2

Das Gänseschmalz in einem Bräter erhitzen, die Gans mit der Brust nach oben hineinlegen und 30 Minuten im Ofen braten. Zwiebeln, Suppengrün, Ingwer und Lorbeerblätter danebenlegen und im Fett wenden. Nach 5 Minuten den Weißwein und den Fond zugießen, die Temperatur auf 120 °C reduzieren und die Gans weitere 5 Stunden braten. Garprobe machen. Die Temperatur zum Bräunen auf 225 °C hochschalten und die Gans in weiteren 20–30 Minuten fertig braten.

3

Die Gans auf der heißen Herdplatte mit dem Calvados flambieren, herausnehmen und im abgeschalteten, halb geöffneten Ofen warm stellen.

4

Die Sauce passieren und das Gemüse gut durchdrücken. Mit Pfeffer und Salz abschmecken.

BEILAGEN: Kartoffelklöße, Sauerkraut, vermischt mit Maronen, oder Rotkohl.

GESCHMORTE ALTE WILDGANS

- 1 alte Wildgans, gehäutet
- 1 ½ EL gewürztes Salz (Seite 26)
- 4 EL zerlassene Butter
- 3 EL Gänseschmalz
- 50 g magerer Räucherspeck, gewürfelt
- 50 g magerer geräucherter Schinken, gewürfelt
- 4 Stängel Petersilie
- 4 Bund Suppengrün, geputzt, in Scheiben geschnitten
- 1 Zwiebel, geschält, in Scheiben geschnitten
- 250 ml trockener Weißwein
- 250 ml heiße Geflügelbrühe
- 6 Wacholderbeeren, zerdrückt
- 1 TL edelsüßes Paprikapulver

FÜR DIE SAUCE

- 150 g Sahne
- 4 EL fein gehackte Petersilie

1

Die Gans innen und außen mit gewürztem Salz einreiben und mit der Butter einpinseln. Das Schmalz in einem großen Topf zerlassen und die Gans rundum darin anbraten. Räucherspeck, Schinken, Petersilie, Suppengrün und Zwiebel zugeben, leicht bräunen. Weißwein und Brühe zugießen, Wacholderbeeren und Paprika einstreuen, aufkochen und zugedeckt in 2 ½–3 Stunden bei niedriger Hitze weich schmoren, dabei immer wieder mit der Flüssigkeit begießen. Die Gans herausnehmen, das Fleisch ablösen, in Stücke schneiden, warm halten.

2

Den Topfinhalt durch ein Sieb passieren und sämig einkochen. Die Sahne unterrühren und 5 Minuten leicht köcheln lassen, bei Bedarf nachwürzen. Die Fleischstücke einlegen, nochmals erhitzen, 10 Minuten durchziehen lassen und mit Petersilie bestreuen.

BEILAGE: Reis oder in Butter geröstete Weißbrotscheiben.

WILDGANSRAGOUT

- 1 junge Wildgans, bratfertig, in etwa gleich große Stücke geteilt
- 1 l Rotweinmarinade (Seite 22)
- 2 EL Butter
- 2 EL Gänseschmalz
- 75 g magerer Räucherspeck, in kleine Würfel geschnitten
- 2 EL Mehl
- Salz und Pfeffer
- ½ TL Zucker
- 1 TL Currypulver
- 3 EL gehackte Petersilie

1

Die Gansstücke für 24 Stunden in die Marinade legen, zugedeckt kühl stellen, zwischendurch einige Male darin wenden. Herausnehmen und abtrocknen.

2

Butter und Schmalz in einem weiten Topf erhitzen. Den Speck und die Gänsestücke darin rundherum braun anbraten, mit dem Mehl bestauben, etwas bräunen lassen und mit der Marinade aufgießen. Aufkochen und 1 Stunde zugedeckt köcheln lassen. Die Gansstücke herausfischen und in einer Schüssel warm halten.

3

Die Sauce durch ein feines Sieb passieren, das Gemüse durchdrücken. Zurück in den Topf füllen, sämig einkochen, mit Salz, Pfeffer, Zucker und Curry würzig abschmecken. Die Gansstücke nochmals darin erhitzen und kurz ziehen lassen. Mit Petersilie bestreuen.

BEILAGE: Reis.

Wildgansragout

GEBRATENE WILDENTE 1

- 1 junge Wildente von 850 g, bratfertig
- 2 EL Zitronensaft
- Salz und Pfeffer
- 3 EL zerlassene Butter
- 50 ml trockener Weißwein
- 100 ml kräftiger Wildfond (Seite 22)
- 100 g kernlose Weintrauben, gehäutet

1

Den Ofen auf 220 °C vorheizen. Die Ente innen und außen mit Zitronensaft, Salz und Pfeffer einreiben und rundum mit zerlassener Butter einpinseln. Auf dem Rücken in eine Kasserolle legen, mit der restlichen zerlassenen Butter beträufeln und 20 Minuten im Ofen braten.

2

Die Temperatur auf 150 °C zurückschalten und weitere 45 Minuten braten, dabei immer wieder begießen. Die Ente herausnehmen und zugedeckt warm stellen.

3

Den Bratsatz mit dem Weißwein ablöschen, lösen, den Fond zugießen und auf etwa 60 ml einkochen. Mit Salz und Pfeffer abschmecken. Die Weintrauben einrühren und kurz durchwärmen.

BEILAGEN: Semmelknödel, Wirsinggemüse, schwach gesüßtes Apfelmus.

GEBRATENE WILDENTE 2

- 1 Wildente von 850 g, bratfertig
- Salz und Pfeffer
- 2 EL zerlassene Butter, 2 EL Öl
- 100 g magerer geräucherter Schinken, in kleine Würfel geschnitten
- 1 Zwiebel, geschält, gehackt
- 1 Bund Suppengrün, geputzt, gehackt
- 1 Knoblauchzehe, geschält, gehackt
- 10 Wacholderbeeren, zerdrückt
- 100 ml trockener Weißwein
- 2 Lorbeerblätter, 1/2 TL Thymian

- 2 EL Butter
- 250 g kleine Champignons, geputzt, halbiert
- 2 EL Zitronensaft
- 1 Messerspitze Pfeffer, 3 EL Madeira

1

Den Ofen auf 220 °C vorheizen. Die Ente innen und außen mit Salz und Pfeffer einreiben und rundum mit der zerlassenen Butter einpinseln. Auf dem Rücken in eine mit dem Öl ausgestrichene Kasserolle legen. Schinken, Zwiebel, Suppengrün, Knoblauch und Wacholderbeeren neben die Ente legen, im Fett wenden und die Kasserolle in den Ofen schieben. 15 Minuten braten.

2

30 ml Weißwein zugießen, Lorbeerblätter und Thymian zugeben. Die Temperatur auf 175 °C schalten und weitere 40 Minuten braten, ab und zu mit dem Bratfond begießen. Die Ente herausnehmen und warm halten.

3

Den Bratfond durch ein Sieb passieren, das Gemüse durchdrücken, zurück in die Kasserolle füllen. Den restlichen Weißwein zugießen und sämig einkochen. Mit Salz und Pfeffer abschmecken.

4

In einem Topf die Butter zerlassen und die Champignons darin anbraten. Zitronensaft, Pfeffer und Madeira zugeben, 10 Minuten dünsten. Die Ente tranchieren, mit den Champignons und der Sauce servieren.

WILDENTE IN MELONE

- 1 Wildente von 850 g, bratfertig
- 70 ml Geflügelbrühe
- 1 TL Speisestärke, in 2 EL Geflügelbrühe angerührt
- Salz und Pfeffer
- 1 Messerspitze Cayennepfeffer
- 4 EL Madeira
- 2 große, reife Netzmelonen

1

Die Ente nach dem Rezept Gebratene Wildente 1 (links) fast gar braten, herausnehmen und 10 Minuten ruhen lassen. Das Fleisch von den Knochen lösen und in kleine Stücke schneiden.

2

Die Ofentemperatur auf 185 °C zurückschalten. Den Bratfond entfetten, mit der Geflügelbrühe auffüllen, aufkochen und mit der Speisestärke binden. Mit Salz, Pfeffer und Cayennepfeffer abschmecken und mit dem Madeira verfeinern.

3

Von den Melonen einen Deckel abschneiden, die Samenkerne entfernen und ein wenig von dem Fruchtfleisch auslösen. Das Entenfleisch in die Melonen füllen, die Sauce darübergießen, die Melonendeckel auflegen und 30 Minuten im Ofen garen.

BEILAGEN: Kartoffelbällchen, grüne Erbsen, Salat.

WILDENTE MIT GRÜNEN OLIVEN UND TOMATE

- 1 junge Wildente von 800 g, bratfertig
- 2 EL Balsamessig
- Salz, Pfeffer
- 1 TL Thymian
- 2 EL zerlassene Butter
- 1 Zwiebel, geschält, fein gehackt
- 1 Knoblauchzehe, geschält, fein gehackt
- 30 ml Weißwein

FÜR DIE SAUCE

- 3 EL Madeira
- 2 EL Wildextrakt oder -essenz (Seite 23/24)
- 2 Tomaten, gehäutet, gehackt
- 125 g grüne Oliven, mit Paprika gefüllt, in dünne Scheiben geschnitten oder grob gehackt
- Salz und Pfeffer

1

Den Ofen auf 220 °C vorheizen. Die Ente innen und außen mit dem Essig, Salz, Pfeffer und Thymian einreiben und mit zerlassener Butter bepinseln. Auf dem Rücken in eine Kasserolle legen und mit der restlichen zerlassenen Butter beträufeln. Zwiebel und Knoblauch danebenlegen und in den Ofen schieben. Nach 15 Minuten die Temperatur auf 175 °C reduzieren, den Weißwein zugießen und 40 Minuten unter häufigem Begießen mit dem Bratfond weiterbraten. Die Ente aus der Kasserolle nehmen, nicht zugedeckt warm halten.

2

Den Bratsatz mit dem Madeira ablöschen, den Wildextrakt einrühren und etwas einkochen. Tomaten und Oliven untermischen, 10 Minuten köcheln lassen, mit Salz und Pfeffer abschmecken. Die Ente in Stücke teilen, die Sauce separat servieren.

BEILAGE: Reis.

WILDENTE MIT ORANGENSAUCE

_ 1 junge Wildente von etwa 800 g, bratfertig
_ Salz und Pfeffer
_ 20 g zerlassene Butter

FÜR DIE SAUCE

_ Dünn abgeschälte Schale von ½ Orange und ½ Zitrone, in 1 mm breite Streifen geschnitten
_ 1 gehäufter EL Zucker
_ 50 ml trockener Weißwein
_ 150 ml Wildgrundbrühe (Seite 22) oder Hühnerbrühe
_ Saft von 1 Orange und ½ Zitrone
_ 1 TL Honig
_ 3 EL Cognac
_ Salz und Pfeffer

1

Den Ofen auf 220 °C vorheizen. Die Ente innen und außen mit Salz und Pfeffer einreiben, mit zerlassener Butter einpinseln. Auf dem Rücken in eine passende Kasserolle legen, mit der restlichen zerlassenen Butter beträufeln und in den Ofen schieben. Nach 15 Minuten die Hitze auf 175 °C reduzieren, die Ente 35–45 Minuten weiterbraten und mit dem Bratfond sorgfältig begießen. Sie soll gut durchgegart, der auslaufende Saft klar sein.

2

In der Zwischenzeit die Zitrusschalen 1 Minute in Wasser kochen, in ein Sieb abgießen, kalt abschrecken, abtropfen lassen und beiseitestellen. In einer Kasserolle den Zucker zu hellem Karamell schmelzen, mit dem Weißwein ablöschen, die Brühe zugießen und auf etwa 100 ml einkochen. Den Zitrussaft und Honig unterrühren und sämig einkochen.

3

Die Ente aus der Kasserolle nehmen und zugedeckt in den abgeschalteten, halb geöffneten Ofen stellen.

4

Die Kasserolle auf die Herdplatte stellen, mit dem Cognac den Bratsatz lösen, kurz durchkochen, in die Orangensauce rühren. Die Schalen zugeben und 8 Minuten köcheln lassen. Mit Salz und Pfeffer abschmecken.

WILDENTENSTREIFEN IN ESTRAGONSAUCE

_ 1 Wildente, bratfertig
_ 2 EL Butter, 2 EL Öl
_ 4 Artischockenböden (Konserve), in Streifen geschnitten
_ 2 Tomaten, gehäutet, in Scheiben geschnitten
_ 1 kleine Knoblauchzehe, geschält, mit etwas Salz zerdrückt
_ 4 EL gehackter Estragon
_ 125 g Sahne, Salz und Pfeffer

FÜR DEN SALAT

_ 1 Kopf Eisbergsalat, geputzt, zerpflückt, gewaschen
_ 100 g Edelpilzkäse, durch ein Sieb gedrückt, mit 6 EL Weinessig, 4 EL Öl, 1 ½ TL Salz und ½ TL weißem Pfeffer verrührt

1

Das Fleisch von den Knochen lösen und in schmale Streifen schneiden. Aus dem zerhackten Gerippe eine Brühe (Seite 24) kochen und diese auf etwa 200 ml einkochen.

2

Butter und Öl in einer Kasserolle stark erhitzen und die Entenstreifen unter ständigem Wenden 5 Minuten darin braten. Herausnehmen und warm halten.

3

Gemüse, Knoblauch und 3 EL Estragon in die Kasserolle füllen, mit der Brühe aufgießen und sämig einkochen. Die Sahne zugießen und wieder etwas einkochen. Mit Salz und Pfeffer abschmecken. Die Entenstreifen wieder zugeben, noch 10 Minuten ganz leicht köcheln lassen. Mit dem restlichen Estragon bestreuen.

4

Den Salat in einer Schüssel mit der Käsesauce vermischen.

VARIATION

Wildentenstreifen in Aprikosensauce: Arbeitsschritte 1 und 2 ausführen. 300 g reife Aprikosenstücke, 70 ml Weißwein, 1 gehackte Knoblauchzehe, 15 g Puderzucker, 4 gehackte kandierte Ingwerwürfel, 3 EL Cointreau und 1 gehacktes Salbeiblatt in den Bratfond rühren, aufkochen und 8 Minuten köcheln. Mit Salz, Pfeffer und Cayennepfeffer abschmecken. Die Entenstreifen untermischen und noch einmal aufkochen. Dazu Nusskartoffeln oder Kartoffelknödel reichen.

WILDENTE MIT PFEFFERMINZSAUCE

_ 1 junge Wildente von 800 g, bratfertig
_ Salz und Pfeffer
_ 1 Knoblauchzehe, geschält, durchgepresst
_ 3 EL zerlassene Butter

FÜR DIE SAUCE

_ 50 ml trockener Weißwein
_ 50 ml Wildgrundbrühe (Seite 22) oder Fleischbrühe
_ je 4 EL fein gehackte Pfefferminze und Petersilie
_ 50 g Crème fraîche, Salz und Pfeffer

1

Den Ofen auf 100 °C vorheizen. Die Ente innen und außen mit Salz, Pfeffer und Knoblauch einreiben und mit zerlassener Butter einpinseln. In eine Kasserolle legen, mit der restlichen zerlassenen Butter begießen, in den Ofen schieben und etwa 4 Stunden braten (Garprobe machen). Nach Belieben noch kurz bei 200 °C bräunen. Die Ente auf eine Platte legen und warm halten.

2

Den Bratfond entfetten, mit Weißwein und Brühe sämig einkochen. Pfefferminze und Petersilie einrühren, Crème fraîche untermischen, erhitzen, salzen und pfeffern. Die Ente tranchieren, mit der Sauce servieren.

Wildentenstreifen
in Estragonsauce

WILDENTE ASIATISCH

- 1 Wildente, bratfertig
- 3 EL Erdnussöl
- 1 TL zerriebene Koriandersamen
- 3 cm frische Ingwerwurzel, geschält, fein gehackt
- 1 Knoblauchzehe, geschält, fein gehackt
- 1 rote Chilischote, Samen entfernt, in Ringe geschnitten
- 1 kleiner Stängel Zitronengras, die harten Hüllblätter entfernt, in Ringe geschnitten
- je 1 große Messerspitze gemahlene Kurkuma, Galgant und Zimt
- 1 Frühlingszwiebel, geputzt, in Ringe geschnitten
- 1 rote Paprikaschote, von Samen und Scheidewänden befreit, in kleine Stücke geschnitten
- 100 g Shiitake (Pilze), geputzt, Stiele entfernt, in Stücke geteilt
- 20 g geschälte Erdnusskerne
- 80 ml Geflügelfond, mit 3 EL heller Sojasauce und ½ TL Speisestärke verrührt
- Salz und Pfeffer
- Korianderblättchen zum Garnieren

1

Das Fleisch von den Knochen lösen und in Würfel oder Streifen schneiden.

2

In einem Wok 1 EL Öl stark erhitzen. Koriander, Ingwer, Knoblauch, Chilischote und Zitronengras 1–2 Minuten darin rühren und wieder herausheben.

3

Das restliche Öl in dem Wok erhitzen. Das Entenfleisch hineingeben, mit den Gewürzen bestreuen und 4–5 Minuten pfannenrühren. Herausheben.

4

Frühlingszwiebel, Paprikaschote und die Pilze in den Wok geben und 2–3 Minuten pfannenrühren. Das Entenfleisch, die Chilimischung und die Erdnüsse zugeben und 1 weitere Minute rühren. Den Fond zugießen, umrühren und aufkochen. Mit Salz und Pfeffer abschmecken. Mit Korianderblättchen garnieren.

WILDENTE AUF RUMÄNISCHE ART

- 1 junge Wildente von 800 g, bratfertig
- Pfeffer
- 30 g Butter, zerlassen
- 4 Zwiebeln, geschält, in dünne Scheiben geschnitten
- 50 ml heißer Wildfond (Seite 22) oder Fleischfond
- 50 ml trockener Weißwein
- 30 ml Salzgurkenlake

FÜR DIE SAUCE

- 3 EL Wildextrakt oder -essenz (Seite 23/24)
- 200 g Salzgurken, grob gehackt
- Pfeffer
- 300 g saure Sahne

1

Den Ofen auf 220 °C vorheizen. Die Ente innen und außen mit Pfeffer einreiben und mit zerlassener Butter einpinseln. Die restliche zerlassene Butter in einer Kasserolle verlaufen lassen, die Ente auf dem Rücken hineinlegen, die Zwiebeln neben die Ente legen, in den Ofen stellen. Nach 30 Minuten den Fond, Weißwein und die Gurkenlake zugießen. Sobald die Flüssigkeit brodelt, die Temperatur auf 160 °C reduzieren, die Kasserolle zudecken und weitere 30 Minuten schmoren. Die Ente herausnehmen und warm halten.

2

Den Schmorfond sämig einkochen. Den Extrakt einrühren, die Salzgurken untermischen, würzig mit Pfeffer abschmecken und kurz durchkochen. Die saure Sahne einrühren und erhitzen, aber nicht mehr kochen.

3

Die Ente in Stücke zerlegen und mit der Sauce übergießen.

WILDENTE AUF CHINESISCHE ART

FÜR DIE MARINADE

- 3 EL Sojasauce
- 3 EL Sherry
- 3 EL Pflanzenöl
- ½ TL Zucker
- ½ TL Pfeffer
- 1 ½ EL Essig
- ¼ TL chinesisches Fünfgewürzepulver (ersatzweise Nelkenpfeffer)

- 1 junge Wildente von 850 g, bratfertig
- 3 EL zerlassene Butter
- 1 Knoblauchzehe, geschält, fein gehackt
- 1 EL geschälter, geraspelter frischer Ingwer

FÜR DIE SAUCE

- 3 EL Honig
- 1 ½ EL Essig
- 2 TL Speisestärke, in etwas Ananassaft verrührt
- 250 g Ananasstücke (aus der Dose)
- 80 ml Ananassaft
- 3 EL Wildextrakt oder -essenz (Seite 23/24)
- Salz und Pfeffer
- 6 EL gehäutete Mandeln

1

Die Zutaten für die Marinade vermischen und die Ente damit innen und außen einpinseln. 1 Stunde einziehen lassen.

2

Den Ofen auf 220 °C vorheizen. Die Ente auf dem Rücken in eine Kasserolle legen und mit der zerlassenen Butter bestreichen, in den Ofen schieben. Nach 15 Minuten die Temperatur auf 160 °C reduzieren, Knoblauch und Ingwer neben die Ente legen und weitere 40 Minuten braten. Dabei häufig mit dem Bratfond begießen (bei Bedarf etwas Ananassaft zugießen), die Ente soll kross und schön braun sein.

3

Inzwischen den Honig in einem kleinen Topf zum Kochen bringen, mit dem Essig ablöschen, die Speisestärke unterrühren und aufkochen. Die abgetropften Ananasstücke untermischen und in der Sauce noch 10 Minuten ziehen lassen.

4

In einer kleinen Pfanne die Mandeln rösten und beiseitestellen.

5

Die Ente aus der Kasserolle nehmen und warm halten. Den Bratfond entfetten, den Ananassaft, Extrakt und die Ananassauce unterrühren, etwas einkochen und mit Salz und Pfeffer abschmecken. Die Ente in Stücke teilen, in eine Schüssel legen und mit der Sauce begießen. Die Mandeln darüberstreuen.

GESCHMORTE WILDENTE

- _ 1 Wildente, bratfertig
- _ Pfeffer
- _ 3 EL zerlassene Butter
- _ 1 EL Öl
- _ 100 g magerer, geräucherter Schinken, in kleine Würfel geschnitten
- _ 1 Zwiebel, geschält, gehackt
- _ 1 Bund Suppengrün, geputzt, gehackt
- _ 1 Knoblauchzehe, geschält, fein gehackt
- _ 10 Wacholderbeeren, zerdrückt
- _ 100 ml trockener Weißwein
- _ 2 Lorbeerblätter
- _ ½ TL Thymian
- _ 1 TL Speisestärke, in etwas kaltem Wasser verrührt
- _ Salz und Pfeffer

- _ 2 EL Butter
- _ 100 g kleine Champignons, geputzt, halbiert
- _ 2 EL Zitronensaft
- _ 1 Messerspitze Pfeffer
- _ 5 EL Madeira

1

Den Ofen auf 220 °C vorheizen. Die Ente innen und außen mit Pfeffer einreiben und mit etwas zerlassener Butter einpinseln. In eine mit dem Öl ausgestrichene Kasserolle legen. Schinken, Zwiebel, Suppengrün, Knoblauch und Wacholderbeeren neben die Ente legen, die restliche zerlassene Butter darüberträufeln und die Kasserolle in den Ofen schieben. 15 Minuten braten.

2

Den Weißwein zugießen, Lorbeerblätter und Thymian zugeben. Die Temperatur auf 175 °C schalten und 40 Minuten schmoren. Die Ente aus der Kasserolle nehmen und warm halten.

3

Die Sauce durch ein Sieb passieren, dabei das Gemüse durchdrücken, zurück in die Kasserolle gießen. Die Speisestärke unterrühren, aufkochen, mit Salz und Pfeffer abschmecken.

4

In einem Topf die Butter zerlassen, die Champignons darin anschwitzen, den Zitronensaft, Pfeffer und Madeira zugeben, 10 Minuten dünsten.

5

Die Ente tranchieren, die Champignons und die Sauce darübergeben und servieren.

BEILAGE: Kartoffelpüree, vermischt mit 2 EL pürierten grünen Oliven.

WILDENTENBRUST MIT KIRSCHEN

- _ 6 Wildentenbrüste
- _ Salz und Pfeffer
- _ 2 EL Öl
- _ 125 ml herber Rotwein
- _ 400 g dunkle Süßkirschen, entsteint
- _ 3 EL Sherry

1

Den Ofen auf 180 °C vorheizen. Die Entenbrüste salzen und pfeffern. In einer flachen Kasserolle das Öl erhitzen und die Entenbrüste darin 3–4 Minuten anbraten. In den Ofen schieben und in 10 Minuten fertig braten. Herausnehmen und im abgeschalteten, etwas geöffneten Ofen warm halten.

2

Das Fett aus der Kasserolle abgießen und den Bratfond mit dem Rotwein und Sherry ablöschen. Die Hälfte der Kirschen zugeben, 10 Minuten dünsten und pürieren. Zusammen mit den restlichen Kirschen wieder in die Kasserolle geben, den Sherry unterrühren und noch 3 Minuten garen. Abschmecken.

GEFÜLLTE WILDENTE

- _ 1 junge, frische Wildente von 800 g, bratfertig
- _ Salz und Pfeffer
- _ 2–3 Äpfel, geschält, vom Kerngehäuse befreit, grob gehackt, mit ⅓ TL Zimt, 2 Messerspitzen geriebener Muskatnuss und ½ TL Zucker vermischt
- _ 2 EL Essig, mit 2 EL trockenem Weißwein, 1 TL Zucker und 2 EL Butter aufgekocht
- _ 2 EL zerlassene Butter
- _ 60 ml Geflügelfond (Seite 24)
- _ 2 EL Johannisbeergelee
- _ 2 EL Portwein
- _ Cayennepfeffer

1

Den Ofen auf 220 °C vorheizen. Die Ente innen und außen mit Salz und Pfeffer einreiben. Die Apfelmischung in die Bauchhöhle füllen, mit Holzspießchen zustecken oder zunähen und rundherum mit der abgekühlten Essigmischung einpinseln.

2

1 EL zerlassene Butter in einer passenden Kasserolle verlaufen lassen, die Ente auf dem Rücken hineinlegen, mit der restlichen Butter begießen und in den Ofen stellen. Nach 15 Minuten die Temperatur auf 160 °C reduzieren und in weiteren 40 Minuten unter häufigem Begießen mit dem Bratfond knusprig braun braten. Die Ente aus der Kasserolle nehmen und warm halten.

3

Den Bratfond entfetten, mit dem Fond aufgießen, den Bratsatz lösen, kurz einkochen. Johannisbeergelee und Portwein einrühren, mit Salz, Pfeffer und Cayennepfeffer würzig abschmecken. Die Ente in Stücke zerlegen und mit der Sauce begießen.

BEILAGEN: Maronenpüree und Rotkohl.

VARIATION

Statt der Äpfel 150 g rohe Wildfarce (Seite 26), vermischt mit 125 g gekochten und gehackten Kastanien, in die Ente füllen.

Wildentenbrust mit Kirschen

SALMI VON WILDENTE

- 1 junge Wildente, bratfertig
- Salz und Pfeffer
- 3 EL zerlassene Butter
- 250 g Champignons, geputzt, in Scheiben geschnitten
- 2 EL Cognac

FÜR DIE SAUCE

- 1 Zwiebel, geschält, gehackt
- 1 kleine Knoblauchzehe, geschält, gehackt
- 1 Möhre, geschält, gehackt
- 2 EL gehackte Petersilie
- 100 ml trockener Weißwein
- 100 ml Wildgrundbrühe (Seite 22) oder Fleischbrühe
- 1 Lorbeerblatt
- 1 Thymianzweig
- 3 Pfefferkörner
- 1 EL Tomatenketchup
- 1 TL scharfer Senf
- Pfeffer, Salz und Muskatnuss

1

Den Ofen auf 220 °C vorheizen. Die Ente innen und außen salzen und pfeffern und mit der Butter einpinseln. Auf dem Rücken in eine Kasserolle legen und 15 Minuten im Ofen braten. Die Temperatur auf 175 °C herunterschalten und die Ente weitere 30–35 Minuten braten. Die Ente aus der Kasserolle nehmen und warm stellen.

2

Die Champignons in dem Bratfond anbraten, herausnehmen. Den Bratsatz mit dem Cognac ablöschen.

3

Das Fleisch von den Knochen lösen, in Stücke schneiden, in die Kasserolle legen, die Champignons zugeben und warm halten.

4

Die Karkasse zerhacken und zusammen mit den Fleischabgängen, Zwiebel, Knoblauch, Möhre und Petersilie in 2 EL des abgeschöpften Bratfetts in einem Topf anbraten, mit dem Weißwein und der Brühe aufgießen und zum Kochen bringen. Lorbeerblatt, Thymian, Pfefferkörner und Tomatenketchup zugeben und 20 Minuten einkochen. Durch ein Sieb passieren, zurück in den Topf gießen, den Senf unterrühren, mit Pfeffer, Salz und Muskatnuss abschmecken und über die Fleischstücke gießen.

WILDENTE IN PORTWEIN

- 1 Wildente, bratfertig
- Salz und Pfeffer
- 3 EL zerlassene Butter

FÜR DIE SAUCE

- 50 ml herber Rotwein
- 100 ml Wildfond (Seite 22) oder Fleischbrühe, auch Instantbrühe
- 3 EL fein gehackte Petersilie
- Saft von 1 ½ Orangen
- 1 TL abgeriebene Zitronenschale
- ½ TL Speisestärke, in kaltem Wasser angerührt
- 4 EL Portwein

1

Den Ofen auf 220 °C vorheizen. Die Ente innen und außen mit Salz und Pfeffer einreiben und mit zerlassener Butter einpinseln. Auf dem Rücken in eine Kasserolle legen, mit der restlichen zerlassenen Butter beträufeln und in den Ofen schieben. Nach 15 Minuten die Hitze auf 160 °C reduzieren und in 45 Minuten unter öfterem Begießen mit dem Bratfond fertig braten. Die Ente herausnehmen und nicht zugedeckt im abgeschalteten, etwas geöffneten Ofen warm halten.

2

Den Bratfond mit dem Rotwein ablöschen, den Wildfond und die Petersilie einrühren und sämig einkochen. Orangensaft, Zitronenschale und Speisestärke unterrühren, aufkochen und noch 5 Minuten köcheln lassen. Den Portwein zufügen. Die Ente tranchieren und mit der Sauce begießen.

TERRINE VON WILDENTEN

Für 8–10 Personen

- 2 Wildenten
- 100 g magerer gekochter Schinken, in ½ cm breite Streifen geschnitten
- 1 ½ TL Gewürzmischung (Seite 26)
- 5 EL Portwein

FÜR DIE FARCE

- Restliches Entenfleisch, von den Knochen gelöst, Haut, Sehnen und Fett entfernt, zweimal durchgedreht
- 250 g mageres Schweinefleisch, 100 g magerer gekochter Schinken und 150 g frischer fetter Speck, zusammen zweimal durchgedreht
- 1 Zwiebel, geschält, in Stücke geschnitten, und 2 Scheiben Weißbrot, entrindet, in 2 EL Fleischbrühe geweicht, zusammen zweimal durchgedreht
- 50 g frischer fetter Speck, in ½ cm große Würfel geschnitten
- Schale von ½ Orange und ½ Zitrone, dünn abgeschält
- Saft von 1 Orange
- 2 TL gewürztes Salz (Seite 26)
- 50 ml trockener Weißwein
- 1 Ei, 2 EL Cognac
- 2 EL Butter
- 100 g kleine Champignons, geputzt, grob gehackt
- 3 EL Madeira
- 25 g ungesalzene Pistazien, geschält

ZUM FERTIGSTELLEN

- 300 g frischer fetter Speck, in sehr dünne Scheiben geschnitten
- 1 Lorbeerblatt
- 1 EL Mehl, in etwas kaltem Wasser verrührt

1

Die Entenbrüste ablösen, die Haut entfernen, die Brüste längs jeweils in 3 Streifen schneiden und in eine kleine Schüssel legen. Den Schinken darauflegen, mit der Gewürzmischung bestreuen und mit dem Portwein begießen. Zudecken und für 12 Stunden in den Kühlschrank stellen, zwei- bis dreimal wenden.

2

Das restliche Entenfleisch, Schweinefleisch, Schinken, Speck, Zwiebel, Weißbrot und die Speckwürfel vermischen. Orangen- und Zitronenschale 10 Minuten in ganz wenig Wasser kochen, abgießen, abschrecken und fein hacken. Zu dem Fleisch geben, ebenso den Orangensaft, das gewürzte Salz, Weißwein, Ei und Cognac. Alles sehr gut vermischen und mit einem Holzlöffel locker schlagen. Zudecken und 12 Stunden im Kühlschrank durchziehen lassen.

3

Die Butter in einer Kasserolle zerlassen, die Champignons darin anbraten, den Madeira zugießen und etwas einkochen. Abkühlen lassen und zusammen mit den Pistazien unter die Farce mischen.

4

Den Ofen auf 180 °C vorheizen. Eine passende feuerfeste Form mit Deckel mit den Speckscheiben leicht überlappend so auslegen, dass sie ein Stück über den oberen Rand hinaushängen. Eine 1 cm hohe Schicht Farce einfüllen. In Längsrichtung abwechselnd die Hälfte der abgetropften Entenbrust- und Schinkenstreifen einlegen, mit einer Schicht Farce bedecken, die zweite Hälfte der Brust- und Schinkenstreifen darauf verteilen. Die Marinade darübergießen, mit dem Rest der Farce bedecken und gut verstreichen, damit keine Hohlräume entstehen.

5

Die Speckscheiben über die Füllung klappen, sie sollten sie ganz bedecken. Das Lorbeerblatt in die Mitte legen. Den Deckel auflegen und mit der Mehlpaste abdichten. In einen die Terrinenform fassenden Topf stellen und diesen mit so viel kochendem Wasser füllen, dass die Form zu zwei Dritteln ihrer Höhe darin steht. In den Ofen schieben und in 2 Stunden garen. Fertigstellung wie bei Terrine von Reh (Seite 63).

GALANTINE VON WILDENTE

Für 5–7 Personen

- 2 Wildenten, entbeint, das Brustfleisch in 1 cm breite Längsstreifen geschnitten
- 60 g magerer gekochter Schinken, in 1 cm breite Streifen geschnitten
- 40 g frischer fetter Speck, in ½ cm breite Streifen geschnitten
- 1 Messerspitze Gewürzmischung (Seite 26)
- 3 Trüffeln (Konserve), fein gewürfelt
- Trüffelsaft, 3 EL Madeira

FÜR DIE FARCE

- Das restliche Entenfleisch, Fett und Sehnen entfernt, zweimal durchgedreht
- 100 g Schweinefleisch, 100 g Kalbfleisch, 125 g frischer fetter Speck und 1 Zwiebel, geschält, in Stücke geschnitten, zusammen zweimal durchgedreht
- abgeriebene Schale und Saft von ½ Zitrone
- 2 EL Cognac
- 2 TL gewürztes Salz (Seite 26)
- 1 Eigelb
- 25 g ungesalzene Pistazien, geschält

- 2 l Wild- oder Geflügelfond (Seite 22/24)
- ½ l trockener Weißwein
- 1 l Gelee (Seite 25)

1

Die entbeinten Enten bis zur Verwendung in den Kühlschrank legen. Brustfleisch, Schinken und Speck in eine Schüssel legen, mit der Gewürzmischung und den Trüffeln bestreuen und mit Trüffelsaft und Madeira beträufeln. Zudecken und 12 Stunden im Kühlschrank marinieren. Dabei ein- bis zweimal wenden.

2

Alle Zutaten für die Farce außer den Pistazien gut vermischen, 12 Stunden im Kühlschrank durchziehen lassen.

3

Herstellung der Galantine: Die Haut der einen Ente mit der Außenseite auf die Arbeitsfläche legen. Auf eventuell verletzte Stellen von innen »Flicken« von der Haut der zweiten Ente legen, den Rest der zweiten Entenhaut wegwerfen. Die Hälfte der Farce auf der Haut gleichmäßig ausbreiten, auch in die Keulen und Flügel füllen. Jetzt in Längsrichtung und möglichst gleichmäßig die Hälfte des Brustfleisches, Schinkens und Specks, der Trüffeln und Pistazien auflegen und dieses mit der zweiten Hälfte der Farce und den anderen Zutaten wiederholen. Die Haut über der Farce zusammenschlagen, formen – es soll wieder die natürliche Entenform entstehen – und die gesamte Schnittlänge mit festem Küchengarn zunähen, wobei man nicht zu nahe an der Kante einstechen darf, damit die Haut nicht ausreißt. Auch die Flügel und Keulen zunähen, die Haut am Hals umschlagen und festnähen. Ein Leinentuch oder doppeltes Mulltuch anfeuchten, auswringen und so ausbreiten, dass die Ente gut darin eingewickelt werden kann. Die Galantine in die Mitte des Tuches legen, Flügel und Keulen anlegen, fest einwickeln, die beiden Enden fest zusammendrehen und direkt an der Galantine fest zusammenbinden. Die Galantine an 2–3 weiteren Stellen umbinden.

4

Kochen der Galantine: In einen die Galantine gut fassenden Topf den Fond und den Weißwein gießen und die Galantine hineinlegen, sie soll gut bedeckt sein. Zum Kochen bringen, auf niedrige Hitze herunterschalten und nicht ganz zugedeckt 75 Minuten sieden lassen. Abschalten und auf Raumtemperatur abkühlen lassen. Die Galantine aus dem Fond nehmen, auswickeln, das Tuch in warmem Wasser auswaschen, auswringen und die Galantine wieder einwickeln und umschnüren. Mit einem Brett und einem Gewicht leicht beschweren und für 2–3 Tage in den Kühlschrank stellen. Den Fond durch ein Tuch gießen und ebenso kühl aufbewahren.

5

Fertigstellung: Den Fond auf etwa 1 l einkochen, mit Gemüse und Eiweiß klären (Seite 24: Geklärte Geflügelkraftbrühe). Das Gelee zubereiten, flüssig in eine größere, mit Eis gefüllte Schüssel stellen und so lange rühren, bis es zähflüssig wird. Auf eine Servierplatte eine ½ cm dicke Schicht gießen und im Kühlschrank erstarren lassen. Die Galantine auswickeln, mit Gelee bestreichen und erstarren lassen. (Nun kann man die Galantine nach Belieben mit Streifen von blanchierten Lauchblättern, Stücken von gehäuteten Tomaten, Trüffelstücken usw. dekorieren. Die Teile werden jeweils in Gelee getaucht und auf die Galantine gelegt. Dann bestreicht man die Galantine wieder mit einer Schicht Gelee und lässt diese fest werden.) Das restliche Gelee am besten in einer Kastenform erstarren lassen. Die Galantine auf die mit Gelee ausgegossene Platte legen. Die Form mit dem Gelee in heißes Wasser tauchen, stürzen, das Gelee in ½ cm große Würfel schneiden und um die Entengalantine legen. Man kann die Galantine auch in eine sie gut fassende Kastenform legen und das Gelee eingießen.

Rechte Seite:
Ente entbeinen: Nach dieser Methode kann man jegliches Geflügel entbeinen

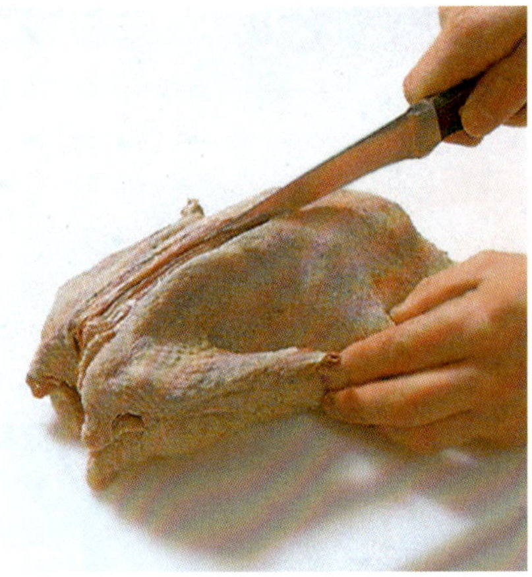

1 **Ente entbeinen:** Zu beiden Seiten des Rückgrats mit einem scharfen Messer aufschneiden.

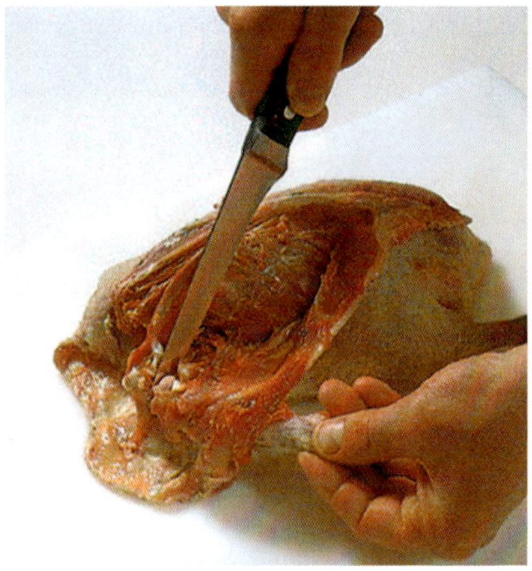

2 Aufklappen, das Schultergelenk sauber durchschneiden und den Oberarmknochen lösen.

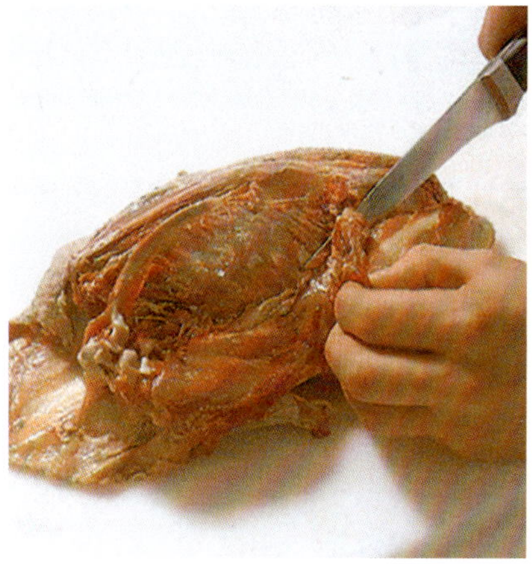

3 Das Hüftgelenk ebenso sauber durchtrennen und den Oberschenkelknochen lösen.

4 Das Gerippe bis unten zum Brustbein freischneiden, die Haut dabei nicht verletzen.

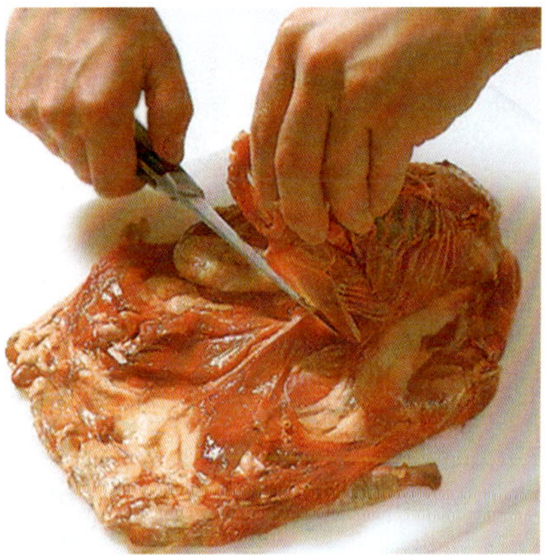

5 Den gesamten Brustkorb Schnitt für Schnitt heraustrennen, dabei behutsam arbeiten.

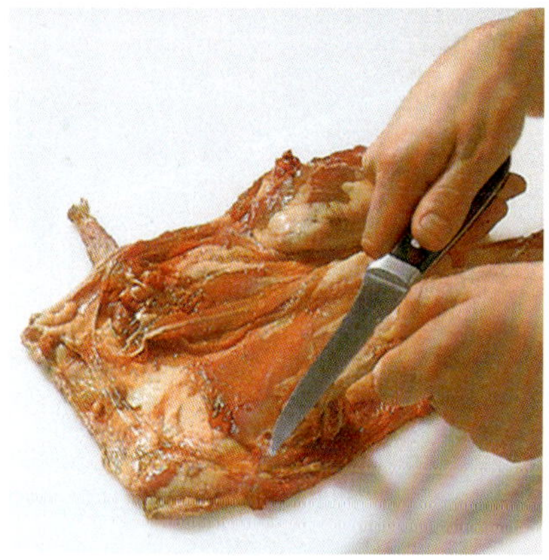

6 Den Oberarmknochen mit der Messerspitze auslösen, die Haut von innen nach außen stülpen.

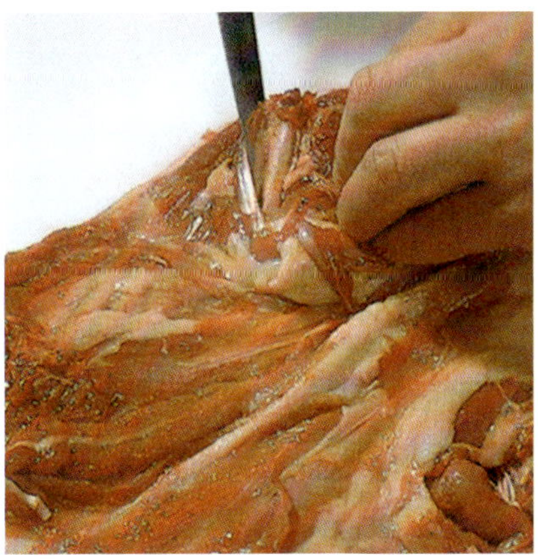

7 Mit dem Oberschenkelknochen genauso verfahren wie vorher beim Oberarmknochen.

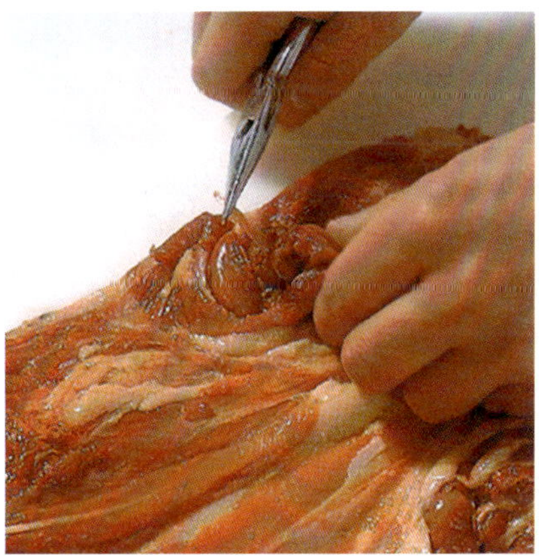

8 Die Sehnen, die die Gelenke zusammengehalten haben, suchen und mit einer Zange herausziehen.

9 Dünne Stellen gleichmäßig mit Fleisch belegen, entstandene Löcher mit übriger Haut »flicken«.

Wild-Allerlei

Häufig bleiben Fleischreste übrig, die für eine vollständige Mahlzeit nicht mehr ausreichen, oder man möchte am nächsten Tag nicht wieder genau dasselbe Essen auf den Tisch bringen. Für diese Situation bietet das folgende Kapitel Vorschläge für kalte sowie warme Gerichte, für Vor- und Hauptspeisen. Bezüglich der Zutaten, der Saucen und der Herstellungsweise sind hier der Fantasie keine Grenzen gesetzt.

Abb. von links nach rechts:
Auflauf von Haarwildbret (Rezept Seite 210),
Panierte Wildküchlein (Rezept Seite 208),
Frittierte Wildbretkrusteln (Rezept Seite 211)

Wildfleischsülze

WILDFLEISCHSÜLZE

- 400 ml Wildgelee (Seite 25), mit 6 EL herbem Rotwein aromatisiert, leicht flüssig
- 300 g Reste von gebratenem Haar- oder Federwild, in dünne Scheiben oder Streifen geschnitten
- 3 Pfeffergurken, in dünne Scheiben geschnitten oder klein gewürfelt
- 120 g Champignons, Steinpilze oder andere Waldpilze, geputzt, angebraten, in dünne Scheiben geschnitten
- 100 g Möhre, Sellerie und Lauch, geschält oder geputzt, in dünne Scheiben geschnitten oder klein gewürfelt, blanchiert
- 3 TL gehackte Kapern

1
Eine dünne Schicht Gelee in Förmchen (mit glatten Wänden), Suppenteller oder eine Schüssel gießen und im Kühlschrank erstarren lassen.

2
Auf die Geleeschicht abwechselnd Fleisch und Gemüse übereinanderlegen beziehungsweise alle Zutaten hübsch nebeneinander verteilen und das Ganze mit dem restlichen Gelee bedecken. Im Kühlschrank erstarren lassen.

3
Soll die Sülze gestürzt werden, die Förmchen kurz in heißes Wasser tauchen.

BEILAGEN: Bratkartoffeln und Remouladensauce oder Mayonnaisesalat und Cumberlandsauce.

VARIATION

Es können auch Scheiben von hart gekochtem Ei, Streifen von sauer eingelegten Paprikaschoten, Essigpilzen oder Trüffeln verwendet werden.

WILDBRETSALAT

- 200 g Wildbratenreste, in kleine, dünne Scheiben geschnitten
- 1–2 Äpfel, geschält, Kerngehäuse entfernt, in kleine, dünne Scheiben geschnitten
- 5 Pfeffergürkchen, in schmale Scheibchen geschnitten
- 2 hart gekochte Eier, in Würfel geschnitten
- 2 EL Madeira
- 200 g Mayonnaise (Seite 232), mit 2 ½ TL scharfem Senf vermischt
- 3 EL Mandelsplitter, angeröstet

1
Alle Zutaten in eine Schüssel füllen und miteinander vermischen.

WILDPÜREE MIT LINSEN

Zum Füllen von Blätterteigpastetchen, Tortelettes oder Omeletts

- 300 g gegartes Wildfleisch, von Haut und Sehnen befreit, gehackt, zweimal durchgedreht oder in der Küchenmaschine zusammen mit 5 EL Wildextrakt (Seite 24) püriert
- 150 g Linsenpüree (Seite 226), dick eingekocht
- 3 EL Butter
- Salz und Pfeffer
- Cayennepfeffer
- 1 EL gehackte Petersilie

1
In einer Kasserolle das Wildfleischpüree mit dem Linsenpüree und der Butter vermischen, mit den Gewürzen abschmecken und mit der Petersilie bestreuen.

VARIATIONEN

- Mit verlorenen Eiern servieren.
- Mit Würfelchen von magerem Räucherspeck bestreuen.

HASCHEE VON HAARWILDBRET

- 20 g getrocknete Spitzmorcheln (wenn vorhanden)
- 3 EL Öl, 3 EL Butter
- 2 Zwiebeln, geschält, gehackt
- 300 g gebratenes oder gekochtes Haarwildbret, entsehnt, gehackt (nicht durchgedreht) oder in kleine Würfel geschnitten
- 4 EL fein gehackte Petersilie
- 1 TL zerriebener Thymian
- 100–150 ml Demiglace oder Spanische Sauce (Seite 228) oder eine andere gebundene braune Sauce
- 4 EL Portwein oder Madeira
- 1 TL abgeriebene Orangenschale und 2 EL Orangensaft (nach Belieben)
- Salz und Pfeffer
- gemahlene Nelke
- 2 EL Johannisbeergelee (nach Belieben)

1
Die Spitzmorcheln 30 Minuten in lauwarmem Wasser weichen, in ein Sieb abgießen (Flüssigkeit auffangen), abtropfen lassen und in feine Streifen schneiden.

2
In einer Pfanne Öl und Butter erhitzen und die Zwiebeln darin glasig schwitzen. Das Fleisch, Petersilie und Thymian zugeben und unter Rühren 5 Minuten braten.

3
Die Hitze reduzieren, die Morcheln, Demiglace und Portwein zugeben und weitere 5 Minuten garen. Nach Belieben Orangenschale und -saft zufügen. Mit Salz, Pfeffer und Nelke abschmecken. Eventuell Johannisbeergelee unterrühren.

BEILAGE: In einen Ring von Kartoffelbrei oder Reis oder in Blätterteigpasteten füllen.

VARIATION

Pochierte Eier oder Rühreier auf das angerichtete Haschee legen.

OMELETT, GEFÜLLT MIT RESTEN VON HAARWILDBRET

FÜR DIE FÜLLUNG

- 1 EL Butter, 1 EL Öl
- 1 Zwiebel, geschält, fein gehackt
- 1 TL fein gehackte Petersilie
- 75 g Champignons oder andere Pilze, geputzt, in kleine Stücke geschnitten
- 1 EL Zitronensaft
- 150 g Haarwildbretreste, klein gewürfelt oder in Streifen geschnitten
- 2 EL Madeira
- 1 EL Wildextrakt (Seite 24)
- etwas Salz und Pfeffer
- Cayennepfeffer

FÜR DAS OMELETT

- 4 Eier, etwas Salz und Pfeffer
- 1 EL Butter zum Braten
- 1 EL geriebener Parmesan

1

Butter und Öl in einer Pfanne erhitzen, die Zwiebel darin goldgelb anschwitzen. Petersilie, Champignons und Zitronensaft hinzufügen und 5 Minuten dünsten. Das Fleisch zugeben, den Madeira und Extrakt untermischen, mit Salz, Pfeffer und Cayennepfeffer abschmecken.

2

Die Eier in einer Schüssel mit Salz und Pfeffer gut verschlagen. In einer Pfanne die Butter zum Schäumen bringen, die Eiermasse hineingießen und gleichmäßig verteilen. Die Pfanne etwas hin- und herrütteln, damit das Omelett nicht ansetzt. Wenn die Oberseite gestockt, aber noch feucht ist, mit Parmesan bestreuen, die Füllung daraufgeben und die eine Hälfte des Omeletts über die andere klappen.

BEILAGE: Preiselbeeren.

VARIATION

Es können noch fein gewürfelte Wild- oder Geflügelleber sowie Würfelchen von magerem geräuchertem Schinken oder Speck mitgebraten werden.

PFANNKUCHEN, GEFÜLLT MIT RESTEN VON HAARWILDBRET

FÜR DIE FÜLLUNG

- 250 g Haarwildbretreste, gehackt
- 1 EL Cognac
- 1 EL Wildextrakt oder -essenz (Seite 23/24)
- 1 EL Tomatenketchup
- 1 EL Johannisbeergelee
- 5 EL Crème fraîche
- je 1 Prise gemahlene Nelke und Ingwerpulver
- 2 EL grob gehackte Walnüsse
- Salz und Pfeffer

FÜR DIE PFANNKUCHEN

- 125 g Mehl, 2 Eier
- 250 ml Milch, 2 EL Wasser
- ½ TL Salz
- 5 EL Pflanzenöl zum Braten

1

Alle Zutaten für die Füllung miteinander vermischen, abschmecken, erhitzen und warm halten.

2

Das Mehl mit den anderen Zutaten für die Pfannkuchen in einer Schüssel mit dem Schneebesen zu einem glatten, dünncremigen Teig rühren, zugedeckt 30–60 Minuten stehen lassen. Nochmals durchrühren.

3

Eine nicht zu große Pfanne erhitzen. Nur so viel Öl hineingeben, dass ein feiner Film den Pfannenboden gleichmäßig bedeckt. Teig für einen dünnen Pfannkuchen in die Pfanne schöpfen und unter Hin- und Herkippen der Pfanne den Teig gleichmäßig verteilen. Sobald er auf der Unterseite hellbraun ist, mithilfe eines Küchenspatels mit Schwung umdrehen und auf der anderen Seite ebenso braten.

4

Auf eine vorgewärmte Platte gleiten lassen, etwas von der Füllung daraufgeben und falten oder zusammenrollen. Mit dem restlichen Teig und der Füllung ebenso verfahren.

PANIERTE WILDKÜCHLEIN

FÜR DIE KÜCHLEIN

- 300 g rohe Haarwildbretreste, fein gehackt
- 1 EL geschälte, fein gehackte Zwiebel
- 3 Scheiben Weißbrot, entrindet, in 4 EL herbem Rotwein geweicht und ausgedrückt
- 3 EL weiche Butter
- 1 Ei
- 1 EL Wildextrakt oder -essenz (Seite 23/24), wenn vorhanden
- 1 TL abgeriebene Zitronenschale
- Salz, Pfeffer, Cayennepfeffer

- 75 g Mehl
- 2 Eier, verrührt
- 150 g Paniermehl
- 6 EL Butter
- 2 Äpfel, geschält, Kerngehäuse ausgestochen, in 1½–2 cm dicke Scheiben geschnitten
- 6 TL Johannisbeergelee
- 3 EL Öl

1

Alle Zutaten für die Küchlein gut miteinander vermischen und mit den Gewürzen abschmecken. Flache, kleine Küchlein formen. Erst im Mehl, dann im Ei und anschließend im Paniermehl wenden. Beiseitestellen.

2

In einer Pfanne 2 EL Butter zerlassen und die Apfelscheiben einlegen. Die Hitze reduzieren, die Apfelscheiben wenden und dünsten, dabei aber nicht zerfallen lassen. Herausnehmen, auf jede Apfelscheibe 1 TL Johannisbeergelee setzen.

3

In der Pfanne die restliche Butter mit dem Öl erhitzen und die Küchlein darin goldbraun ausbacken. Auf eine Platte legen und mit den Äpfeln garnieren.

BEILAGE: Pfeffersauce.

Gefüllte Pfannkuchen

AUFLAUF VON HAARWILDBRET

- 1 EL Butter
- 8 Kartoffeln, gekocht, gepellt, in Scheiben geschnitten (oder gekochte Teigwaren oder gekochter Reis)
- 2 Zwiebeln, geschält, gerieben
- 2 Knoblauchzehen, geschält, fein gehackt
- 4–5 Tomaten, gehäutet, in Scheiben geschnitten
- 200 g Champignons, geputzt, in Scheiben geschnitten
- 400–500 g Reste von gebratenem oder gekochtem Haarwildbret
- 4 EL fein gehackte Petersilie
- 1 TL fein gehackter Majoran
- 2 Eier, verschlagen mit 6 EL geriebenem Käse, 100 ml konzentrierter Fleischbrühe, 2 ½ TL Salz, ½ TL Pfeffer und 1 Messerspitze geriebene Muskatnuss
- 3 EL geriebener Käse
- 40 g Butterflöckchen

1

Den Ofen auf 220 °C vorheizen. Eine Auflaufform mit der Butter ausstreichen und die Hälfte der Kartoffeln (oder Teigwaren oder Reis), des Gemüses und des Wildbrets der Reihe nach einschichten, mit der Hälfte der Kräuter bestreuen.

2

Die zweite Hälfte der Zutaten ebenso einschichten. Die Eiermischung gleichmäßig eingießen, mit dem geriebenen Käse bestreuen und mit Butterflöckchen besetzen. 35 Minuten backen.

VARIATION

Kleine Würfel von magerem geräuchertem Schinken oder Speck zugeben.

WILDBRETKNÖDEL

- 4 EL Butter
- 5 EL fein gehackte Petersilie
- 2 EL abgeriebene Zitronenschale
- 2–3 Zwiebeln, geschält, fein gehackt
- 500 g rohes Hirsch- oder Rehwildbret, gehäutet, durchgedreht
- 50 g frischer fetter Speck, durchgedreht
- 125 g altbackene Semmeln, in feine Scheiben geschnitten und in 400 ml warmer Milch eingeweicht
- 2–3 Eier
- 5 EL Mehl
- 1 ½ TL gewürztes Salz (Seite 26)

1

Die Butter in einer Kasserolle zerlassen und Petersilie, Zitronenschale und Zwiebeln darin dünsten, bis die Zwiebeln weich und glasig sind. In eine Schüssel füllen. Alle anderen Zutaten dazugeben und gut vermischen. Aus der Masse Knödel mit etwa 5 cm Durchmesser formen. 1 Stunde im Kühlschrank ruhen lassen.

2

Salzwasser in einem großen Topf zum Kochen bringen und die Knödel nebeneinander einlegen. Sobald das Wasser wieder kocht, die Hitze so weit zurücknehmen, dass das Wasser nur noch siedet. Nach 10 Minuten die Knödel herausschöpfen.

BEILAGE: Rotkohl.

WILDBRETPUDDING

- 500 g Reste von gebratenem oder gekochtem Haarwildbret
- 2 Zwiebeln, geschält, in Stücke geschnitten
- 175 g frischer fetter Speck oder Räucherspeck, grob gewürfelt
- 2 Semmeln, die Kruste abgerieben, in 100 ml Fleischbrühe geweicht
- 7 Wacholderbeeren
- 4 Eigelb
- 40 g geriebener Parmesan
- ⅓ TL Thymian
- ⅓ TL Majoran
- 4 EL fein gehackte Petersilie
- 3 EL Madeira
- 2 EL Cognac
- 1 TL Salz
- ¼ TL Pfeffer
- 4 Eiweiß, halb steif geschlagen

- 3 EL weiche Butter und 2 EL Paniermehl für die Form

1

Fleisch, Zwiebeln, Speck, Semmeln und Wacholderbeeren durchdrehen oder in der Küchenmaschine zerkleinern. Mit den restlichen Zutaten außer dem Eiweiß gut vermischen, zuletzt das Eiweiß sorgfältig unterziehen.

2

Den Ofen auf 180 °C vorheizen. Eine feuerfeste Form mit glatten Wänden und Deckel mit der Butter ausstreichen und mit dem Paniermehl ausstreuen. Die Masse einfüllen und glatt streichen. Den Deckel auflegen, die Form in den Ofen stellen und den Pudding 90 Minuten backen. Mit einer Nadel prüfen, ob er fest ist.

BEILAGEN: Gedünstetes Gemüse, Salat, Tomaten- oder Meerrettichsauce.

WILDHACKBRATEN

_ 500 g gebratene oder gekochte Reste von Wildbret ohne Haut und Sehnen
_ 100 g frischer fetter Speck (oder 50 g Speck + 50 g Schweinefleisch)
_ 1 Zwiebel, geschält, geviertelt
_ 10 Wacholderbeeren
_ 4 EL Paniermehl (oder 1 Semmel, in Sahne geweicht)
_ 2 Eier
_ 1 TL abgeriebene Zitronenschale
_ 1 ½–2 TL gewürztes Salz (Seite 26)
_ 3 EL Butter
_ 3 EL zerlassene Butter

FÜR DIE SAUCE

_ 4 EL Wildextrakt oder -essenz (Seite 23/24)
_ 5 EL Crème fraîche
_ Salz und Pfeffer

1

Fleisch, Speck, Zwiebel und Wacholderbeeren durchdrehen und in eine Schüssel füllen. Die restlichen Zutaten bis auf die Butter zugeben, alles gut vermischen, mit gewürztem Salz abschmecken und aus dem Fleischteig einen Braten formen.

2

Den Ofen auf 200 °C vorheizen. Die Butter in einer großen Bratkasserolle zerlassen, den Braten hineinlegen, mit der zerlassenen Butter begießen und 50 Minuten braten. Herausnehmen.

3

Wildextrakt und Crème fraîche in die Sauce rühren, aufkochen und mit Salz und Pfeffer abschmecken. Etwas über den Braten schöpfen.

WARME BEILAGEN: Kartoffeln, Gemüse.

KALTE BEILAGEN: Kartoffelsalat, Remouladensauce, Salate.

VARIATIONEN FÜR DIE FÜLLUNG

- 150 g gehackte Pilze beifügen.
- 2 hart gekochte Eier in die Mitte des Bratens einpacken.
- Schinkenwürfel untermischen.
- Gehackte Gewürzgurken und/oder Kapern untermischen.
- 1 Handvoll blanchierten, gehackten Spinat untermischen.

FEINE REHKRAPFEN

FÜR DIE KRAPFEN

_ 250 g rohes Wildbret vom Reh
_ 250 g rohes Kalbfleisch (oder Schweinefleisch)
_ 1 kleine Zwiebel, geschält, geviertelt
_ 3 Semmeln, in 300 ml Milch geweicht und ausgedrückt
_ 2 EL fein gehackte Petersilie
_ 2 EL fein gehackte Korianderblätter
_ 3 Eier
_ 2 EL Cognac
_ 2 TL abgeriebene Zitronenschale
_ 1 Messerspitze Cayennepfeffer
_ 2 TL gewürztes Salz (Seite 26)

_ 15 große, runde Backoblaten
_ Öl zum Frittieren
_ 1 Bund Petersilie

1

Wildbret, Kalbfleisch, Zwiebel und die Semmeln durchdrehen. In eine Schüssel füllen, die übrigen Zutaten dazugeben und alles gut vermischen.

2

Die Backoblaten kurz in kaltes Wasser tauchen. Auf jede 1 gehäuften EL von der Fleischmasse setzen, einpacken und schwimmend in heißem Öl goldbraun ausbacken. Mit Petersilie garnieren.

BEILAGE: Tomatensalat.

VARIATIONEN

- 1 Handvoll blanchierten, gehackten Spinat unter das Fleisch mischen.
- Statt Oblaten 300 g Blätterteig etwa 4 mm dick ausrollen und Kreise mit 10 cm Durchmesser ausstechen. Unter Freilassen eines Randes auf die eine Hälfte die Füllung setzen, den Rand mit Eigelb bepinseln, zusammenklappen, die Ränder mit den Gabelzinken zusammendrücken und 15–20 Minuten bei 185 °C im vorgeheizten Ofen backen.

FRITTIERTE WILDBRETKRUSTELN

FÜR DIE KRUSTELN

_ 300 g gebratene Wildbretreste, klein gewürfelt
_ 50 g Champignons, geputzt, klein gehackt
_ 150 ml dick eingekochte Béchamelsauce (Seite 230)
_ 3 TL Kapern, gehackt
_ 1 TL abgeriebene Zitronenschale
_ 1 Prise gemahlene Nelke
_ 1 Ei und 1 Eigelb, leicht verschlagen
_ 3 EL Madeira
_ 1 Messerspitze Cayennepfeffer
_ Salz und Pfeffer

_ 100 g Mehl
_ 2 Eier, verquirlt
_ 100 g Paniermehl
_ Öl zum Frittieren

1

Alle Zutaten für die Krusteln gut vermischen und würzig abschmecken. Kühl stellen, bis die Masse ganz fest ist.

2

Kleine, längliche Rollen oder Kugeln formen, in Mehl rollen, durch Ei ziehen, im Paniermehl wenden und frittieren.

BEILAGEN: Mayonnaisesalat und Cumberlandsauce.

WILDKROKETTEN

- 300 g gebratene Haarwildbretreste, von Haut und Sehnen befreit, fein gewürfelt
- 50 g magerer gekochter Schinken, klein gehackt
- 25 g Champignons, geputzt, gehackt
- 2 Trüffeln (Konserve), wenn vorhanden, klein gewürfelt
- 2 EL Madeira
- Salz, Pfeffer, Cayennepfeffer
- 150 ml dick eingekochte warme Samtsauce (Seite 231)
- 2 Eigelb

- 1 TL Öl
- 5 EL Mehl
- 2 Eier, leicht verschlagen
- 150 g Paniermehl
- Öl zum Frittieren

1

Wildfleisch, Schinken, Champignons und Trüffeln mit dem Madeira vermischen, mit Salz, Pfeffer und Cayennepfeffer abschmecken. Die Samtsauce und anschließend die Eigelbe untermischen. Die Masse auf einer geölten Platte glatt streichen, auskühlen und fest werden lassen.

2

Aus der Masse Kroketten oder Koteletts formen, in dem Mehl wälzen, durch das Ei ziehen und in Paniermehl wenden. Frittieren.

BEILAGE: Champignonsauce.

WILDHARTWURST

- 1 kg Reh- oder Hirschkeule, gehäutet, ohne Knochen, in grobe Würfel geschnitten
- 500 g mageres Schweinefleisch, in grobe Würfel geschnitten
- 500 g frischer fetter Schweinespeck, in grobe Würfel geschnitten
- 1 TL weißer Pfeffer
- 2 TL gewürztes Salz (Seite 26)
- 50 g Pökelsalz, 1 TL Traubenzucker
- 1 ½ TL Senfkörner, Naturdärme

1

Das Fleisch und den Speck 3 Stunden im Gefrierfach anfrieren lassen, anschließend grob durchdrehen. Mit Pfeffer, Salz, Pökelsalz und dem Zucker gut durcharbeiten und die Senfkörner untermischen. In die Därme füllen und fest abbinden.

2

1 Woche kühl und luftig abhängen lassen. Dann 7 Tage kalt räuchern (am besten den Metzger beauftragen).

KALTES SCHAUMBROT VON WILDBRET

- ½ l Gelee (Seite 25), mit 3 EL Madeira oder Portwein aromatisiert
- 250 g gekochte oder gebratene Wildbretreste, Haut, Sehnen und Knorpel entfernt
- 4 Wacholderbeeren
- 125 ml Wildessenz (Seite 23)
- 2 EL Madeira oder Portwein
- 2–3 Trüffeln (Konserve), in kleine Würfel geschnitten
- Trüffelessenz
- Salz und Pfeffer
- 150 g Sahne, geschlagen

1

Eine passende, glattwandige Schüssel oder Form (oder mehrere kleine Förmchen) mit Gelee füllen. Sobald an der Außenseite eine dünne Schicht erstarrt ist, das restliche Gelee wieder ausgießen. Die Schicht fest werden lassen.

2

Inzwischen das Wildbret mit den Wacholderbeeren zweimal fein durchdrehen und mit der Wildessenz vermischen oder in der Küchenmaschine pürieren und durch ein feines Sieb passieren. Madeira oder Portwein, Trüffeln und Trüffelessenz unterrühren, mit Salz und Pfeffer abschmecken und etwas schlagen, damit die Masse locker wird. 150 ml flüssiges Gelee unterschlagen. Sobald die Masse fest zu werden beginnt, die Sahne mit dem Schneebesen unterrühren, bis keine weißen Spuren mehr zu sehen sind.

3

Die Masse in die mit Gelee ausgekleidete Form füllen, glatt streichen, mit einer Geleeschicht bedecken und zum Erstarren in den Kühlschrank stellen.

4

Übriges Gelee in eine Kastenform gießen und ebenfalls erstarren lassen. Die Form kurz in heißes Wasser tauchen, einen Teller auflegen, das Gelee schnell stürzen und in Würfel schneiden. Das Schaumbrot mit den Geleewürfeln garnieren.

VARIATION

Eine sehr dünne Schicht Gelee in die Form gießen und erstarren lassen. Aus gekochtem Eigelb, gehäuteten Tomaten, Trüffeln und blanchierten Kräutern ein hübsches Muster auflegen, erneut Gelee eingießen und erstarren lassen. Nun die Masse einfüllen und wie oben weiterverfahren.

WARMES SCHAUMBROT (MOUSSE) VON WILDBRET

- 300 g rohes Wildbret, von Haut, Sehnen und Fett befreit
- 5 Wacholderbeeren
- ¼ TL Nelkenpfeffer
- je 1 TL fein abgeriebene Zitronen- und Orangenschale
- 1 EL Cognac
- 2 EL Wildextrakt oder -essenz (Seite 23/24)
- 2 Eiweiß, leicht verschlagen
- 65 g Mehlpanade (Seite 25)
- 350 g Sahne, geschlagen
- 2 Trüffeln (Konserve), in kleine Würfel geschnitten
- 2 EL Butter für die Form

1

Die Zutaten sollen kühl sein. Das Wildbret mit den Wacholderbeeren zweimal fein durchdrehen und in eine Schüssel füllen. Nelkenpfeffer, Zitronen- und Orangenschale, Cognac und Wildextrakt untermischen. Das Eiweiß portionsweise unterschlagen und anschließend die Panade löffelweise unterrühren. Die Masse durch ein feines Sieb passieren und mit einem Holzlöffel schlagen, bis sie glänzt. 20 Minuten kühl stellen.

2

Nun die Sahne nach und nach mit dem Schneebesen unterrühren, bis keine weißen Spuren mehr sichtbar sind. Die Trüffelwürfel unterziehen.

3

Den Ofen auf 180 °C vorheizen. Eine größere, feuerfeste Form (oder mehrere Portionsförmchen) mit geraden Wänden mit Butter ausstreichen und die Schaummasse dreiviertelhoch einfüllen. Die Oberfläche glatt streichen, die Form mit Deckel oder Folie verschließen und in einen Topf mit so viel kochend heißem Wasser stellen, dass sie zu drei Vierteln ihrer Höhe darin steht. In den Ofen schieben. Garzeit etwa 45 Minuten (hängt von der Größe der Form ab; Portionsförmchen brauchen nur 20 Minuten). Garprobe: Mit einer Nadel hineinstechen, beim Herausziehen soll keine Masse daran kleben. Das Schaumbrot auf eine Platte stürzen.

BEILAGEN: Gedünstete Gemüsestreifchen und Madeirasauce oder ein feines Wildragout.

Beilagen, Saucen, Buttermischungen

Die Beilagen und Saucen gehören als wichtige Bestandteile zu einem Gericht und bestimmen es auch mit. Oft spiegelt sich das schon im Namen. Beilagen und Saucen müssen natürlich gut aufeinander abgestimmt sein und mit dem Wildbret harmonieren. Es sollen nicht mehr als zwei oder drei Beilagen zu einem Gericht serviert werden, und diese sollten ebenso wie die Saucen separat gereicht werden. Die Saucen können auch mit den beschriebenen Buttermischungen aufgeschlagen werden. Buttermischungen allein passen besonders gut zu auf dem Rost gebratenem, gegrilltem oder paniertem Fleisch.

Von links im Uhrzeigersinn: Yorkshire Pudding (Rezept Seite 217), Kartoffelklöße, Semmelknödel (Rezepte Seite 216/217), Geschmorte Feigen, Pochierte Birnen (Rezepte Seite 224)

Beilagen

Die wichtigsten Beilagen, die in den Rezepten als Vorschlag angeboten werden, sind hier ausgeführt – und noch einige mehr, damit jeder selbst entscheiden und nach eigenem Geschmack variieren kann.

SEMMELKNÖDEL

- 10 altbackene Semmeln, in feine Scheiben geschnitten
- 250–300 ml heiße Milch
- 2 EL Butter
- 2 EL fein gehackte Zwiebel
- 2 EL fein gehackte Petersilie
- 2 Eier
- ½ TL Salz
- 1 Messerspitze Pfeffer
- 1 Prise geriebene Muskatnuss

1

Die Semmelscheiben mit der heißen Milch übergießen und 30 Minuten aufquellen lassen.

2

Die Butter in einer Pfanne zerlassen, die Zwiebel mit der Petersilie darin anschwitzen, bis die Zwiebel etwas Farbe angenommen hat. Zu den Semmeln geben, Eier und Gewürze zufügen und gut vermischen. Mit der Hand Knödel mit etwa 6 cm Durchmesser formen.

3

Leicht gesalzenes Wasser in einem großen Topf zum Kochen bringen, die Hitze reduzieren und einen Probekloß kochen. Falls er zerfällt, noch wenig Semmelbrösel in die Masse einarbeiten. Die Knödel in dem Salzwasser in 15–20 Minuten gar ziehen lassen. Mit dem Schaumlöffel herausheben, abtropfen lassen und servieren.

VARIATION

75 g durchwachsenen Räucherspeck, in kleine Würfel geschnitten, zusammen mit der Zwiebel und der Petersilie auslassen und zu den Semmeln geben.

SERVIETTENKNÖDEL

Für 4–5 Personen

- 70 g Butter
- 10 Semmeln, 1 Tag alt, in 1 cm große Würfel geschnitten
- 1 mittelgroße Zwiebel, geschält, fein gehackt
- 100 g Mehl
- 2 EL fein gehackte Petersilie
- ½ TL Salz
- etwa 65 ml Milch
- 1 Messerspitze geriebene Muskatnuss

1

In einer Pfanne 60 g Butter zerlassen und die Brotwürfel darin unter Wenden rundum goldbraun anbraten. Herausheben und beiseitestellen.

2

Die restliche Butter in der Pfanne zerlassen und die Zwiebel darin goldgelb anschwitzen. In eine Schüssel füllen, mit den restliche Zutaten – außer den Semmelwürfeln – vermengen und zu einem Teig kneten. Nun die Semmelwürfel vorsichtig einarbeiten, den Teig zu einer Kugel formen und 30 Minuten zugedeckt ruhen lassen.

3

Den Teig zu einer Rolle mit 5 cm Durchmesser formen und fest in eine feuchte Serviette wickeln und an den Enden zusammenbinden.

Mit nassen Händen gleichmäßig große Knödel formen.

Mit dem Schaumlöffel herausheben, abtropfen lassen und servieren.

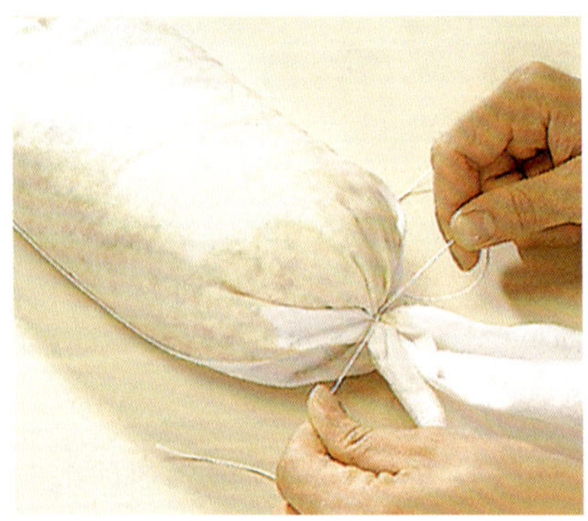

Den Teig in eine feuchte Serviette wickeln und die Enden locker zubinden

4

Einen großen Topf zur Hälfte mit Wasser füllen, Salz zufügen und zum Kochen bringen. Den eingebundenen Knödel hineinlegen, auf mittlere Hitze schalten, in 25 Minuten garen lassen.

5

Den Knödel herausheben, auswickeln, auf Küchenpapier legen und sogleich in 1 cm dicke Scheiben schneiden. Heiß servieren.

KARTOFFELKLÖSSE AUS ROHEN KARTOFFELN

- 1 kg mehlig kochende Kartoffeln
- 1 ½ TL Salz
- etwa 80 ml heiße Milch
- 1 EL Butter
- ½ altbackene Semmel, in kleine Würfel geschnitten

1

750 g Kartoffeln schälen, auf einer feinen Reibe in eine Schüssel mit kaltem Wasser reiben und 30 Minuten stehen lassen.

2

Inzwischen die restlichen ungeschälten Kartoffeln weich kochen, abgießen und pellen.

3

Ein Tuch über eine zweite Schüssel legen, die geriebenen Kartoffeln hineinschütten und mit dem Tuch sehr gut ausdrücken. Das Kartoffelwasser stehen lassen, bis sich die Stärke am Boden abgesetzt hat, dann das Wasser vorsichtig abgießen und die Stärke zur Kartoffelmasse geben. Die gekochten Kartoffeln zu den rohen durchpressen, Salz und die heiße Milch zugeben und gut vermischen. Der Teig soll fest, nicht zu trocken oder klebrig sein. Notfalls etwas Mehl hinzufügen.

4

In einer Pfanne die Butter zerlassen und die Semmelwürfel darin rundum goldbraun anbraten. Die Klöße mit der Hand formen und in jeden in die Mitte 4–5 Semmelwürfel geben.

5

In einem großen Topf Salzwasser zum Kochen bringen, die Klöße einlegen, die Hitze reduzieren und die Klöße in 20 Minuten gar ziehen lassen. Mit einem Schaumlöffel herausheben und gut abtropfen lassen.

Das Paket kann auch, an einem Kochlöffelstiel befestigt, ins Wasser gehängt werden.

KARTOFFELKLÖSSE AUS GEKOCHTEN KARTOFFELN

- 1 kg mehlig kochende Kartoffeln
- 2 EL Butter
- 1 altbackene Semmel, in kleine Würfel geschnitten
- 70 g Mehl
- 2 Eier
- 2 TL Salz
- 1 Messerspitze geriebene Muskatnuss

1

Die Kartoffeln mit der Schale gar kochen. Die Butter in einer Pfanne zerlassen und die Brotwürfel darin unter Wenden rundum goldbraun anbraten, beiseitestellen.

2

Die Kartoffeln abgießen, etwas abkühlen lassen, pellen, durchpassieren und abkühlen lassen. Das Mehl darüberstreuen, Eier, Salz und Muskatnuss zugeben und alles gut vermischen. Mit der Hand Klöße formen, dabei je 4–5 Semmelwürfel in die Mitte geben.

3

In einem großen Topf Salzwasser zum Kochen bringen, die Klöße einlegen, die Hitze reduzieren und die Klöße in 15–20 Minuten gar ziehen lassen. Mit einem Schaumlöffel herausheben und gut abtropfen lassen.

KARTOFFELNUDELN SCHUPFNUDELN

- 1 kg mehlig kochende Kartoffeln
- 1–2 Eier
- Salz und Pfeffer
- 1 Prise geriebene Muskatnuss
- etwa 50 g Mehl
- 100 g Schweine- oder Butterschmalz

1

Die Kartoffeln mit der Schale weich kochen und 1 Tag stehen lassen.

2

Die Kartoffeln pellen und reiben. Mit den Eiern, Gewürzen und Mehl vermischen. Aus der Masse fingerdicke, lange Nudeln formen, die an den Enden etwas dünner sind.

3

In einer Pfanne das Schmalz erhitzen und die Nudeln goldbraun ausbacken.

VARIATION

½TL Thymian und 3–4 EL geriebenen Emmentaler unter die Kartoffelmasse mischen.

YORKSHIRE PUDDING

- 125 g Mehl
- ½ Tasse Milch
- 3 Eier
- Salz und Pfeffer
- 1 Prise geriebene Muskatnuss
- 4 EL Bratfett

1

Alle Zutaten bis auf das Bratfett zu einem glatten Teig verschlagen, 30 Minuten ruhen lassen.

2

Den Ofen auf 220 °C vorheizen. Das Fett in einer Bratkasserolle erhitzen, den Teig umrühren und 2 cm hoch eingießen. 20 Minuten im Ofen backen.

SCHWEIZER RÖSTI

- 1 kg festkochende Kartoffeln, mit der Schale fast weich gekocht
- 1 TL Salz
- 1 Messerspitze Pfeffer
- 5 EL Butter
- 1 Zwiebel, geschält, gehackt

1
Die Kartoffeln schälen, grob reiben und mit Salz und Pfeffer bestreuen.

2
In einer Pfanne die Hälfte der Butter zerlassen und die Zwiebel darin glasig schwitzen. Die Kartoffeln zugeben und unter Rühren etwas anbraten. Die Kartoffelmasse zusammendrücken und bei Mittelhitze knusprig braun braten. Vorsichtig wenden.

3
Die restliche Butter seitlich in die Pfanne geben, die Pfanne hin- und herkippen, damit sich die Butter am Boden verteilt, und die andere Seite braten. Natürlich kann man auch kleine Plätzchen ausbacken.

KARTOFFELPUFFER

- 2 Eier
- 3 EL Mehl
- Salz
- 1 Prise geriebene Muskatnuss
- 2 EL saure Sahne
- 1 kg mehlig kochende Kartoffeln
- Butterschmalz zum Ausbacken

1
In einer Schüssel die Eier verrühren. Mehl, Salz und Muskatnuss unterrühren und die Sahne zugeben.

2
Die Kartoffeln schälen, waschen und in eine Schüssel reiben. Die angesammelte Flüssigkeit abgießen, die Kartoffeln etwas ausdrücken und unter die Eiermischung rühren.

3
Den Ofen auf 100 °C vorheizen. In einer Pfanne etwas Butterschmalz erhitzen, pro Kartoffelpuffer 1 EL Kartoffelmasse einfüllen und flach drücken. Von beiden Seiten goldbraun und knusprig braten. Auf eine vorgewärmte Platte legen und im halb geöffneten Ofen warm stellen, bis alle Kartoffelpuffer fertig gebraten sind.

HINWEIS
Kartoffelpuffer erst kurz vor dem Servieren zubereiten, da sie sonst weich werden.

HERZOGIN-KARTOFFELN

Für Ragout und Frikassee

- 500 g Kartoffeln, 50 g Butter
- Salz und Pfeffer
- 1 Messerspitze geriebene Muskatnuss
- 1 Ei, 1 Eigelb, etwas Milch
- 1 Eigelb, mit 1 EL Wasser leicht verschlagen
- 4–5 EL geriebener Parmesan (nach Belieben)

1
Die Kartoffeln mit der Schale weich kochen, pellen, durchpressen.

2
Die Butter in einem Topf zerlassen, unter das Kartoffelpüree rühren, mit Salz, Pfeffer und Muskatnuss abschmecken. Ei und Eigelb unter das heiße Püree mischen, eventuell noch etwas Milch zugeben.

3
Den Ofen auf starke Oberhitze einschalten. Das Püree in einen Spritzbeutel mit großer Sterntülle füllen und Rosetten auf ein gefettetes Backblech spritzen. Mit dem leicht verschlagenen Eigelb bestreichen, die Oberfläche mit Parmesan bestreuen und im Ofen goldbraun backen.

KARTOFFEL-KROKETTEN

- 500 g mehlig kochende Kartoffeln, geschält
- 3 EL Butter, 2 Eigelb
- ½ TL Salz, je 1 gute Messerspitze Pfeffer und geriebene Muskatnuss
- 2 EL geriebener Parmesan (nach Belieben)
- 5 EL Mehl
- 2 Eier, leicht verschlagen
- etwa 8 EL Paniermehl
- Öl zum Frittieren

1
Die Kartoffeln weich kochen, durch die Presse drücken und sogleich mit der Butter, den Eigelben, Gewürzen und eventuell Parmesan gut vermischen.

2
Das Mehl auf die Arbeitsplatte streuen. Aus der Masse 4–5 cm lange und 2 cm dicke Rollen formen, durch das Mehl, dann durch Ei und anschließend durch Paniermehl rollen. Frittieren, auf Küchenpapier abtropfen lassen. (Es können auch nussgroße Bällchen geformt werden.)

NUSS- ODER PARISER KARTOFFELN

- 1 l Salzwasser
- 700 g festkochende Kartoffeln, geschält und in 1 cm große Würfel geschnitten oder zu haselnussgroßen Kugeln ausgestochen
- 30 g Butter, 4 EL Fleischextrakt

1
Das Salzwasser zum Kochen bringen und die Kartoffelstücke 4 Minuten darin kochen. Abgießen, gut abtropfen lassen.

2
Die Butter in einer Pfanne zerlassen und die Kartoffeln darin bei Mittelhitze rundum goldbraun braten. Im letzten Moment den Fleischextrakt zugeben und die Kartoffeln schnell darin wenden.

3
Die Kartoffeln können auch ohne Kochen zubereitet werden: In einer großen Bratkasserolle reichlich Butter zerlassen und die Kartoffelstücke hineingeben, etwas salzen (sie sollen alle auf dem Boden liegen). Zugedeckt langsam und unter öfterem Rütteln und Wenden weich braten.

GRATINIERTE KARTOFFELN GRATIN DAUPHINOIS

- 1 Knoblauchzehe, geschält
- 1 EL weiche Butter
- 750 g festkochende Kartoffeln, geschält, in feine Scheiben gehobelt
- 80 g geriebener Gruyère oder Emmentaler (oder halb und halb)
- 40 g Butter, zerlassen (nicht gebräunt)
- 300 ml Milch, 200 g Sahne
- ½ TL Salz, ¼ TL Pfeffer
- 1 Messerspitze geriebene Muskatnuss

1

Den Ofen auf 225 °C vorheizen. Den Knoblauch durch die Knoblauchpresse in eine feuerfeste Form drücken und die Form damit ausreiben. Die Form mit Butter einfetten.

2

Die Hälfte der Kartoffeln in die Form geben, darüber die Hälfte des Käses streuen und mit der Hälfte der zerlassenen Butter beträufeln. Den Vorgang mit den restlichen Zutaten noch einmal wiederholen.

3

Die Milch zum Kochen bringen, Sahne und Gewürze zufügen und kochend heiß seitlich in die gefüllte Form gießen. In den Ofen schieben. Nach 15 Minuten die Temperatur auf 195 °C reduzieren und noch 15 Minuten weiterbacken. Die Flüssigkeit soll von den Kartoffeln aufgesogen, die Kartoffeln sollen weich und braun überkrustet sein.

1 **Herzoginkartoffeln:** Die gekochten und gepellten Kartoffeln durch die Presse in eine Schüssel drücken.

2 Die zerlassene Butter und die Gewürze unterrühren, das Ei und das Eigelb zufügen.

3 Mit einem Spritzbeutel und großer Sterntülle Rosetten auf das gefettete Backblech spritzen.

4 Durch Eigelb und den aufgestreuten Käse bekommen sie beim Backen eine goldgelbe Oberfläche.

1 **Kartoffelgratin anders:** Die Kartoffelscheiben mit einer Milch-Sahne-Eier-Mischung (2 Eier) begießen.

2 Den frisch geriebenen Käse darüberstreuen und die Oberfläche mit Butterflöckchen besetzen.

3 Bei 220 °C 40 Minuten backen. Die Oberfläche soll gleichmäßig goldbraun gratiniert sein.

RISOTTO

- _ 4 EL Butter
- _ 1 Zwiebel, geschält, fein gehackt
- _ 1 Lorbeerblatt (nach Belieben)
- _ 250 g Risottoreis (Rundkorn)
- _ 1 Tasse trockener Weißwein
- _ 6–7 Tassen heiße Fleischbrühe
- _ ½ TL Salz
- _ 1 Messerspitze Pfeffer
- _ 4–5 EL geriebener Parmesan
- _ 2–3 EL Butter

1

In einem Topf die Butter zerlassen und die Zwiebel darin anschwitzen, ohne dass sie Farbe annimmt. Lorbeerblatt und Reis zugeben und unter Rühren in 1–2 Minuten glasig werden lassen (der Reis soll nicht braun werden). Den Weißwein zugießen und rühren, bis er fast ganz aufgenommen ist.

2

So viel Fleischbrühe aufgießen, dass der Reis gerade bedeckt ist, salzen und pfeffern. Die Hitze reduzieren und nach und nach weitere Fleischbrühe unter Rühren zugießen – aber immer erst dann, wenn die vorherige Menge absorbiert ist. Nach etwa 20 Minuten den Topf beiseiteziehen; die Flüssigkeit soll vom Reis ganz aufgenommen, der Reis noch körnig, aber cremig sein.

1 **Risotto:** Die Zwiebel in der heißen Butter anschwitzen.

2 Den Reis einstreuen und unter Rühren glasig werden lassen.

3 Portionsweise die heiße Brühe dazugießen und vom Reis aufnehmen lassen.

4 Das Ergebnis soll ein cremig-weicher, aber noch körniger Risotto sein.

3

Das Lorbeerblatt entfernen. Parmesan und Butter unter den Reis mischen und den Risotto zugedeckt noch 5 Minuten durchziehen lassen.

VARIATIONEN

- 1 gelbe und 1 rote Paprikaschote, Samen und Scheidewände entfernt, in kleine Würfel geschnitten, zusammen mit der Zwiebel dünsten.
- 1 TL Currypulver oder 10 Safranfäden über die angeschwitzte Zwiebel streuen und die restlichen Zutaten wie oben zugeben.

PILAWREIS MIT SAFRAN

- _ 2 EL Butter
- _ 1 Zwiebel, geschält, gehackt
- _ 2 Tassen Reis (Langkorn)
- _ etwa 5 Tassen Fleischbrühe, auch Instantbrühe
- _ 10–15 Safranfäden
- _ Salz und Pfeffer

1

Die Butter zerlassen und die Zwiebel darin glasig schwitzen, ohne dass sie Farbe annimmt. Den trockenen Reis einstreuen und unter Rühren ebenfalls glasig werden lassen. Mit der Fleischbrühe aufgießen, den Safran, Salz und Pfeffer zugeben, aufkochen und bei kleinster Hitze in 20–30 Minuten zugedeckt weich garen. Es soll keine Flüssigkeit mehr vorhanden sein.

VARIATION

Den Reis mit 2–3 EL Tomatenmark anstelle des Safrans zubereiten.

POLENTA

- 1 l Wasser
- 1 TL Salz
- 1 EL Butter
- 250 g Maisgrieß

1

Wasser, Salz und Butter in einem hohen Topf zum Kochen bringen und den Maisgrieß unter Rühren einrieseln lassen. Die Hitze so weit wie möglich reduzieren und 30 Minuten köcheln lassen, dabei immer wieder umrühren.

VARIATION

Polentascheiben: Die frisch gekochte Polenta auf eine gefettete Platte ausleeren, 1 ½–2 cm dick ausstreichen und an der Oberfläche glätten. Nach dem Erkalten schneidet man Scheiben daraus oder sticht mit einem Glas Kreise aus, die man in etwas Butter beidseitig brät oder auf dem Grill röstet.

Polenta (Maisbrei) kochen.

Polentascheiben braten.

WEINSAUERKRAUT

- 60 g Schmalz
- 1 kg Sauerkraut, kalt gewaschen und ausgedrückt
- 8 Wacholderbeeren, zerdrückt
- 1 Nelke
- 1 Lorbeerblatt
- ¼ TL Pfeffer
- ½ l trockener Weißwein
- (150 g kernlose grüne Weintrauben, nach Belieben gehäutet)

1

In einem Topf das Schmalz zerlassen. Das aufgelockerte Sauerkraut, Wacholderbeeren, Nelke, Lorbeerblatt und Pfeffer zugeben und unter Rühren 3 Minuten andünsten.

2

Den Wein zugießen und zugedeckt 75 Minuten nur ganz leicht köcheln lassen. (Die Trauben nach Belieben nach 1 Stunde unter das Kraut mischen und noch 15 Minuten durchziehen lassen.)

VARIATION

Ananassauerkraut: Das Sauerkraut mit Weißwein und Ananassaft zu gleichen Teilen kochen. Von einer großen Ananas das obere Viertel abschneiden. Das Fruchtfleisch der restlichen Frucht bis auf einen 1 cm breiten Rand herauslösen, den harten Mittelkeil ausschneiden und das Fruchtfleisch in 1–1 ½ cm große Würfel schneiden. Am Schluss unter das Kraut mischen, erhitzen und in die ausgehöhlte Ananas füllen.

WIRSING

- 1 kg Wirsing
- 40 g Butter, 1 EL Öl
- 40 g klein gewürfelter Räucherspeck (nach Belieben)
- 1 Zwiebel, geschält, fein gehackt
- etwa 250 ml Fleischbrühe
- 2 Nelken
- etwas zerriebene Koriandersamen
- Salz und Pfeffer
- 1 Kartoffel, geschält, mit kaltem Wasser bedeckt

1

Den Wirsing putzen und den Strunk entfernen. Die Blätter ablösen, von den dicken Rippen befreien, waschen und einige Minuten in kochendem Wasser blanchieren. Abgießen, sofort mit kaltem Wasser abschrecken, zusammenrollen und in Streifen schneiden.

2

Die Hälfte der Butter und das Öl in einer Kasserolle erhitzen, Speck und Zwiebel darin kurz anbraten. Den Wirsing dazugeben und in dem Fett wenden. Die Fleischbrühe zugießen, die Gewürze untermischen und den Kohl 10 Minuten schmoren.

3

Die Kartoffel über den Kohl reiben, unterrühren und den Kohl weitere 5–10 Minuten schmoren. Die restliche Butter untermischen.

VARIATION

50 g Korinthen und 50 g Pinienkerne mitschmoren.

ROTKOHL

_ 1 Kopf Rotkohl, etwa 600 g
_ 3 EL Öl oder Schmalz
_ 1 Zwiebel, geschält, fein gehackt
_ 1 EL Zucker
_ 2 Äpfel (Boskop), geschält, Kerngehäuse entfernt, in kleine Stücke geschnitten
_ 8 Wacholderbeeren, zerdrückt
_ 1 Messerspitze Pfeffer
_ 1 Prise Zimt
_ 1 Lorbeerblatt
_ 1 TL Salz
_ 400 ml Fleischbrühe
_ etwa 150 ml Rotwein
_ 2 EL Essig
_ 1 ½ EL Johannisbeergelee

1

Vom Kohlkopf die äußeren Blätter entfernen, den Kopf senkrecht vierteln, den Strunk herausschneiden, den Kohl fein hobeln.

2

In einem Topf das Fett erhitzen, die Zwiebel unter Rühren darin anschwitzen. Den Kohl zugeben und umrühren, bis alles vom Fett benetzt ist. Den Zucker einstreuen, Äpfel, Wacholderbeeren, Pfeffer, Zimt, Lorbeerblatt und Salz untermischen, Brühe, Rotwein und Essig zugießen. Zum Kochen bringen, die Hitze reduzieren und 90 Minuten zugedeckt schmoren. Eventuell noch etwas Rotwein nachgießen, am Ende soll die Flüssigkeit aber fast verdunstet sein. Johannisbeergelee unterrühren und nochmals abschmecken.

GRÜNKOHL

_ 1 kg Grünkohl (es kann auch tiefgekühlter Grünkohl verwendet werden, dann entfällt Step 1)
_ 2 EL Butter
_ 1 Zwiebel, geschält, grob gehackt
_ 1 Knoblauchzehe, geschält, gehackt
_ etwas Fleischbrühe
_ Salz und Pfeffer
_ 2 EL Rosinen (nach Belieben)

1

Den Grünkohl putzen, die Blätter von den Stängeln und starken Rippen befreien, waschen und einige Minuten in kochendem Wasser blanchieren. Abgießen und sofort mit kaltem Wasser abschrecken. In grobe Stücke hacken.

2

Die Butter in einer Kasserolle zerlassen, Zwiebel und Knoblauch darin glasig schwitzen. Den Kohl dazugeben und unter Rühren mitschwitzen. Fleischbrühe, Salz und Pfeffer zugeben und in etwa 30 Minuten weich schmoren. Bei Bedarf noch etwas Fleischbrühe nachgießen (die Flüssigkeit soll am Ende verkocht sein).

3

Wer möchte, kann 10 Minuten vor Ende der Garzeit die Rosinen untermischen.

VARIATION

Gekochte, grob gehackte Maronen (Kastanien) untermischen (gekochte Maronen gibt es in guter Qualität vakuumverpackt im Handel).

MARONENGEMÜSE

_ 2 Schalotten, geschält, fein gehackt
_ 3 EL Butter
_ 750 g gekochte Maronen (vakuumverpacktes Fertigprodukt)
_ Salz und Pfeffer
_ Cayennepfeffer (nach Belieben)
_ 3 EL frisch gehackte Petersilie

1

Die Schalotten in 1 EL Butter anschwitzen. Die Maronen und weitere 2 EL Butter zufügen und etwa 2 Minuten braten. Die Maronen sollen durchgewärmt sein.

2

Mit Salz und Pfeffer, nach Belieben zusätzlich mit Cayennepfeffer würzen. Die Petersilie untermischen.

GLACIERTE MARONEN

_ 250 g Maronen (Kastanien)
_ 2 EL Butter
_ 1 TL Zucker
_ 200 ml Fleischbrühe

1

Den Ofen auf 200 °C vorheizen. Die Schale der Maronen auf der runden Breitseite waagerecht gut 1 cm lang einschneiden. Die Maronen auf ein Backblech legen und für etwa 8 Minuten in den Ofen schieben. Herausnehmen und sorgfältig die äußere Schale und die innere Haut entfernen.

2

Die Butter in einem Topf zerlassen, den Zucker einstreuen und leicht bräunen. Die Kastanien darin wenden und mit der Fleischbrühe aufgießen. Zugedeckt bei niedriger Hitze weich kochen, sie dürfen dabei aber nicht zerfallen. Die Maronen aus der Brühe heben und warm stellen.

3

Die Brühe sirupartig einkochen, die Maronen wieder einlegen und darin wenden, bis sie schön glänzen.

GLACIERTE ZWIEBELN

- 250 g kleine weiße Zwiebeln, geschält
- 250 ml helle Fleischbrühe
- 40 g Butter

1

Die Zwiebeln in einen Topf legen, mit der Fleischbrühe übergießen, die Butter dazugeben und zugedeckt bei kleiner Hitze weich kochen. Die Zwiebeln aus der Brühe heben und warm stellen.

2

Die Brühe sirupartig einkochen, die Zwiebeln wieder einlegen und darin schwenken, bis sie schön glänzen.

Maronengemüse

POCHIERTE BIRNEN

_ 500 g Birnen, geschält, halbiert, Kerngehäuse entfernt
_ 50 ml Wasser
_ 2 EL Zitronensaft
_ 1 Messerspitze Zimt
_ 1 EL Zucker
_ 5 EL Johannisbeergelee oder Preiselbeerkonfitüre

1

Die Birnen mit dem Wasser, Zitronensaft, Zimt und Zucker in einen Topf füllen und weich dünsten. Abtropfen lassen, mit Gelee/Konfitüre füllen.

BIRNEN IN BLÄTTERTEIG

_ Etwa 150 g Blätterteig (Seite 28) oder Fertigprodukt
_ 2 Birnen, geschält, halbiert, Kerngehäuse entfernt
_ ⅓ TL Zimt, vermischt mit 4 gestrichenen TL Zucker
_ 4 TL Johannisbeerkonfitüre oder Holunderbeergelee

1

Den Ofen auf 200 °C vorheizen. Den Blätterteig ausrollen, in 4 gleich große Quadrate schneiden und mit einer Gabel mehrmals einstechen.

2

Auf jedes Teigstück eine Birnenhälfte legen und mit Zimtzucker bestreuen. Den überstehenden Teig an der Birne hochdrücken. Auf ein kalt abgespültes Backblech setzen und 30–35 Minuten backen.

3

Je 1 TL Konfitüre oder Gelee in die Mitte der Birnen füllen.

GESCHMORTE FEIGEN

_ 2 EL Butter
_ 4 Feigen, quer halbiert
_ 2 EL Portwein
_ 2 EL Curaçao

1

Die Butter in einer Pfanne zerlassen und die Feigen kurz auf beiden Seiten anbraten.

2

Die Feigen auf die Hautseite legen, mit dem Portwein und Curaçao begießen und weich schmoren; sie sollen aber nicht zerfallen.

GESCHMORTES DÖRROBST

- 250 g Dörrobst
- je 125 ml Wasser und Weißwein
- etwas Zimt, 5 Nelken
- 5 EL Portwein, 3 EL Cointreau

1

Das Dörrobst in einer Schüssel in dem Wasser und Wein, Zimt und Nelken einweichen.

2

In einen Topf umfüllen, zum Kochen bringen, Portwein und Cointreau dazugießen und bei niedriger Temperatur weich schmoren.

RUMTOPF

Für einen Rumtopf benötigt man einen großen, sauberen und trockenen Steinguttopf. Die Früchte müssen unversehrt, ungewaschen, sauber und trocken sein. Man braucht in Gramm immer genauso viel Zucker, wie die verwendeten Früchte wiegen. Der Steinguttopf wird nach jeder Zugabe mit Pergamentpapier zugebunden.

Man beginnt im Frühjahr mit den verschiedenen Beeren. Es folgen Kirschen, Pfirsiche, Aprikosen usw. Auch können einige grüne Nüsse, die Schale rundum mit einer Gabel mehrmals durchgestochen, hinzugefügt werden. Jedes Mal, wenn neue Früchte hinzugegeben werden, bestreut man sie mit der gleichen Menge Zucker und gießt so viel hochprozentigen Rum dazu, dass die Früchte bedeckt sind, und rührt vorsichtig um.

Der Rumtopf sollte mindestens 1 Jahr an einem kühlen, trockenen Ort stehen. Falls durch Verdunsten die Früchte nicht mehr ganz bedeckt sein sollten, muss wieder mit Rum aufgefüllt werden. Der Rumtopf ist unbegrenzt haltbar.

Rumtopf

Pürees

Die Pürees werden als Beilage oder Unterlage zu Wildbret gegeben oder zum Füllen von Tortelettes und Pastetchen verwendet. Sie müssen nach dem Passieren kräftig durchgerührt werden, damit sie locker und geschmeidig sind. Kurz vor dem Servieren – je nach Rezept – die Butter und die Sahne unterrühren.

KARTOFFELPÜREE

- 1 kg Kartoffeln
- 220 ml heiße Milch
- 2 EL Butter
- ½ TL Salz, 1 Prise Muskatnuss

1

Die Kartoffeln mit der Schale weich kochen, heiß pellen und durch die Kartoffelpresse drücken.

2

Die Milch zusammen mit der Butter, Salz und Muskatnuss zu den Kartoffeln geben und mit dem Schneebesen locker aufschlagen.

VARIATIONEN

Kartoffelpüree mit Orangen: Saft und fein abgeriebene Schale von 3–4 Orangen unter das Püree rühren.

Kartoffelpüree mit Quittenmus: 4 EL Quittenmus unter das Püree rühren.

LINSENPÜREE

- 250 g getrocknete Linsen
- etwa 150 ml Fleischbrühe (die Menge richtet sich nach der Linsensorte)
- 2–3 Kartoffeln, geschält, in Würfel geschnitten
- ¼ TL Salz, 1 Messerspitze Pfeffer
- etwas zerriebener Thymian
- 1 TL Senf
- abgeriebene Schale und Saft von ½ Zitrone
- 3–4 EL Crème fraîche
- 2 EL Butter

1

Die Linsen 6–8 Stunden in Wasser quellen lassen, abgießen. Die Linsen mit allen anderen Zutaten – außer Crème fraîche und Butter – in einen Topf füllen und weich kochen. Bei Bedarf noch etwas Brühe nachgießen.

2

Durch ein feines Sieb passieren, zurück in den Topf schütten, mit Salz und Pfeffer abschmecken. Crème fraîche und Butter unterrühren.

VARIATION

Püree von getrockneten Erbsen oder Bohnen: Wie Linsenpüree zubereiten, aber statt Crème fraîche süße Sahne verwenden und mit einer Prise Zucker abschmecken.

ARTISCHOCKENPÜREE

- 250 g Artischockenböden (auch Konserve), in Butter gedünstet
- 1 mittelgroße Kartoffel, mit der Schale gekocht, gepellt
- 1 EL Zitronensaft
- 2 EL Butter, 4 EL Sahne
- Pfeffer und Salz

1

Die Artischockenböden und die Kartoffel fein durchpassieren. Zitronensaft und Butter, anschließend die Sahne kräftig unterrühren. Mit Pfeffer und Salz abschmecken.

MARONENPÜREE

- 500 g Maronen, von der Außenschale und Innenhaut befreit (Seite 222)
- 1 kleines Stück Knollensellerie, geschält, in Würfel geschnitten
- 250 ml Fleischbrühe
- 2 EL Butter
- 50 g Crème fraîche
- Salz und Pfeffer

1

Maronen und Sellerie in der Fleischbrühe weich kochen, durch ein feines Sieb passieren und unter Rühren trocken dünsten.

2

Butter und Crème fraîche unterrühren und das Püree mit Salz und etwas Pfeffer abschmecken.

CHAMPIGNONPÜREE

- 500 g geschlossene weiße Champignons, geputzt und mit 2 EL Zitronensaft roh im Mixer püriert (oder durch ein Sieb passiert)
- 200 ml Béchamelsauce (Seite 230)
- 100 g Sahne
- Salz
- Pfeffer
- 2 EL Butter

1

In einem Topf die pürierten Champignons, Béchamelsauce und Sahne vermischen, erhitzen und unter Rühren einkochen. Mit Salz und Pfeffer abschmecken und die Butter unterziehen.

ZWIEBELPÜREE

- 1 l Wasser, Salz
- 500 g Zwiebeln, geschält, in dünne Scheiben geschnitten
- 5 EL Butter
- 100 ml sehr dicke Béchamelsauce (Seite 230)
- 1 Messerspitze Pfeffer
- 1 Prise geriebene Muskatnuss
- 1 Messerspitze Zucker
- 3 EL Crème fraîche

1

Das Wasser zum Kochen bringen, 1 TL Salz und die Zwiebeln hineingeben und 2 Minuten blanchieren. Die Zwiebeln in ein Sieb abgießen und gut abtropfen lassen.

2

In einer Kasserolle die Butter zerlassen und die Zwiebeln darin zugedeckt langsam weich dünsten, ohne dass sie Farbe annehmen. Die Béchamelsauce unterrühren, erhitzen, mit Salz, Pfeffer, Muskatnuss und Zucker abschmecken. Durch ein feines Sieb passieren. Zurück in den Topf füllen und Crème fraîche unterrühren.

PÜREE VON GRÜNEN ERBSEN

- 100 g Butter
- 500 g grüne Erbsen
- 1 Messerspitze Zucker
- 1 EL gehackte Petersilie
- 80 g Sahne
- Salz
- Pfeffer

1

Die Butter in einem Topf zerlassen. Erbsen, Zucker und die Petersilie hinzugeben und zugedeckt bei niedriger Hitze weich dünsten.

2

Die Erbsen durch ein feines Sieb passieren, zurück in den Topf füllen und die Sahne unterrühren. Mit Salz und Pfeffer abschmecken.

VARIATION

Zusätzlich mit kleinen Schinkenwürfeln zubereiten.

SELLERIEPÜREE

- 4 EL Butter
- 2 große Sellerieknollen, geschält, in dünne Scheiben geschnitten
- 1 mittelgroße Kartoffel, geschält, in Scheiben geschnitten
- 1 TL frisch gehackter Ingwer
- 2 EL Zitronensaft
- ½ TL Salz
- 1 Prise Pfeffer
- 200 ml Fleischbrühe
- 100 g Crème fraîche

1

Die Hälfte der Butter in einer Kasserolle zerlassen, Sellerie, Kartoffel und Ingwer darin andünsten. Den Zitronensaft, Salz und Pfeffer zugeben, mit der Fleischbrühe auffüllen und zugedeckt weich dünsten.

2

Den Inhalt der Kasserolle fein pürieren, zurück in die Kasserolle füllen und unter Rühren trocken dünsten. Die restliche Butter und Crème fraîche unter das Püree rühren.

MÖHRENPÜREE

- 20 g Öl, 20 g Butter
- 2 Schalotten, geschält, fein gehackt
- 1 ½ EL fein gehackte Ingwerwurzel
- 8 mittelgroße Möhren, geschält, fein gehobelt
- 1 TL Zucker
- etwa 120 g Sahne
- Salz und weißer Pfeffer
- 2 EL fein gehackte Petersilie

1

In einer Kasserolle 15 g Öl und 10 g Butter schwach erhitzen, Schalotten, Ingwer und die Möhren darin andünsten. Etwa 150 ml Wasser dazugießen, aufkochen und die Möhren zugedeckt gut weich garen.

2

Den Kasserolleninhalt durch die Kartoffelpresse drücken oder pürieren, die Masse darf ruhig noch ein wenig Biss behalten. Das restliche Öl und die verbliebene Butter mit der Sahne kräftig unterrühren, erhitzen, mit Salz und Pfeffer abschmecken und mit Petersilie bestreuen.

VARIATION

1 TL abgeriebene Orangenschale sowie den Saft von 1 Orange unter das Püree rühren.

Möhrenpüree und Püree von grünen Erbsen

Saucen

Eine Sauce soll den Geschmack eines Gerichts ergänzend erhöhen, aber nicht übertönen. Die Zutaten sollen von guter Qualität sein, insbesondere der Wein, der häufig zum Vervollständigen des feinen Aromas verwendet wird. Saucen dürfen nicht zu fett sein. Da Obst mit Wild sehr gut harmoniert, werden vielfach Früchte verarbeitet.
Bei vielen Rezepten wird aus dem entstandenen Fond eine Sauce zubereitet. Doch wer größere Mengen benötigt oder eine andere Sauce bevorzugt, für den werden in diesem Abschnitt die wichtigsten Saucen aufgeführt.
Für zahlreiche Saucen wird eine Grundsauce (etwa Braune Sauce, Demiglace oder Béchamel) benötigt. Von diesen sollte gleich ein größerer Ansatz hergestellt und auf Vorrat eingefroren werden.
Man sollte Saucen möglichst nicht mit Mehl oder Speisestärke binden. Oft reicht es aus, das mitgegarte Gemüse zu passieren oder eine fein geriebene Kartoffel zuzugeben. Eine feine Legierung ist Eigelb, mit wenig Flüssigkeit verrührt; doch darf die Sauce nicht mehr kochen, da das Eigelb sonst gerinnt.

BRAUNE SAUCE ODER SPANISCHE SAUCE

- 30 g Butter
- 40 g magerer Räucherspeck, in kleine Würfel geschnitten
- 1 mittelgroße Zwiebel, geschält, gehackt
- 1 Bund Suppengrün, geputzt, grob gehackt
- 30 g Mehl
- 1 ½ l Wildgrundbrühe (Seite 22)
- 250 ml trockener Weißwein
- 1 Lorbeerblatt
- 1 Thymianzweig
- 4 Stängel Petersilie
- 8 Pfefferkörner
- ¼ TL Salz
- 1 EL Tomatenmark oder 2–3 Tomaten, gehäutet, gehackt

1

Butter und Speck in einem großen Topf erhitzen, Zwiebel und Suppengrün darin leicht bräunen. Das Mehl darüberstauben und braun anschwitzen. Mit 1 l Brühe unter kräftigem Schlagen aufgießen, Weißwein, Kräuter und Gewürze zufügen. Zum Sieden bringen und 2 Stunden bei kleiner Hitze köcheln, dabei die Haut von der Oberfläche immer wieder entfernen.

2

Den Topfinhalt durch ein feines Sieb passieren und zurück in den Topf füllen. 200 ml Brühe unterrühren und weitere 2 Stunden bei kleinster Hitze köcheln, notfalls den Topf nur zur Hälfte auf die Kochplatte stellen. Wieder ab und zu die Haut entfernen. Nun das Tomatenmark oder die Tomaten sowie die restliche Brühe zugeben und noch 1 Stunde köcheln lassen. Die Sauce nochmals durch ein feines Sieb passieren.

HINWEIS

Es ist ratsam, von dieser Grundsauce eine größere Menge auf Vorrat herzustellen und einzufrieren.

VARIATION

Orangensauce: Die Schale von 1 Orange dünn abschälen und in feine Julienne schneiden. 10 Minuten in Wasser kochen, abgießen, kalt abschrecken und abtropfen lassen. Zusammen mit dem Saft von 2 Orangen und ½ Zitrone in die Sauce rühren und noch 5 Minuten ziehen lassen.

KRAFTSAUCE ODER DEMIGLACE

Für etwa 500–600 Milliliter

- ½ l Braune Sauce (links)
- ½ l Wildkraftbrühe (Seite 23) oder 100 ml Wildextrakt (Seite 24)
- 2 EL Madeira

1

Sauce und Kraftbrühe zusammen auf die Hälfte einkochen. Die sich auf der Oberfläche bildende Haut abschöpfen. Wenn Extrakt verwendet wird, diesen nur in der Sauce auflösen. Den Madeira unterziehen.

HINWEIS

Diese Sauce sollte man auf Vorrat zubereiten und einfrieren, da sie zum Herstellen und zur Geschmacksverstärkung von vielen Saucen für Wildbret benötigt wird oder verwendet werden kann.

JÄGERSAUCE

- 4 EL Butter
- 100 g kleine Champignons, geputzt, in feine Scheiben geschnitten
- 2 EL fein gehackte Schalotten
- 150 ml trockener Weißwein
- 300 ml Demiglace (Seite 228)
- 2 EL fein gehackte Petersilie (oder je 1/3 Petersilie, Estragon und Kerbel)
- Salz, Pfeffer und Cayennepfeffer

1

Die Hälfte der Butter in einem Topf zerlassen, Champignons und Schalotten darin rundum etwas bräunen. Mit dem Weißwein aufgießen und auf die Hälfte einkochen.

2

Die Demiglace unterrühren und weitere 10 Minuten ganz leicht köcheln. Die Kräuter zugeben, mit Salz, Pfeffer und Cayennepfeffer abschmecken. Zuletzt die restliche Butter unterrühren.

CHAMPIGNONSAUCE

- 2 EL Butter
- 100 g Champignons, geputzt, in feine Scheiben geschnitten
- 50 ml trockener Weißwein
- 300 ml Demiglace (Seite 228)
- 1 EL fein gehackte Petersilie

1

Die Butter zerlassen und die Champignons darin anschwitzen. Den Weißwein zugießen und stark einkochen. Demiglace und Petersilie zugeben und abschmecken.

VARIATION

2–3 EL Sahne oder Crème fraîche unterrühren und noch etwas einkochen.

PFEFFERSAUCE

- 30 g Butter
- 1 Zwiebel, geschält, gehackt
- 2 Bund Suppengrün, geputzt, fein gewürfelt
- 4 Stängel Petersilie
- 60 ml Essig
- 200 ml trockener Weißwein
- 150 ml Demiglace oder Braune Sauce (Seite 228)
- 150 ml Wildgrundbrühe (Seite 22) oder Fleischbrühe
- 1 TL Pfefferkörner, zerdrückt

1

Die Butter in einem Topf erhitzen, Zwiebel und Suppengrün darin goldbraun anschwitzen. Die Petersilie zugeben, mit Essig und Weißwein aufgießen und auf die Hälfte einkochen.

2

Die Demiglace und die Brühe zugießen, den Pfeffer unterrühren und 30 Minuten ganz leicht köcheln. Durch ein feines Sieb passieren.

VARIATIONEN

- 1 EL Johannisbeergelee unterrühren und nach Belieben mit etwas scharfem Senf oder Zitronensaft abschmecken.
- 4 EL Sahne oder Crème fraîche und 1–2 EL Johannisbeergelee 5 Minuten vor Ende zugeben.
- Mit 1 EL Preiselbeerpüree sowie 1 EL Zitronensaft abschmecken.
- 1–2 EL Gewürzgurken, fein gehackt, kurz mitkochen.
- 2 EL geschälte, entkernte und blanchierte, in kleine Würfel geschnittene Pfeffergurken 10 Minuten mitkochen.

Kapernsauce: 2 EL Kapern unterrühren, aufkochen und noch 5 Minuten ziehen lassen.
Sardellensauce: 1 EL Anchovisbutter (Seite 233) unterrühren.
Dianasauce: Für gebratene Wildschnitzel, Steaks und Filets: 100 ml halb fest geschlagene Sahne, 1 TL fein gewürfelte Trüffeln und 1 1/2 EL hart gekochtes, fein gewürfeltes Eiweiß unter die heiße und gut gewürzte Pfeffersauce ziehen.

TEUFELSSAUCE

- 2 EL Butter
- 1 kleine Zwiebel und 2 Schalotten, geschält, fein gehackt
- 200 ml trockener Weißwein
- 300 ml Demiglace (Seite 228)
- 1 TL Worcestersauce
- Pfeffer
- 1 Messerspitze Cayennepfeffer

1

Die Butter zerlassen, Zwiebel und Schalotten darin goldgelb anschwitzen. Mit dem Weißwein aufgießen und auf etwa die Hälfte einkochen.

2

Die Demiglace zugeben und 10 Minuten leicht köcheln lassen. Durch ein feines Sieb passieren und mit Worcestersauce, Pfeffer und Cayennepfeffer scharf abschmecken.

MADEIRASAUCE

- 2 EL Butter
- 100 g Champignons, geputzt, klein gehackt
- 200 ml Demiglace (Seite 228)
- 7 EL Madeira

1

Die Butter in einer Kasserolle zerlassen und die Champignons darin anbraten. Mit der Demiglace aufgießen und 10 Minuten durchkochen.

2

Den Inhalt der Kasserolle durch ein feines Sieb drücken und den Madeira unterrühren.

VARIATION

Trüffelsauce: Trüffelessenz und fein gehackte oder klein gewürfelte Trüffeln (Konserve) zugeben.

OLIVENSAUCE

Für Haarwildbret, Enten und Perlhühner

- **12–15 grüne Oliven, entsteint (oder mit Paprika gefüllt)**
- **300 ml Demiglace (Seite 228)**

1
Die Oliven 5 Minuten in kochendem Wasser blanchieren, in dünne Scheiben schneiden oder hacken.

2
Die Demiglace erhitzen, die Oliven zugeben, aufkochen und 5 Minuten durchziehen lassen.

VARIATIONEN

Bei den folgenden Variationen werden jeweils die Oliven ausgetauscht.
Apfelsauce: Einige Esslöffel ungesüßtes Apfelmus, mit einer Prise Zimt abgeschmeckt, unter die Demiglace rühren. Abschmecken.
Reineclaudensauce: 1 Tasse pürierte Reineclauden unter die Demiglace ziehen. Abschmecken.
Meerrettichsauce: 2–3 EL geriebenen Meerrettich unter die Demiglace mischen und 5 Minuten leicht kochen. 2 EL gemahlene Mandeln und 2–3 EL saure Sahne (oder 2 EL Preiselbeeren) unterrühren und abschmecken.

WACHOLDERSAUCE

- **100 ml herber Rotwein**
- **1 EL geriebene Zwiebel**
- **4 EL geriebenes Schwarzbrot (oder 3 EL plus 1 EL Pumpernickel)**
- **8 Wacholderbeeren, zerdrückt**
- **½ TL abgeriebene Zitronenschale**
- **1 EL Zitronensaft**
- **200 ml Demiglace (Seite 228)**

1
Rotwein, Zwiebel, Schwarzbrot, Wacholderbeeren und Zitronenschale in einen Topf geben und unter Rühren auf etwa die Hälfte einkochen.

2
Zitronensaft und Demiglace zugeben, kurz durchkochen. Abschmecken.

BRAUNE CHAUDFROID-SAUCE

Zum Überziehen von gegarten und abgekühlten Wildbretstücken, ganzem Geflügel und Terrinen

- **250 ml Demiglace (Seite 228)**
- **250 ml Wildgelee (Seite 25)**
- **1–1 ½ EL Trüffelsud, wenn vorhanden**

1
Die Zutaten vermischen und unter Rühren auf die Hälfte einkochen. Durch ein feines Sieb passieren.

HINWEIS

Die Stücke müssen zügig mit der gerade anziehenden, noch flüssigen Sauce überzogen werden. Im Kühlschrank fest werden lassen. Anschließend das Gericht mit blanchierten Gemüsestückchen oder Kräuterteilen, Eiweiß, Trüffeln, Champignons usw., in Gelee getaucht, verzieren. Sobald das Gelee erstarrt ist, alles nochmals mit einer dünnen Schicht Gelee überziehen.

VARIATION

Mit 1 Eigelb legieren (nicht mehr kochen lassen).

BÉCHAMELSAUCE

Für etwa 200 Milliliter

- **250 ml Milch**
- **1 EL geschälte, fein gehackte Zwiebel**
- **¼ TL Salz**
- **1 Messerspitze weißer Pfeffer**
- **1 Prise geriebene Muskatnuss**
- **⅛ TL Thymian**
- **1 Lorbeerblatt**
- **20 g Butter**
- **20 g Mehl**
- **50 g Sahne**

1
Milch, Zwiebel, Gewürze und Kräuter zum Kochen bringen, abseits stellen und 15 Minuten durchziehen lassen.

2
In einer zweiten Kasserolle die Butter zerlassen und das Mehl einstreuen. Mit dem Rührlöffel oder Schneebesen rühren, bis es hellgelb ist. Nun die Milch mit dem Schneebesen langsam unterschlagen, die Sahne zugießen und zum Kochen bringen. Die Hitze herunterschalten und unter gelegentlichem Rühren dickflüssig einkochen. Durch ein feines Sieb passieren.

HINWEIS

In einigen Rezepten werden nur kleine Mengen Béchamel benötigt. Es ist daher sinnvoll, von dieser so speziell gewürzten Sauce gleich eine größere Menge herzustellen und den verbleibenden Rest portionsweise einzufrieren.

MORNAYSAUCE

Zum Überkrusten von Speisen und für Gemüse

- **250 ml dicke Béchamelsauce (Seite 230)**
- **1 ½ EL geriebener Parmesan**
- **1 ½ EL geriebener Emmentaler**
- **1 Eigelb, mit 2 EL Sahne verrührt (nach Belieben)**
- **Salz und Pfeffer**
- **1 Prise Cayennepfeffer**
- **1 TL Butter**

1
In die heiße Béchamelsauce den Käse rühren, bis er geschmolzen ist (nicht mehr kochen). Nach Belieben mit der Eigelbsahne legieren.

2
Unter ständigem Rühren die Sauce erhitzen, kurz vor dem Aufkochen beiseitenehmen, mit Salz, Pfeffer und Cayennepfeffer abschmecken. Zuletzt die Butter unterziehen.

VARIATION

Zwiebelpüree oder/und Champignonpüree (Seite 226) untermischen.

SAMTSAUCE ODER GEFLÜGELVELOUTÉ

- 4 EL Butter
- 4 EL Mehl
- 400 ml Geflügelgrundbrühe (Seite 24)

1

In einer Kasserolle die Butter zerlassen, das Mehl einrühren und hellgelb anschwitzen. Die Brühe mit dem Schneebesen unterschlagen, unter Rühren zum Kochen bringen und bei kleiner Hitze 30 Minuten kochen. Durch ein feines Sieb passieren.

KIRSCHSAUCE

- 500 g entsteinte Sauerkirschen (aus dem Glas)
- 3 TL Zucker
- 150 ml herber Rotwein
- 25 ml Essig
- 1 Messerspitze gemahlener Koriander
- 1 Stück Zitronenschale
- 2 TL konzentrierte Fleischbrühe oder Fleischextrakt
- 1 EL Tomatenketchup
- 1 EL Zitronensaft

1

Die Sauerkirschen mit dem Zucker, Rotwein, Essig, Koriander und der Zitronenschale in eine Kasserolle füllen und 20 Minuten kochen.

2

Die Brühe, Ketchup und Zitronensaft unterrühren und zu einer dickflüssigen Sauce einkochen. Die Zitronenschale herausfischen und fortwerfen. Die Sauce durch ein feines Sieb passieren.

CUMBERLANDSAUCE

- Je 1 EL Orangen- und Zitronenschale, dünn abgeschält und in sehr feine Streifen geschnitten
- 200 g rotes Johannisbeergelee
- 1 TL sehr fein gehackte Schalotte, überbrüht und abgegossen
- 1 EL scharfer Senf oder Senfpulver
- 75 ml Portwein
- Saft von ½ Zitrone und ½ Orange
- etwas Salz und Cayennepfeffer
- ½ TL Ingwerpulver

1

Die fein geschnittenen Zitrusschalen einige Minuten in Wasser kochen, in ein Sieb abgießen, kalt abschrecken und abtropfen lassen.

2

In einer Schüssel Johannisbeergelee, Schalotte, Zitrusschalen, Senf, Portwein, Zitronen- und Orangensaft gut miteinander vermischen. Mit Salz, Cayennepfeffer und Ingwer abschmecken.

HAGEBUTTENSAUCE

- 80 g Hagebuttenmark
- 60 g Sahne
- 3 EL Öl
- 3 EL Sherry
- 1 EL Cognac
- abgeriebene Schale und Saft von ½ Zitrone und 1 Orange
- ½ TL Salz
- ½ TL edelsüßes Paprikapulver
- etwas Zimt und gemahlene Nelke
- ½ TL Worcestersauce

1

Das Hagebuttenmark in eine Schüssel füllen und mit allen anderen Zutaten gut verrühren.

1 **Béchamel:** Das Mehl in der zerlassenen Butter ohne Farbe anschwitzen.

2 Nach und nach die Milch unter Rühren mit dem Schneebesen zugießen.

3 Die fertige Béchamel zum Enfernen von Haut und Klümpchen passieren.

MAYONNAISE

- 2 Eigelb
- ¼ TL Salz, 1 Messerspitze Pfeffer
- 1 EL Zitronensaft oder Essig
- ½ TL scharfer Senf
- 125 g Öl, raumtemperiert
- 150 g Joghurt (nach Belieben)

1

Eigelb, Salz, Pfeffer, einige Tropfen Zitronensaft oder Essig und den Senf mit dem Schneebesen oder einer Gabel verschlagen. Erst nur tropfenweise das Öl unterschlagen, bis eine cremige Masse entsteht – hierfür kann auch das elektrische Rührgerät eingesetzt werden. Nun den Rest des Zitronensaftes oder Essigs untermischen und das restliche Öl in dünnem Strahl langsam und unter fortgesetztem Schlagen zugeben. Die Masse soll hellgelb und cremig sein. Abschmecken, eventuell nachwürzen.

2

Für eine leichtere, bekömmlichere Variante den Joghurt gut unterrühren.

HINWEIS

Falls die Mayonnaise gerinnen sollte, 2 EL heißes Wasser unterschlagen.

VARIATIONEN

Kalte Teufelssauce: Zu paniertem oder kaltem Wildbret: 1 EL sehr fein zerdrückte Wacholderbeeren und ½ TL Worcestersauce untermischen und würzig mit Salz, Pfeffer und Cayennepfeffer abschmecken.

Russische Sauce: 2–4 EL frisch geriebenen Meerrettich untermischen.

Feuervogel: Die Mayonnaise zunächst ohne Senf und Joghurt herstellen. 1 ½ EL nicht so scharfen Senf, 5 EL Tomatenketchup und den Joghurt so untermischen, dass die Mayonnaise gestreift aussieht. Die Mengen können je nach Geschmack verändert werden.

REMOULADENSAUCE

- 250 g Mayonnaise (links)
- 3 EL Schalotten, fein gehackt
- ½ TL Knoblauch, fein gehackt (nach Belieben)
- 3 Anchovisfilets, gewässert, fein gehackt
- 2 EL Kapern, fein gehackt
- 1 EL scharfer Senf
- 1 EL Pfeffergurken, fein gehackt
- 1 TL fein gehackter Kerbel
- 1 TL fein gehackter Estragon

1

Die Mayonnaise in eine Schüssel füllen und mit allen anderen Zutaten gut vermischen.

1 **Mayonnaise:** Das Eigelb mit den würzenden Zutaten in einer Schüssel verrühren.

2 Das Öl mit dem elektrischen Handrührgerät zunächst tropfenweise einrühren.

3 Dann in dünnem Strahl einlaufen lassen, bis eine dicke, glatte Masse entsteht.

Buttermischungen

Die Buttermischungen werden in der Wildküche vor allem zu gegrilltem, auf dem Rost gebratenem oder paniertem Wildbret verwendet. Die raumtemperierte Butter schaumig rühren und die jeweiligen Zutaten mit der Butter gut vermischen. In Alufolie oder einem nassen Pergamentpapier zu einer Rolle formen und bis zur Verwendung im Kühlschrank aufbewahren. Zum Servieren in dicke Scheiben schneiden.

KRÄUTERBUTTER

- 50 g gemischte Kräuter (je nach Geschmack)
- 1 EL grob gehackte Schalotten
- 100 g Butter, raumtemperiert
- 1 ½ TL Zitronensaft
- 1 Messerspitze Salz
- etwas weißer Pfeffer

1

Die Kräuter und Schalotten in wenig kochendes Wasser legen und 1 Minute kochen, abgießen, abschrecken und gut ausdrücken. Fein hacken und durch ein feines Sieb passieren.

2

Die Butter schaumig rühren. Die Kräuter-Schalotten-Mischung und alle anderen Zutaten untermischen.

ORANGENBUTTER ZITRONENBUTTER

- 100 g Butter, raumtemperiert
- fein abgeriebene Schale von ½ Orange oder Zitrone
- 2 EL Orangen- oder Zitronensaft
- 1 Messerspitze Salz
- 1 kräftige Prise weißer Pfeffer

1

Die Butter schaumig rühren und mit allen anderen Zutaten vermischen.

MEERRETTICHBUTTER

- 100 g Butter, raumtemperiert
- 2 EL fein geriebener Meerrettich
- ½ TL Zitronensaft

1

Die Butter schaumig rühren, mit dem Meerrettich und Zitronensaft vermengen und durch ein feines Sieb passieren.

SENFBUTTER

- 100 g Butter, raumtemperiert
- 2 EL scharfer Senf

1

Die Butter schaumig rühren und mit dem Senf vermischen.

ANCHOVISBUTTER

- 100 g Butter, raumtemperiert
- 1–2 EL Sardellenpaste

1

Die Butter schaumig rühren und mit der Sardellenpaste vermischen.

Register

Kursiv gesetzte Stichwörter verweisen auf Warenkunde und Küchenpraxis.

H

Y

Z

Bildnachweis:

TEUBNER FOODFOTO, Füssen
Mit Ausnahme von:
H. Bischof/Studio L'Eveque, München, Seite 33, 60, 89, 174, 175, 185, 209, 213
H. Bischof/StockFood, München, Seite 192
W. Cimbal/StockFood, München, Seite 43
S.&P. Eising/StockFood, München, Seite 34, 84, 171
Neuseeländisches Hirschfleisch/modem conclusa, *www.neuseelandhirsch.de,* München, Seite 76
Sopexa, Förderungsgesellschaft für französische Nahrungs- und Genussmittel, Düsseldorf, *www.sopexa.de,* Seite 163, 223
J.&C. Witt, Icking, Seite 225

Bibliografische Information der Deutschen Nationalbibliothek
Die Deutsche Nationalbibliothek verzeichnet diese Publikation in der Deutschen Nationalbibliografie; detaillierte bibliografische Daten sind im Internet über http://dnb.d-nb.de abrufbar.

19. Auflage – Neuausgabe

BLV Buchverlag GmbH & Co. KG
80797 München

Umschlagkonzeption: Kochan & Partner, München
Titelbild: photocuisine/Roulier/Turiot
Umschlag-Rückseite: TEUBNER FOODFOTO

Zeichnungen: Waltraud Berger

Lektorat: Inken Kloppenburg Verlags-Service, München
Korrektur: Petra Tröger
Herstellung: Ruth Bost
Layoutkonzept Innenteil: Kochan & Partner, München
Satz: Uhl + Massopust, Aalen

Gedruckt auf chlorfrei gebleichtem Papier

Printed in Germany
ISBN 978-3-8354-0813-5